새롭게 다시 쓰는

중국어 이야기

새롭게 다시 쓰는

중국어 이야기

김명신·박경란·왕하·이금희·최일의 지음

차이나하우스

1. 한자/중국어 표기 기본원칙

1) 중국어/한자가 먼저 나오면 간체자, 우리말이 먼저 나오면 번체자로 표기

2) 중국어/한문의 어휘/문장과 뜻은 모두 작은따옴표(' ')안에 넣음. 어휘/문장은 간체자로 표기,
   뜻은 옆에 우리말/윗첨자로 표기

   예: '桃花^{복숭아꽃}', '啰嗦^{수다스럽다}'

   '好读书不好读书^{책 읽기에 좋을 때는 책 읽기를 좋아하지 않다}'

   '清水出芙蓉, 天然去雕饰^{맑은 물에서 연꽃이 피어난 듯, 자연스러워 새기고 꾸민 흔적이 없네}'

3) 우리말 한자어의 한자 표기가 필요할 경우, 우리말을 먼저 쓰고 이어서 한자를 번체자/윗첨
   자로 표기

   예: 대련^{對聯}, 한족^{漢族}, 인의예지신^{仁義禮智信}

4) 작품명, 시제목명은 번역을 먼저 하고 그 다음에 원제목을 번체자/윗첨자로 표기. 서명은 『 』,
   산문/시/논문명은 「 」로 표기.

   예: 『논어^{論語}』, 「애련설^{愛蓮說}」, 「관작루에 올라^{登鸛雀樓}」, 「고향에 돌아와 우연히 쓰다^{回鄉偶書}」

5) 시는 1구씩 왼쪽에 원문 간체자, 오른쪽에 우리말 해석, 표점부호는 번역문에만 표기.

   「도성의 남쪽 장원에서 시를 쓰다^{題都城南莊}」

去年今日此门中	작년 오늘 이 문 안에서
人面桃花相映红	그녀 얼굴과 복숭아꽃은 서로 붉게 비추었지.
人面不知何处去	그녀의 얼굴은 어디로 갔는지 모르겠구나!
桃花依旧笑春风	복숭아꽃은 여전히 봄바람에 웃음 짓고 있는데.

2. 인명/지명 등 고유명사 표기 원칙

1) 1919년 5·4운동을 기점으로 이전 인물은 우리말로, 이후 인물은 중국어로 읽는다.

    예: 공자, 소식, 루쉰.

2) 현대 중국의 도시/성/강/호수/산 등은 중국어 독음으로 읽되 한자 표기가 필요할 경우 윗
    첨자/번체자 표기.

    예) 장쑤성, 광둥성, 신장, 베이징, 상하이, 창장, 시후, 타이산, 홍콩
    단, 나라 이름과 지역 명칭 등은 그대로 우리말 한자어로 읽되 한자 표기가 필요할 경우 윗
    첨자/번체자 표기

    예: 오나라, 월방언, 동북지역.

3) 그밖의 표기는 이전 『중국어 이야기』의 원칙을 그대로 따른다.

개정판을 펴내며

　　언어는 인간이 소통하는데 가장 중요한 역할을 한다. 사람들이 서로 친분을 쌓고 정보를 교환하고 일을 성사시키는 과정에서 주고받는 말 속에는 단순히 발음과 뜻만 전해지는 것이 아니라 마음과 생각도 함께 전달된다. 인간의 마음과 생각은 사람들의 수만큼이나 다양하지만 동일한 환경 속에서 함께 어울리며 하나의 집단과 사회로 통합시킬 수 있는 공통적인 특성을 공유하게 되고 그 과정에서 고유한 문화를 형성하게 된다.

　　국가는 인간이 모여 만든 가장 큰 단위이면서 동시에 문화를 구분 짓는 단위이기도 하다. 중국의 문화는 지구상 존재하는 국가 문화 중에서도 가장 유구한 전통을 지닌 문화 가운데 하나이며 또한 동양문화의 원류라고도 말할 수 있다. 그런데 이전 전통 시기에 중국 문화의 영향을 많이 받았던 우리나라는 현대로 들어서면서 점차적으로 서양의 영향을 많이 받게 되고 경제적으로도 풍요로워지면서 어느덧 중국에 대한 정확한 이해가 부족해지게 되었고 심지어는 중국이나 중국인들을 폄하하기까지 하고 있는 것이 작금의 현실이 되어버렸다. 그러나 중국은 20세기 후반에 개혁개방의 정책을 채택하였고 그 결과 21세기에 들어서면서 세계의 강대국으로 급부상하여 미국과 더불어 세계를 주도해가는 G2국가가 되었다는 사실을 환기한다면 이제야말로 우리는 중국의 현재 위상을 인정하고 중국과 중국인의 실제 모습을 정확하게 인식하지 않으면 안 된다.

우리 필자들은 중국시론^{최일의, 강릉원주대}, 중국산문^{박경란, 한양대}, 중국어학^{이금희, 인덕대}, 중국소설^{김명신, 고려대} 등으로 서로 전공이 다름에도 불구하고 모두 한양대 중문과 학부를 졸업하였고 현재 중국어문학 연구에 종사하고 있는 것이 일차적인 인연이 돼서 한 자리에 모일 수 있었다. 또한 중국어학을 전공하고 있는 왕하^{王霞} 교수가 우리 모임에 뒤이어 참여하였던 것도 역시 그가 한양대에 재직하고 있다는 점이 계기가 되었다고 할 수 있다.

우리 필자들은 이렇게 전공이 서로 다름에도 불구하고 중국 문화를 정확하게 이해하기 위해서는 문화를 매개하는 기본 수단으로서 언어를 가장 먼저 알지 않으면 안 된다는 데 인식을 같이하였기에 마침내 스터디모임의 취지와 목표를 '중국어와 중국문화 연구'로 설정할 수 있었고 지금까지 꾸준히 만나 일관되게 하나의 주제를 중심으로 책들을 읽으면서 열띤 토론을 해올 수 있었다.

우리들은 중국어와 중국문화 관련 주요 서적들 중에서 기본 텍스트를 선별하여 읽고 요약하기 시작하였는데,『汉语词汇与文化』^{常敬宇, 北京大学出版社},『汉语与文化交际』^{杨德峰, 北京大学出版社},『汉语与中国传统文化』^{郭锦桴, 中国人民大学出版社},『汉语熟语与中国人文世界』^{崔希亮, 北京语言文化大学出版社},『汉字与华夏文化』^{刘志诚, 巴蜀书社},『汉字文化漫谈』^{刘国恩, 湖北教育出版社},『语言与文化』^{罗常培, 北京出版社},『方言与中国文化』^{周振鹤 游汝杰, 上海人民出版社} 등이 바로 그 책들의 예이다.

그런데 요약물이 쌓이고 나름대로의 독자적인 관점을 갖게 되면서 우리들은 이 책들의 논지가 물론 당연한 일이긴 하지만 대부분 중국인의 관점과 논리에 치우쳐 전개되었다는 사실에 주목

하였다. 외국어로서의 중국어를 공부하는 우리들은 바로 이 점에 문제의식을 느끼고 이 책들을 요약하는 데서 멈추지 않고 한 걸음 더 나아가 어떻게 하면 중국어를 하나의 객관적인 대상물로 놓고 일정한 거리를 유지한 채 주체적으로 연구할 수 있을까 고심하면서 중국어의 특징에 대한 정밀한 분석을 계속 수행해왔다.

그 결과 우리는 마침내 중국어가 지닌 특징이자 동시에 중국인의 사고방식과 행동양식을 포함한 중국 문화의 실마리를 파악할 수 있는 방법론으로서 모두 일곱 가지 특징들을 개괄해내기에 이르렀으니, 그것이 바로 중국어의 다의성, 대칭성, 형상성, 주술성, 상황성, 관계성, 다문화성 등이다. 이들 특징은 별개로 존재하는 것이 아니라 꼬리에 꼬리를 물듯이 상호 연계성을 지니고 있었다.

그런데 본서의 초판본에서는 시간부족으로 인하여 미처 다문화성에 관해서는 집필을 완성하지 못 하였다. 나중에 우리 모임에 한양대 왕하 교수가 새롭게 참여하여 스터디를 함께 진행하면서 다문화적 중국어에 관해 추가로 집필할 수 있게 되었다. 그리하여 우리는 본서의 개정판이 시급히 나와야 할 필요성을 느끼게 되어 오늘 이렇게 다시 학계와 독자에게 개정판『중국어이야기』를 상재하기에 이른 것이다.

주지하듯이 우리나라에서 인문학 도서의 출판이 매우 열악한 상황임에도 불구하고 그나마 문화체육관광부와 학술원, 출판문화진흥재단 등 세 정부기관이 여러 가지 방식으로 출판을 장려해주고 있다. 이 책『중국어이야기』도 초판본이 출판되고 나서 바로 출판문화진흥재단에 의해 우수도서로 선정되는 영예를 획득하였는데 그로 말미암아 우리는 중국어를 바라보는 우리의 독특한 관점과 그간의 노력이 학계에 의해 나름대로 인정을 받았다고 조심스럽게 자평을 할 수 있었기에 개정판을 새롭게 다시 내는 용기도 또한 감히 내어볼 수 있었다.

　이 책은 중국인들의 사유방식과 가치관 및 문화를 함축하고 있는 중국어가 지닌 특징들을 주체적이고 객관적인 시각을 통해 분석하는 데 중점을 두었기에 독자 여러분들에게 중국인과 중국문화, 더 나아가 중국이라는 나라를 정확히 인식하는 데 조금이나마 도움을 줄 수 있을 것이라 감히 기대해본다.

　다수의 필자들이 집필하였기에 글쓰기 방식이나 구사하는 어휘들이 각자 독특하고 다양할 수밖에 없었다는 점은 독자 여러분들께서 이 책이 지닌 특징이자 개성이라고 넓은 마음으로 받아들여 주시길 바란다. 또한 필자들의 학문이 아직 깊지 못 함으로 인해서 책 속에 존재할 수밖에 없는 오독이나 오역에 대해서는 선배 제현들께서 너그러이 이해해주시고 아낌없는 질정과 편달을 보내주시길 간곡히 당부 드린다.

　마지막으로 이 책의 출판을 기꺼이 허락해주신 차이나하우스 이건웅 사장님과 편집을 위해 애써 주신 안우리 실장님께도 깊은 감사의 말씀을 드린다.

목 차

一

제1장

서 론

1. 중국어 속에서 중국문화를 보다

언어는 인간의 모든 일상에 관여하고 있어서 언어 없는 인간의 삶을 상상하기 힘들다. 고대는 사물의 존재에 대한 사유가 중심인 시대였고, 근대는 인간의 의식에 대한 사유가 지배하는 시대였다면, 지금은 언어중심의 사유 시대이다. 언어가 인간의 사유와 인간이 속한 환경에 대하여 서로 밀접하게 영향을 주고 있어 인간의 세계는 곧 언어의 한계 안에서 존재한다. 특히 21세기의 화두는 소통이다. 세계의 각 나라가 국경이라는 벽을 투과하며 서로 상부상조해야하는 글로벌 시대이며 따라서 국가 간의 서로 다른 언어와 문화에 대한 이해의 필요성이 더욱 강조가 되고 있다.

언어는 인간과 인간을 이어주는 매체이고 언어는 세상을 재현하는 것을 넘어 창조한다. 고대부터 현대까지 각 시대는 언어를 통해 세상이 어떻게 창조되었는가는 문자를 통해 기록되어 내려오고 그 창조의 결과물은 문화를 통해 들여다 볼 수 있다.

중국은 늘 자신들이 우주의 중심이라는 중화사상 속에서 역사를 만들고 있는데, 사실 시대의 조류 속에서 중국은 중요한 위치를 차지하고 있었던 시대가 많이 있었다. 현재의 이 시대도 그 중의 하나이다. 현재 중국의 위상은 G2시대의 주역이며 세계 경제의 핵심이 되어 있다. 경제적 위상에서의 중국이라는 나라는 세계인의 이목이 집중시키고 있고 자연히 중국어에 대한 인식이 호불호를 뒤로하고 날로 관심과 필요성이라는 명목 하에 부각되고 있다.

언어와 문화의 관계를 추상적으로 파악하는 것을 넘어 언어 속에 문화가 어떻게 투시되어 있으며 언어학습에서 언어와 문화의 관계가 우리에게 어떠한 의미를 부여하는지에 대해서 구체적으로 알아보는 것은 언어를 이해하는데 있어 매우 중요하다. 언어를 안다는 것은 단지 발음을 읽고 의미를 아는 것을 넘어 그 언어를 사용하는 사람에 대한 이해이고 그 언어가 통용되는 사회를 파악하는 것이기 때문이다.

중국어가 무엇이냐고 질문을 한다면 사람들은 성조가 있다, 발음이 특이하다, 한자로 되어 있다, 이 시대에 필요한 언어이다, 어렵다, 배우기 힘들다, 재미있다, 시끄럽다... 등등 언어의 구조적인 특징부터 언어의 기능 그리고 자신이 중국어에 대해 가지고 있는 생각까지 다양하게 답할 것이다. 중국어의 본질을 파악하고 언어를 통해 중국문화를 이해하는 것은 중국어 학습에 많은 도움을 줄 것이며 궁극적으로 중국과의 소통을 좀 더 효과적으로 진행할 수 있게 된다.

언어는 인간의 생각을 담는 그릇이고, 그 생각을 구체적으로 밖으로 드러내는 도구이다. 언어는 의사 전달이나 소통의 도구이기도 할 뿐만 아니라 사람들이 서로 소통하는 과정에서 자신의 존재를 밝히고 생각을 나타내고 대상 세계를 받아들이고, 그 세계와 관계를 맺으면서 살아나가게 한다. 따라서 언어 속에는 인간의 사상이 담겨 있고 그 인간이 속한 사회와 문명을 반영하고 있고 중국어에는 중국인의 사고방식, 의식 구조,

생각과 정서 등 중국문화가 고스란히 녹아있다.

요즘 대학생들은 서로 나이를 이야기하면서 '빠른 94'라고 답하는 것을 듣고 94년생이면 94년생이지 무슨 '빠른'까지 따져야 하나 하고 조금 의아했는데 놀이터에서 유치원생으로 보이는 한 아이가 옆에서 뛰어 노는 모르는 아이에게 첫 질문으로 "몇 살이야?"라고 묻는 것을 보고 한국과 중국 사람들에게는 역시 장유유서의 관념이 뿌리 깊게 박혀 있어 나이에 따라 관계를 설정하는 일이 중요함을 새삼 다시 느끼게 된다. 중국인에게도 나이를 묻는 것은 사람과 사람의 관계를 설정하는 기본적 요소인데 중국인 습관으로 보면 나이를 묻는 것도 상대방의 연령대에 따라 다양하게 묻는다. 어린 아이들에게는 일반적으로 "你几岁了?"라고 묻고, 청소년이나 성인들은 "你多大了?"라고 하며, 자신보다 연배가 높아 보이는 사람에게는 "您多大岁数了?", "您多大年纪了?"라고 묻는다. 연세가 많으신 어르신에게는 "请问贵庚?", "您老高寿?"라고 좀 더 점잖은 표현을 사용하여 묻기도 한다.

사람들과의 관계가 중요한 중국인은 사람을 부르는 호칭에서도 성인 남자에게 붙이는 '先生', 성인여성에게 붙이는 '女士', 젊은 여자에게 붙이는 '小姐'외에도 나이를 고려하여 성 앞에 '老', '小'를 붙여 '老王', '小张' 등 서로의 관계를 고려한 다양한 호칭 방법이 나타나며, 가족이나 친족관계가 중요시되는 점도 호칭에서 잘 드러난다.

조 부 모: 爷爷(할아버지) 奶奶(할머니) 姥爷(외할아버지)
　　　　姥姥(외할머니)
형　　제: 哥哥(형, 오빠) 姐姐(누나, 언니) 弟弟(남동생)
　　　　妹妹(여동생)
부친형제: 伯伯(큰아버지) 叔叔(작은아버지) 姑姑(고모)
모친형제: 舅舅(외삼촌) 姨妈(이모)

　어휘의 체계는 한 언어의 역사문화를 잘 드러내주는 요소
이다. 비단이 발달한 중국에서 비단을 지칭하는 용어는 '绫罗
绸缎능라주단'과 같이 종류를 나누어 명명하고 있다. 한국어로 표
현하자면 물론 한자어를 공유할 수는 있으나 대부분 비단이
라는 용어로 일괄한다. 한국과 중국은 역사의 장을 함께 공존
하면서 한자문화권이라는 공통의 범주에 속하여 문화적으로
유사한 면을 많이 보이지만 사유방식과 생활습관에서 현격한
차이를 보이기도 하는데 언어습관에서도 이러한 점은 잘 드
러난다. '漂亮예쁘다'라는 단어는 일반적으로 외형상의 아름다
움을 표현하는 말인데 그 뿐만 아니라 '这个球打得真漂亮!공
을 참 잘 던졌다!'처럼 체육경기에서 공을 잘 던지거나 치거나 찼을
때, '事情办得非常漂亮。일을 아주 잘 처리했다.'와 같이 일처리를 잘했
을 때도 사용한다.

　중국어의 속어는 옛 시구의 형식을 이어받은 형식으로 되
어 있다. 예를 들면 '狗眼看人低권세에 빌붙은 인간이 사람을 업신여기다', '不
打不成交싸우면서 친해지다'와 같이 다섯 자로 구성되었거나, '百闻
不如一见열 번 듣는 것은 한 번 보는 것만 못하다', '吃不了兜着走다 먹을 수 없어 싸
가지고 가다. 끝까지 책임지다'처럼 여섯 자로 이루어져 있거나 또는 '不

到长城非好汉만리장성에 이르지 못하면 대장부가 아니다. 목표를 이룰 때까지 절대 포기하지
않다',‘君子动口不动手군자는 말로 하지 손을 쓰지 않는다'와 같이 일곱 자로
구성되어 있는 것이 대부분이다.

중국어는 어떠한 특징을 나타내는지 언어학적 관점에서 살
펴보면 발음, 어휘, 어법적 측면에서 설명할 수 있다.

우선 발음의 특징을 보면, 첫째, 음절의 구분이 명확하다.
둘째, 모음이 발달하였고 복모음으로 구성된 음절이 많다. 셋
째, 중국어에는 복자음이 없어 우리말과 같이 '닭'과 '땅'을 구
별하지 않는다. 넷째, 음절마다 성조가 있는데 표준어인 보통
화는 4성과 경성으로 구성되어 있다.

어휘의 특징은 다음과 같다.

첫째, 중국어의 형태소는 기본적으로 단음절이다.

둘째, 2음절 어휘가 다수를 차지한다. 눈을 뜻하는 '目'은
현대중국어에서 '眼睛'으로 표기하며, 돌을 뜻하는 '石'은 '石
头'로 표기하고, 나무를 뜻하는 '木'은 나무토막이라는 의미
의 '木头'로 나타내며, 나라를 의미하는 '国'는 '国家'로 표기
한다. 때로는 다음절어를 2음절로 축약하기도 하는데 외무부
장관인 '外交部长'은 '外长'으로 컬러텔레비전인 '彩色电视机'
는 '彩电'으로 표기한다.

셋째, 음절과 음절을 중첩, 합성, 파생 등의 방식으로 조합
하여 많은 어휘를 만들어 낼 수 있다. 예를 들어 '人'은 '人'을
다시 중첩하여 '人人사람마다'이 되고, '民', '类', '客', '成'이라는
음절과 결합하여 합성어 '人民인민', '人类인류', '客人손님', '成人성
인'이 만들어 지고, '手'와 결합하여 '일손' 또는 '일하는 사람'

이라는 의미인 파생어 '人手'가 탄생하게 된다. 이 외에도 고대중국어나 방언의 어휘 또는 외래어 등을 흡수하면서 중국어는 매우 풍부한 어휘를 보유하고 있다.

어법적 측면에서의 특징은 가장 대표적으로 첫째, 서구 언어와 같은 어법적 의미를 내포하는 형태변화가 거의 없고, 어순과 허사가 어법의 중요한 기능을 한다. 어순의 어법적 기능은 보고서에 등장할 수 있는 내용을 재미있게 작성한 문구를 통해 보고자 한다.

> 存在问题: 好喝酒(문제제기: 술 마시기를 좋아한다)
> 寻找原因: 酒好喝(원인파악: 술이 맛있다)
> 改正措施: 喝好酒(수정조치: 좋은 술을 마시자)

문구에서 '好'자가 차지하는 위치에 따라 의미가 달라지는 것을 보여주고 있다. '存在问题^{문제제기}'에서는 '好喝酒^{술 마시기를 좋아한다}'라고 하여 '好'가 술목구조인 '喝酒^{술을 마시다}' 앞에서 '좋아한다'라는 의미로 사용되었으며, '寻找原因^{원인파악}'에서는 '好'가 동사 '喝' 앞에서 '만족스럽다, 효과가 좋다'라는 의미로 사용되어 '술이 맛있다'라는 의미이며 '改正措施^{수정조치}'에서는 '好'가 명사 '酒^술' 앞에 사용되어 형용사로 '좋다'는 의미를 나타내어, '좋은 술을 마시다'가 된다.

허사는 실질적인 사전적 의미가 없이 문장에서 어법의 기능을 하는 단어를 일컫는 말로 주로 전치사, 조사, 접속사, 감탄사가 포함된다. 허사는 어법적 기능을 하여 문장의 구조에 영향을 주거나 어투나 감정을 나타낼 수 있다. '我^나', '姐姐^언

니, 누나' 사이에 접속사 '和'나 구조조사인 '的'가 올 경우 의미가 달라지는데 '我和姐姐'는 '나와 언니/누나'라는 의미이며 '我的姐姐'는 '나의 언니/누나'라는 말이 된다.

둘째, 중국어는 명사의 양을 나타내는 양사가 풍부하다. 즉 사람을 뜻하는 '人'의 경우 '一个人^{한 사람}', '一位人^{한 분}', '一些人^{몇 몇 사람}', '一批人^{한 무리의 사람}'처럼 여러 양사로 서로 다른 의미를 나타내기도 하고, 명사에 따라 다른 양사가 사용되기도 한다. 다음은 중국어에서 발음을 연습할 때 사용하는 문구인데 '小兔子开铺子, 开开铺子, 一张小桌子, 两把小椅子, 三根小绳子, 四个小匣子, 五管小笛子, 六条小棍子, 七个小盘子, 八个小豆子, 九本小册子, 十双小筷子。_{작은 토끼가 상점을 여는데 상점을 열어 보니 작은 탁자 한 개, 작은 의자 두 개, 작은 끈 세 개, 작은 상자 네 개, 작은 피리 다섯 개, 작은 막대기 여섯 개, 작은 접시 일곱 개, 작은 콩 여덟 알, 작은 책자 아홉 권, 작은 젓가락 열 개네.}'처럼 각각의 명사에 따라 다양한 양사가 등장한다.

셋째, 단어, 구, 문장의 구조가 기본적으로 일치한다. 어소가 결합하여 단어를 이루는 방식과 단어와 단어가 서로 결합하여 구를 이루거나 구가 결합하여 문장을 만드는 방식은 모두 주술관계, 술목관계, 보충관계, 수식관계, 병렬관계로 구성된다. 이와 관련된 설명은 상황적 중국어에서 펼쳐진다.

넷째, 품사와 문장성분이 일대일로 대응되지 않고 비교적 복잡하게 나타난다. 하나의 품사가 여러 문장성분을 담당하기도 하고, 하나의 문장성분에 여러 품사가 나타나기도 한다.

이러한 중국어의 특징은 중국어를 언어적 측면에서 분석할 때 모두가 공감하고 인정하고 있는 내용이다. 중국어는 한자라는 표의문자로 표기한다. 우리도 중국이라는 나라와 인접한 국가로 유구한 역사 속에서 함께 한자문화권을 형성하였으나 현재 중국어를 접하면서 어렵다고 느껴지는 이유 중의 하나가 바로 한자이기도 하다. 하지만, 한자는 중국어의 특징을 반영하는 원천이기도 하며 중국어를 이해하는 근원이 된다. 언어와 문자는 한 민족의 문화의 정수로서 이 민족의 과거 문화는 언어문자에 의해 전해지고, 미래의 문화도 언어문자를 통해 나아가게 된다. 따라서 기본 언어학적 특징을 바탕으로 한자라는 특수한 문자 체계에 대한 고찰을 통해 중국어에 담겨 있는 중국인의 사유와 문화를 함께 아우르는 특징을 찾아낸다면 중국어를 좀 더 포괄적으로 이해할 수 있을 것이다.

중국어를 중국어의 사고체계 그대로 이해하는 것은 당연히 필요하다. 하지만 한국인의 사고체계를 바탕으로 중국어를 접하는 우리에게는 한국인의 사고 또는 한국인의 눈으로 중국어를 파악하고 이해하는 방법도 필요하다. 그러므로 우리는 이런 생각 아래 한국인의 입장에서 중국어의 특징과 그 속에 반영된 중국문화를 엿보고자 한다.

2. 한국인 시각으로 중국어의 특징을 파악하다

사람들의 일상생활에서의 말과 행동의 한 마디 한 마디, 일거수일투족은 문화배경, 민족습관 등에 영향과 제약을 받는다. 중국인은 사물의 형상을 구체적으로 드러내기 좋아하며, 그러한 사물을 전체의 맥락 속에서 이해하려 하고, 때로는 환경에 따라 여러 가지 모습으로 변화하기도 한다. 중국어의 어휘와 문장을 보면 중국인의 사유방식과 생활습관 등이 고스란히 반영된 중국어만의 특징을 많이 드러내는데 그 중 대표적 특징을 우리는 구상성, 총체성, 다양성으로 보았다. 그 속에서 우리는 중국어를 형상성, 다의성, 주술성, 대칭성, 상황성, 관계성, 다문화성이라는 7가지의 시각으로 파악하고자 한다. 이 7가지 특징은 독립적이면서도 서로 밀접하게 연관되어 있다.

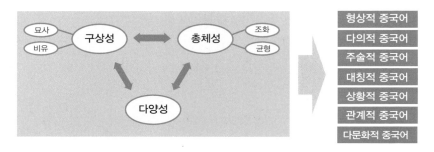

한국인이 본 중국어의 특징

마카오 타이파는 포르투갈의 'Ilhas na Taipa'에서 음이 변하여 얻게 된 지명인데 '氹'자를 본 중국어를 알지 못하는 한 학자는 '물속에 있는 백조'를 의미하는 것 같다고 한자를 풀이했다. '물웅덩이'를 뜻하는 이 글자를 보고 비전공자의 재치 있는 해석 능력이 매우 감탄스러운데 이런 해석이 가능하게 하는 것은 바로 한자가 형상성을 가지고 있기 때문이다.

중국인은 사물을 종합적으로 드러내 전체를 파악하기를 좋아한다. 중국인이 사용하는 한자는 정보를 이미지와 함께 전달할 수 있는 특징을 가진 표의문자이다. 따라서 중국어는 눈으로 보면서 즉각적으로 그 의미를 파악하거나 유추해 낼 수 있는가 하면, 또한 한 글자에 많은 의미를 함축하고 있기에 하나를 보면서 또 다른 무엇인가를 연상하게 만들기도 한다. 이러한 형상성은 한자에 대한 기초적 지식으로 전혀 모르는 글자를 유추하여 이해하게 한다. 가령 중국어 학습자가 '洗澡^{목욕하다}', '出汗^{땀이 나다}'이라는 단어를 배울 때 물과 관련이 있다는 것을 연상하여 익히도록 한다거나, 푸르다는 의미를 지닌 '靑^{푸르다}'자가 다른 부수와 결합하면 그 부수가 나타내는 의미를 통해 의미를 파악할 수 있다. 물을 나타내는 'ⅰ'과 푸르다는 의미의 '靑'이 결합한 '淸'은 '깨끗하다'는 의미이고, '靑'은 마음을 나타내는 'ⅰ'과 결합하여 '情'이 되어 '정'이라는 의미를 나타내고, 날을 뜻하는 '日'과 푸름을 뜻하는 '靑'이 결합하여 '晴'은 '날씨가 맑다'는 의미이며, 말을 타내는 'ⅰ'과 '靑'이 결합한 '请'은 '청하다'라는 의미를 갖는다. 이렇게 중국어에 반영되어 있는 직관적, 비유적, 연상적인 특징을 중국어의 형상성이라 한다.

'靑'은 '靑苍^{푸른 하늘}'에서는 청색을 나타내고, '靑菜^{청경채}'에서는 녹색을 말하며, '不分靑白^{옳고 그름을 가리지 않다}'에서는 백색과 대비하여 검은 색을 대표하고 있다. 원래 푸른 색을 지칭하는 '靑'은 때로는 파란색과 관련 있는 녹색을 뜻하기도 하고 검은 색의 의미를 내포하기도 한다. 더 나아가 '靑春^{청춘}'과 '靑少年^{청년}'에서는 푸름에서 젊음을 상징하는 의미로 파생되었다. 이렇듯 중국어는 상형문자를 사용하면서 의미의 다의성이 더욱 두드러진다.

우리의 일상 언어는 어떤 상황에서 어떤 언어를 사용하는가에 따라 그 언어의 의미는 여러 가지로 해석될 수 있는데, 중국어는 기본적으로 표의문자인 데다가 수천 년 동안 동일한 문자 형태를 유지해오면서 본래의 뜻 외에도 여러 가지 다양한 파생적인 의미가 추가되어 다의성을 지니게 되었다. 중국어에서 동물, 꽃, 나무의 이름이나 시가에 사용되는 언어들은 오랜 세월 중국인들의 문화적인 심리가 반영되면서 특별한 상징적 의미를 별도로 지니고 있는 것들이 많다. 성어, 관용어, 숙어 등의 속어俗語 역시 문자 상 표면적으로 드러나는 뜻이 아닌 특정한 뜻을 별도로 지니고 있다는 사실에 주의해야 한다. 중국어의 헐후어歇后语에서 이런 특징을 가장 많이 볼 수 있는데 예를 들어 '洋人看京剧서양 사람이 경극을 보다'라는 말은 '莫名其妙아무도 오묘함을 설명할 수 없다'라는 상황을 동시에 표현하고 있다.

'死죽다'를 직접적으로 표현하기 보다는 '走了떠나갔다', '去了갔다', '没有了없어졌다', '不在了안계시다', '逝世了별세했다', '去世了떠나갔다', '过世了세상을 떴다', '牺牲了희생되었다'등으로 돌려서 의미를 전달하며, 심지어 '四사'가 발음의 유사성으로 인해 '死죽다'를 연상하게 하여 숫자 '4'는 그리 좋아하지 않는 경향이 있다. 중국 민간에 '好话不灵坏话灵좋은 말은 영험하지 않으나 나쁜 말은 영험하다', '说凶即凶, 说祸即祸불길한 것을 말하면 불길한 일이 일어나고, 재앙을 말하면 재앙이 발생한다'라는 말이 있다. 입 밖으로 나쁜 일을 내뱉으면 현실에서 바로 나쁜 일이 일어난다고 믿어 경계하는 심리를 반영한 말인데, 중국인들은 언어문자가 영험한 힘을 지녀서 주술적인 기능을 할 수 있다고 믿었다. 그래서 중국인들은 언어문자의 힘을 빌려 복과 재물을 추구하고 건강과 장수를 성취하길 바라면서 동시에 화와 재난은 피하고자 하였다. 민간풍속에서 이런 행위는 주로 복, 장수를 뜻하는 말과 발음이 같은 동음어를 활용하는 방식으로 이루어졌다. 명절, 생일, 결혼, 승진 등 여러 상황에서 인사말을 할 때도 항상 복을 축원하는 말을 한다. 특히 숫자에 대해서 거의 미신에 가까운 믿음을 지녀서 각각의 숫자에 특별한 의미를 부여하였는데, 그 중에서도 '六', '八', '九' 등의 숫자를 아주 좋아하는데 반해 '四'는 기피하는 숫자가 되었다.

중국의 곳곳에는 대련을 붙여 길함을 바라는 모습을 볼 수 있다. 중국인은 세계가 음양의 대립과 통일이라는 규율에 의해 움직이고 있다고 보았다. 그래서 중국인은 모든 현상을 '天地', '日月', '男女', '古今' 등 두 가지 대칭된 개념으로 바라보고자 했다. 이런 의식은 언어생활에도 영향을 주어 중국인들은 시와 산문에서 대구를 이루는 것에 심혈을 기울였고, 자주 쓰는 숙어나 속담에도 대구가 많으며, 건물 기둥에 붙이는 대련^{對聯}은 그 명칭에서부터 대구가 핵심 사항임을 알 수 있다. 뿐만 아니라 현대 미디어의 꽃인 광고나 표어에서도 대구는 결정적 역할을 하고 있으며, 대중가요나 심지어 가볍게 몇 마디 적는 인터넷 댓글에서

도 대구의 본능이 발휘된다.

천하의 중심으로 자처했던 중국인에 대해 우리는 『삼국지』나 『수호지』 등을 읽고 갖게 된 고대 영웅의 이미지에 '만만디'라는 현대 중국인의 인상까지 겹쳐서 명분을 중시하는 대국인다운 풍모를 지녔을 것이라는 선입견을 갖게 된다. 그러나 실제 현실에서 만나게 되는 중국인은 주변 상황의 변화에 따라 쉽게 얼굴과 입장을 바꾸는 우리에게는 다소 낯설고 당황스러운 모습을 종종 보여주곤 한다. 이런 중국인의 특징은 중국어를 구사할 때도 그대로 반영되어 앞뒤 문맥에 따라 또는 상황의 변화에 따라 문장의 의미를 다르게 이해해야하는 현상이 나타난다.

'上有天堂, 下有苏杭。하늘에는 천당이 있고, 지상에는 쑤저우와 항저우가 있다'라는 말이 있다. 이 문장에서 사용된 '上'과 '下'는 방위사인데 중국어에서 '前, 后, 左, 右, 里, 外, 内, 中, 旁' 등과 같은 방위사는 단독으로 문장에 사용될 수 없다. 단독으로 사용되려면 '桌子上책상 위', '教室里교실 안'과 같이 다른 단어에 붙어서 사용되거나, '上面', '下边'과 같이 뒤에 '面'이나 '边' 등을 붙여야만 한다. 그러나 '上有天堂, 下有苏杭'처럼 대구를 이룰 때는 예외적으로 '上'과 '下'를 단독으로 사용할 수 있다.

이러한 예는 형용사에서도 볼 수 있는데 '你身体好吗?건강하세요?'라는 질문에 답할 때는 '我身体很好。네, 건강합니다.'라고 말하고 '我身体好, …건강은 한데...'라고 하지 않는다. 중국인의 사고체계속의 형용사는 '好-坏', '高-低', '大-小', '多-少' 등처럼 대비를 이루고 있어서 형용사가 술어가 될 때 형용사만 제시가 되면 이와 대비되는 의미의 내용이 이어지는 것으로 받아들여 말이 끝나지 않았다고 생각하게 되므로 습관적으로 '很^{매우}'을 붙여 사용된다. 이 경우 '很^{매우}'은 원래 의미는 없고 어법적 기능을 담당하고 있으므로 약하게 읽어주면 된다. 만약 '很^{매우}'의 원래 의미를 나타내고자하면 조금 더 강하게 말하면 된다. 이렇듯 상황에 따라 그때그때 변화의 묘미를 보여주는 것이 바로 중국어의 맛이기도 하다.

상황에 따라 달라지는 중국어는 언뜻 보기에 원칙이 없는 것처럼 보이지만, 그 내면을 자세히 살펴보면 자신들만의 기준을 중심으로 사람 사이의 관계를 매우 중시하는 특징이 있음을 알 수 있다. 중국어의 상황성이 언어가 처한 환경에서 드러나는 특징이라면 더 나아가 인간과 인간의 관계 속에서 드러나는 특징 즉 나와 타인의 관계를 고려하는 상황에서 드러나는 특징을 관계성이라 하겠다. 중국인은 자기 자신에게 현실적으로 이익이 되는가에 가장 중점을 두면서도 타인과의 관계에서 조화를 이루어야 한다는 점을 중시하기 때문에 체면을 차리는 일에 대해서도 대단히 민감하다. 때문에 중국인은 호칭, 겸손한 표현, 의례적인 상투어 등을 통해 나와 남의 관계를 자연스럽게 드러내는 등 사람들 사이의 관계를 중시하는 언어를 구사한다. 대표적인 예로는 부정적 의사를 표현할 때 단정적인 표현보다는 조금 에둘러서 완곡하게 양보하는 표현을 자주 사용한다. 문제가 많은 경우에도 상대방의 기분을 고려해 '有点儿问题。^{문제가 좀 있네요.}'라고 하거나 음식이 기름져 맛이 없다고 느껴도 '菜的味道不错，但稍微油了一点儿。음식 맛은 좋은데 좀 기름지군요.'라고 '比较, 较为, 稍微, 有点, 有些' 등의 '약간, 다소'라는 말을 사용하여 표현을 강하지 않게 하려 한다거나, 단정적으로 의견을 제시하기 보다는 '我觉得今天表演也许有点儿做作，所以给我的感觉似乎不够真实。내 생각에는 오늘 공연은 좀 부자연스러워서 진실성이 부족하다고 느껴지는 것 같아.'처럼 '也许, 可能, 似乎, 恐怕, 好像' 등과 같이 '아마도~한 듯하다'와 같은 의미의 부사를 사용하여 상대방과의 관계를 고려하면서 완곡하게 자신의 의사를 드러내는 습관이 있다.

중국인은 서로 간의 갈등과 충돌이 생길만한 문제가 발생하거나 자신이 손해를 보거나 상해를 당하는 경우에 되도록 '忍为高, 和为贵어떤 일이든 충돌하지 않고 인내하고 화합하는 것이 소중하다'라는 옛 교훈을 받아들여 넓은 도량으로 여유 있게 대처하려는 화법을 사용한다. 손해를 보는 일이 발생하면 '吃亏就吃亏吧，吃亏是福嘛！손해 보면 손해 보는 거지 뭐, 손해 보는 것이 복이라잖아!'라고 역설적으로 말하며 완화시키려 하고, '好, 好, 好, 算我自己倒霉……됐어, 됐어, 내가 운이 없는 걸로 치지 뭐……'라며 체념으로 충돌을 면하고자 한다.

중국은 고대부터 지역 간의 충돌과 이동을 거치면서 민족 간의 교류와 간섭을 빈번하게 거쳤다. 민족 간 혹은 문화 간의 충돌과 교류의 흔적은 언어에서도 엿볼 수 있다. '西瓜수박'는 한나라 때 서역에서 들어온 것에서 유래하여 명명된 것인데 이처럼 서양과 관련된 물건에 '西'자를 붙여 '西装양복', '西服양복', '西兰花브로콜리'라고 한다. '胡同'은 베이징의 골목을 지칭하는 말인데 몽고어 'gudum'에서부터 시작된 말이며, '尴尬당혹스럽다, 난처하다'는 원래 객가어나 오방언 등 남방방언에서 사용되던 어휘이나 현재는 보통화에 흡수되어 사용되고 있다. 현재 한국의 한류바람은 지구촌의 곳곳에 불고 있는데 남자친구나 스타를 부를 때 지칭하는 '오빠'라는 단어가 중국어로 '哥哥'라는 말로 대신할 수 있음에도 불구하고 중국에서 '오빠'의 음을 그대로 번역한 '欧巴'가 사용되는 것도 문화 간의 교류현상이 언어에 반영되는 예라고 볼 수 있다.

언어는 여러 민족을 비교하여 구분 짓는 근거를 제공하기도 하지만 하나의 민족이 또 다른 민족에 준 영향의 흔적을 좇아가도록 해주기도 한다. 문화는 민족 간이나 지역 간에 끊임없이 교류하면서 받아들여지기도 하고 배척되기도 하면서 융합과 도태의 과정을 거치며 다듬어진다. 문화의 동질성이나 이질성은 언어를 통해 발견하게 되기도 하므로, 문화가 투시되어 있는 언어 속에서 민족 간에 교류하고 충돌하고 융화한 흔적의 상관관계를 파악할 수도 있다. '打电话전화를 하다'의 '打'는 원래 '때리다'라는 뜻인데 우리말에서도 '전화를 한 통 때리고,....'라는 표현이 있기도 하다는 생각을 떠올리며 두 언어의 표현에서의 상관관계가 궁금해진다.

다음 장에서부터는 7가지의 특징을 제시된 예의 시대적 흐름과 논리적 맥락을 고려하여 다의적 중국어, 대칭적 중국어, 형상적 중국어, 주술적 중국어, 상황적 중국어, 관계적 중국어, 다문화적 중국어의 순서로 구체적인 내용을 펼쳐보고자 한다.

제2장

다의적
중국어

1. 중국어 본래 특징으로서의 다의성

중국 간쑤^{甘肅}성 둔황^{敦煌} 남쪽에는 모래가 바람에 날려와 만들어진 밍사산^{鳴沙山}과 초승달 모양의 연못인 웨야취안^{月牙泉}이 있다. 웨야취안 옆에는 웨취안거^{月泉閣}란 누각이 있는데 그곳에 걸린 여러 개의 편액 중에서도 맨 위쪽의 '鳴沙山 鳴不虛传^{밍사산 밍불허전}' 이란 편액이 특히 우리의 주의를 끈다. 밍사산이란 이름은 바람이 불 때면 모래가 움직이면서 소리가 나는 것이 마치 모래가 우는 것과 같다는 뜻에서 붙여진 이름이다. 밍사산의 모래울음 소리는 실제로 웅장하기도 하고 기묘하기도 하여 산 이름과 딱 부합하니 그 명성이 아무렇게나 전해진 것이 아님을 뜻하는 편액이라고 할 수 있다.

그런데 운다는 뜻의 '鳴'은 곧 '名' 과 동음어이기 때문에 이 편액을 읽는 사람들은 자연스럽게 '名不虛传^{명불허전}'이란 성어를 떠올리면서, 밍사산의 명성이 세상에 헛되이 전해지지 않았다는 뜻까지 함께 유추하게 되는 것이다. 이러한 다의성은 분명히 이 편액을 쓴 사람이 노린 효과라고 할 수 있다. 이처럼 중국어는 분명히 우리말과는 다른 어떤 특징을 지니고 있음에 우

리는 주목하지 않을 수 없다.

중국 TV방송의 한 기자가 한 공장 현장에서 일하는 근로자를 방문했다. 이 기자는 아마도 근로자들이 공장에서 즐겁게 일하고 있다는 사실을 전 국민에게 보여주려는 데 목적이 있었는지 대뜸 '你幸福吗?'^{당신은 행복합니까?}라고 물었다. 그러자 이 근로자는 갑자기 질문과는 상관없이 '我姓李。^{저는 이씨입니다}'라고 대답하였다. 행복하다는 것인지, 아니면 행복하지 않다는 것인지에 대한 대답이 아니라 질문과는 아무 상관이 없는 자기 성씨를 대답하니 시청자들은 일순 당황할 수밖에 없었다. 그렇지만 중국어의 특징을 좀 알고 있는 사람이라면 어렵지 않게 이 문답의 경위를 알아차리고 슬며시 미소를 지을 것이다. 왜냐하면 중국어에 자주 보이는 동음어에 의한 다의적 특징을 활용한 것이기 때문이다. 즉 이 근로자는 '你幸福吗?'란 기자의 질문을 짐짓 동음어인 '你姓福吗?^{당신은 복씨입니까?}'로 들은 것처럼 가장해놓고 '我姓李。'라고 돌려서 대답한 것이다.

우리는 외국어를 배울 때 흔히 우리말과는 다른 특징으로 인해서 종종 어려움을 겪게 되는데, 중국어의 경우에도 결코 예외는 아니다.

대학 시절, 어문계열로 입학했다가 중문과에 진입한 지 얼마 안된 2학년 초로 기억된다. 한문 과목이었는데, 선생님께서 칠판에 '胡地无花草^{호지무화초}' 구를 연달아 네 번 반복하여 쓰시고는 시 한 수로 만들어 해석해보라고 하셨다.

胡地无花草

胡地无花草

胡地无花草

胡地无花草

훨씬 나중에 안 사실이긴 하지만, 이 시구는 원래 당^唐나라 동방규^{東方虬}의 「왕소군의 원망^{昭君怨} 삼수^{三首}」에 '胡地无花草, 春来不似春. _{오랑캐 땅에는 화초가 없으니 봄이 와도 봄 같지가 않네.}'라고 한 데서 나온 것이다. 아마도 선현들이 장난삼아 동일한 시구를 네 구의 절구^{絶句}로 만들어놓고 지적 유희를 즐긴 것이라고 생각된다.

이 시를 해독하는 열쇠는 '胡^호'자가 '어찌'란 뜻과 '오랑캐'란 뜻을 동시에 지니고 있는 다의어라는 데 있다. 그리고 둘째 구에서 의문을 제기하고 셋째 구에서 반전으로 전환하는 것이 핵심이다. 자, 이제 이 시를 한 번 풀어보자.

오랑캐 땅에는 화초가 없으니,

어찌 땅에 화초가 없는 것인가?

어찌 땅에 화초가 없으랴만,

오랑캐 땅이라서 화초가 없으리라!

학부 학생들의 중국어와 한문에 대한 소양을 감안하면 이 시를 해석하기란 여간 어려운 게 아니라는 것을 충분히 미루어 짐작할 수 있다. 당시 우리 역시 마치 암호를 풀듯이 열심히 풀어보려고 했지만 결국 아무도 성공하지 못 하고 그저 선생님께서 풀이해주시길 멍하니 기다릴 수밖에 없었다. 다만 중국어가 지닌 고유한 특징으로서 다의적인 특징을 어느 정도 엿볼 수 있어서 그 때의 수업내용이 아직까지 머릿속 깊이 기억되어 있다.

중국의 대련^{對聯} 중에서 '好读书不好读书^{호독서불호독서}'를 두 번 중첩시킨 '好读书不好读书, 好读书不好读书'라는 대련 역시 중국어의 다의적인 특징을 보여주는 좋은 예이다.

이 대련을 해독하는 열쇠는 우리가 익히 알고 있는 '好'라는 글자에 '좋다'는 형용사적인 뜻 외에도 '좋아하다'란 동사적인 뜻이 있다는 데 있다. 이 두 가지 다의적인 뜻을 잘 활용하여 글자가 동일한 두 구절을 전혀 다른 뜻으로 풀되, 서로 연결시켜 완전한 문장이 되게 풀어야 한다는 데 이 대련의 묘미가 있다. 자, 이제 한 번 풀어보자.

> 책 읽기에 좋을 때에는 책 읽기를 좋아하지 않고,
> 책 읽기를 좋아하니 책 읽기에 좋은 나이가 아니로구나

한 글자가 지닌 몇 가지 뜻 중에서 어느 한 가지 뜻만을 선택하여 의미 맥락이 통하도록 풀이해야만 하니 그 작업이 결코 만만치 않은데, 바로 이런 특징이 중국어를 번역할 때 우리를 곤혹스럽게 만드는 부분이다.

중국인들은 성어^{成語}와 같은 숙어를 글에서는 물론이고 일반 대화에서도 흔히 비유로 즐겨 사용한다. 아래 예문 역시 대화 속에 나오는 문장이다.

我希望在 '有生之年', 还可以继续在这一方面更加努力, 因为
人要 '活到老学到老', 这样才能使自己 '更上一层楼'。
(나는 살아 있는 동안에 또한 계속 이 방면에서 더욱 노력을 할 수 있기
를 바란다. 사람은 늙어 죽을 때까지 배워야만 비로소 스스로를 더욱 발
전시킬 수 있기 때문이다.)

이 문장에는 '有生之年살아 있는 동안', '活到老学到老늙어 죽을 때까지 배우
다', '更上一层楼한 걸음 더 발전하다' 등의 세 가지 숙어가 동시에 사용되
고 있다. 이 숙어들을 이해하려면 글자에 나타난 표면적인 뜻만
을 가지고 이해할 수 없으며 이 말이 나온 배경을 이해하고 그 뜻
을 정확히 숙지해야만 가능하다.

예를 들어 '更上一层楼'란 숙어는 원래 당나라 왕지환王之渙의 「관
작루에 올라登鹳雀楼」 시에 나오는데, 여기서는 '천 리 밖까지 멀리 보기
위해 다시 누각을 한 층 더 오르다'는 뜻으로 쓰였다. 그런데 후인들
이 '좀 더 위로 발전하고자 하는 향상심'을 가리키는 데 많이 사용함으
로 인해서 나중에는 '한 걸음 더 발전하다'는 뜻으로 쓰이게 되었다.

친밀한 친구 간의 사귐을 뜻하는 '金兰之交금란지교'와 같은 성어
역시 이 말이 출현하게 된 배경과 정확한 뜻을 이해하지 못 하면
언뜻 '쇠와 난초의 사귐'처럼 엉뚱하게 해석해버릴 수도 있다. 이
말은 『주역周易·계사繫辭 상上』에서 '二人同心, 其利断金, 同心之言,
其臭如兰。두 사람이 마음을 같이 하면 그 날카로움은 쇠를 자르고, 마음을 같이 한 말은 그 향기가 난초
와 같다.'고 한 데서 나온 말이기 때문에, '쇠를 자를 듯이 날카롭고
난초처럼 향기로운 친밀한 사귐 관계'를 뜻하게 되었다. 결국 중
국어의 숙어에도 일반 중국어와 마찬가지로 다의적인 특징이 반
영되어 있다고 할 수 있다.

1) 다의성ambiguity

이제 중국어의 뚜렷한 특징 중 하나인 다의성ambiguity에 대하여 본격적으로 자세히 살펴보기로 하자.

중국어는 본래 모든 사물과 현상에 각각 개별적으로 대응할 수 있도록 상형象形 등의 방법을 통해 만들어진 표의表意문자이다. 그런데 시대가 발전하고 사회가 복잡해질수록 모든 사물과 현상에 대응하는 문자를 무한정 계속 만들어내기가 쉽지 않았다. 때문에 중국어는 시대가 변함에 따라 글자가 지녔던 본래 의미 외에 여러 가지 파생적인 의미가 추가되어 복잡 다양한 사물과 현상을 가리키게 되었다.

게다가 중국어는 다른 나라에서는 거의 유례를 찾아볼 수 없게 수 천 년 전부터 지금까지 동일한 형태의 문자를 계속 사용해 오고 있다. 때문에 수 천 년 전부터 시작해서 역대로 사회가 변화하면서 추가 되는 여러 가지 뜻들이 어쩔 수 없이 동일한 글자 안에 함께 포함될 수밖에 없었다.

다만 중국어의 다의성은 한 글자에 많은 뜻을 포함시킬 수 있는 장점이 있는 반면에, 때로는 도대체 무슨 뜻으로 쓰였는지 분명하게 파악할 수 없는 모호성이란 단점도 함께 지니고 있다고 할 수 있다.

2) 단의어와 다의어

현대중국어에서 단어는 지닌 의미에 따라 두 가지 유형으로 나뉘는데, 하나의 뜻만을 지닌 '단의어單義詞'와 여러 개의 뜻을 동시에 지닌 '다의어多義詞'가 있다.

단의어의 예로는 '湖호수', '马말', '椅子의자', '轮船기선' 등의 단어를 들 수 있는데, 특히 전문술어나 직업용어는 일반적으로 단의어로서 '直角직각', '折射굴절', '电解전기 분해', '轮作윤작하다', '利率이율' 등이 그 예이다.

그런데 단의어보다 더욱 자주 쓰이는 것은 다의어이다. '日'이란 단어는 '日出东方해가 동쪽에서 뜨다', '红日照大地붉은 해가 대지를 비추다'라고 할 때는 '해'의 뜻을, '日夜不息밤낮으로 쉬지 않다', '夜以继日밤낮없이'라고 할 때는 '낮'의 뜻을, '某日아무 날', '日日新날마다 새로워지다'라고 할 때는 '날'의 뜻을 가리킨다.

'短'이란 단어는 '绳子太短줄이 너무 짧다'라고 할 때는 '짧다'는 뜻을, '还短一个人아직 한 사람이 부족하다'라고 할 때는 '부족하다'는 뜻을, '怎能志短어찌 약해지길 바랄 수 있겠는가?'라고 할 때는 '약하다'는 뜻을 가리킨다.

'平常'이란 단어는 '平常的事보통의 일'라고 할 때는 '보통이다'는 뜻을, '平常在家평소 집에 있다'라고 할 때는 '평소'란 뜻을 가리킨다.

3) 다의성을 지니게 되는 과정

본래 한 가지 뜻만 있었던 중국어가 다양한 뜻을 함께 지니게 되는 과정을 살펴보면 대략 다섯 가지 상황을 들 수 있다.

첫째, 의미가 확대된 경우이다. '猪'는 원래 '어린 돼지'를 가리켰으나 나중에는 '일반적인 돼지'를, '江河'는 원래 '장강과 황하'를 가리켰으나 나중에는 '큰 강'을 가리키게 되었다.

둘째, 의미가 축소된 경우이다. '瓦'는 원래 '도기'를 가리켰으나 나중에는 '기와'만을, '丈人'은 원래 '나이든 남자'를 가리켰으나 나중에는 '아내의 아버지'만을, '丈夫'는 '성인 남자'를 가리켰으나 나중에는 '남편'만을 가리키게 되었다. 그 결과 '성인 남자'란 뜻은 오직 '大丈夫^{사나이}'라는 단어에만 남아 있게 되었다.

셋째, 의미가 전이되어 확장된 경우이다. '日'은 원래 '태양'을 가리켰으나 나중에는 '대낮', '하루' 등의 뜻을, '头脑'는 원래 '머리'를 가리켰으나 나중에는 '사상능력' 등의 뜻을 함께 가리키게 되었는데 이것은 의미가 유사한 다른 방면으로 전이되어 확장된 경우이다.

넷째, 인식이 심화되어 뜻이 더욱 명확해진 경우이다. '国家'는 근대에 국가관이 정립되면서 사람들이 비로소 이 말의 뜻을 제대로 인식하게 되었고, '原子'는 사람들이 당초 '물질을 구성하는 최소 단위'로서만 알고 있었으나 과학이 발전하면서 다시 전자^{電子}와 원자핵^{原子核}으로 나눌 수 있다는 사실을 새롭게 알게 되면서 의미가 더욱 명확해졌다.

다섯째, 비유나 상징 과정에서 새로운 뜻이 만들어진 경우이다. '吐'는 원래 '토하다'는 뜻인데 '人人的脊梁上又都吐出汗粒。^{사람마다 모두 등에서 땀을 토해낸다}'에서와 같이 '땀을 토해내다'로 '땀이 나다'를 비유하여 새로운 뜻을 만들어냈다.

어떤 다의어는 특정한 단어와 조합될 때만 본래 뜻 외의 파생적인 뜻을 추가로 지니게 된다.

'讲'은 본래 '이야기하다'는 뜻인데, '讲卫生^{위생에 주의하다}', '讲吃^{먹는 것을 중시하다}', '讲艺术性^{예술성을 중시하다}', '讲科学性^{과학성을 중시하다}' 등으로 쓰일 때는 '중시하다', '주의하다'의 뜻을 지닌다.

'见'은 본래 '보다'는 뜻인데, '高见'고귀한 의견, '贵见'귀중한 견해, '固执己见'자기 견해를 고집하다 등으로 쓰일 때는 '견해', '의견'의 뜻을 지닌다.

'红色'는 본래 '붉은 색'이란 뜻인데, '红色政权'혁명정권, '红色歌曲'혁명가곡, '红色书刊'혁명 출판물 등으로 쓰일 때는 '혁명적이다'란 뜻을 지닌다.

'白色'는 본래 '흰 색'이란 뜻인데, '白色政权'반혁명 정권, '白色恐怖'백색 테러 등으로 쓰일 때는 '반혁명적이다'란 뜻을 지닌다.

중국어는 근래 들어서도 부단히 새로운 뜻이 첨가됨으로써 다의어가 되는 단어들이 많은데 아무래도 생동적인 표현을 위해서는 이런 다의적인 뜻을 정확히 알고 잘 사용할 수 있어야 한다.

'日子'는 본래 '날', '날짜'라는 뜻인데, 근래 들어 '생활'이란 뜻이 새롭게 덧붙여져 다의어가 되었다. 그래서 '他们过着美好的日子。'그들은 행복한 생활을 하고 있다라고 표현하면 '他们过着美好的生活。'그들은 행복한 생활을 하고 있다라는 표현보다 비교적 구체적이고 생동감을 주어서 전달효과가 좀 더 높아진다.

그밖에 만들어진 지 얼마 안 된 다의어들을 살펴보면 '风雨'비바람→계급투쟁, '亮相'배우의 모습을 두드러지게 보여주다→대중 앞에 서서 입장을 밝히다, '货色'상품→놈. 짓, '风声'바람소리→평판, '外衣'겉옷→허울, '市场'시장→받아들여질 여지 등이 있다. 어떤 다의어는 서로 연관성이 없는 전혀 다른 뜻을 함께 지니고 있기도 한다.

'老'는 '늙다'는 뜻 이외에도 '老朋友'오랜 친구, '老邻居'오랜 이웃에서처럼 '오랜 동안 친밀하다'는 뜻과, '还是老样子'여전히 그대로이다에서처럼 '원래 그대로다'의 뜻이 있는가 하면, 이상의 세 가지 뜻과 관련이 많지 않은 '언제나'라는 뜻도 있으니, '老爱打球'언제나 공치기를 좋아한다', '老晚上外出언제나 저녁에 외출한다' 등이 그 예이다.

'爽'은 '秋高气爽가을 하늘은 높고 공기는 맑다'에서처럼 '맑다'의 뜻과 '身体不爽몸이 개운하지 않다'에서처럼 '개운하다'의 뜻이 있는가 하면, '毫厘不爽조금도 어긋나지 않다'에서처럼 '어긋나다'라는 위의 두 가지 뜻과 전혀 관련 없는 뜻도 지니고 있다.

'左右'는 '左右劝他休息측근들이 그에게 휴식을 권하였다'에서처럼 '측근'의 뜻과 '左右邻舍的人都来看他。옆의 이웃집 사람들이 모두 그를 보러 왔다'에서처럼 '옆'의 뜻 및 '全文有两千字左右。전체 문장이 2천 자 가량 된다'에서처럼 '가량'의 뜻이 있는가하면, '这个人个性很强, 谁也左右不了他。이 사람은 개성이 아주 강하여 누구도 그를 좌지우지할 수 없다'에서처럼 '좌지우지하다'라는 위의 세 가지 뜻과 전혀 관련이 없는 뜻도 있다.

4) 뜻이 애매모호해지는 단점

중국어는 다의성으로 인해서 의미가 애매모호해지면서 혼동을 일으키는 경우가 많다. 때문에 문맥상 여러 가지 의미로 해석될 수 있는 소지를 없애기 위해서는 매우 세심하게 주의를 기울여 사용할 필요가 있다.

예를 들어 '请他送两本书给中文系办公室。'라는 문장을 살펴보자. '送'은 '보내다'와 '선물하다'라는 뜻을 동시에 지니고 있어서, 이 문장만 놓고 본다면 '책 두 권을 중문과 사무실에 보내 달라'고 부탁하는 것인지, 아니면 '그곳에 선물해 달라'고 청하는 것인지 애매모호하다. 즉 두 가지 뜻으로 모두 풀이될 수 있는 소지를 안고 있다.

만약 '보내다', '전달하다'라는 뜻으로 쓰고자 하면 '给'를 생략하고 '请他送两本书中文系办公室。'로 하든지, '给'을 쓰려면 '送去'와 조합시켜서 '请他送去两本书给中文系办公室。'로 해야만 오해의 여지가 없게 된다.

만약 '선물하다'라는 뜻을 분명히 나타내려면 증정하는 대상으로 '助教_{조교}'처럼 구체적인 사람을 지칭하여 ' '请他送两本书给中文系办公室的助教。책 두 권을 중문과 사무실의 조교에게 선물하도록 그에게 부탁하였다'로 표현한다면 '전달하다'라는 뜻으로 오해될 수 있는 여지를 없앨 수 있을 것이다.

그런데 우리를 더욱 더 당혹스럽게 만드는 점은, 중국어에는 한 글자 안에 서로 반대되는 뜻을 동시에 지니고 있는 글자도 있다는 점이다. 때문에 의미상 혼동을 피하기 위해서는 이 단어와 조합되는 단어들을 잘 선택하여 문장 표현구조를 정확하게 만들어야 한다.

'借'는 '빌리다borrow'와 '빌려주다lend'라는 뜻을 동시에 지녔다. 때문에 '阿里借我一本词典。'이라고 하면 아리_{阿里}가 나에게 사전 한 권을 빌렸다는 것인지 빌려주었다는 것인지가 불분명하다. 중국어에서는 이렇게 상반된 뜻을 지닌 다의어가 쓰일 때는 의미상 혼동을 피하기 위하여 좀 더 의미를 명확히 할 수 있는 말이나 구조를 덧붙여 표현한다. '빌리다'라는 뜻을 표현하고자 할 때는 '阿里向我借一本词典。아리가 나에게서 사전 한 권을 빌렸다'이라고 하여 원래 문장에 전치사구 '向我'를 덧붙여 '借'의 부사어로 만들어준다. 반대로 '빌려 주다'라는 뜻을 나타내고자 할 때는 '阿里借给我一本词典。아리가 나에게 사전 한 권을 빌려 주었다'이라고 하여 동사 뒤에 결과보어 '给'를 덧붙여주면 된다.

'打败'는 '이기다win'와 '지다lose'라는 뜻을 동시에 지녔다. 이 경우도 의미상 혼동을 피하기 위하여 '이기다'는 뜻으로 나타내고자 할 때는 '韩国队打败了中国队。한국팀이 중국팀을 이겼다.'처럼 목적어를 덧붙여 술목구로 만들어 준다. 반대로 '지다'라는 뜻으로 표현하고자 할 때는 '中国队打败了。중국팀이 졌다.'처럼 목적어를 수반하지 않는 주술구로 만들어야 한다.

이처럼 중국어의 다의성으로 인하여 문맥 상황에 따라 뜻이 여러 가지로 풀이될 수 있는 경우는 제6장 상황적인 중국어에서 더욱 자세히 다루기로 한다.

5) 간체자, 외래어의 다의성

현대 중국어에는 본래 다른 글자였다가 간체자가 만들어질 때 한 글자로 합쳐짐으로 인해서 어쩔 수 없이 다의적인 뜻을 지니게 된 단어들이 있다. 일테면 '云'은 본래 '말하다'의 뜻만 지녔는데, 나중에 '雲'자의 간체자도 '云'이 됨으로써 '구름'이란 뜻도 동시에 지니게 되었다. 이런 단어들로는 '鐘종'과 '鍾모으다'이 합쳐진 '钟', '余나'와 '餘남다'가 합쳐진 '余', '後나중'와 '后황후'가 합쳐진 '后', '乾건조하다'과 '干방패' 및 '幹줄기, 하다'이 합쳐진 '干' 등이 있다.

중국어는 외래어를 음역할 때, 외국어 발음을 그대로 옮겨오면서도 동시에 중국어로도 뜻이 이루어지게끔 절묘하게 음역을 하는 경우가 많은데, 이 경우 한 글자에 두 가지 뜻을 동시에 포함하는 다의성이 출현하게 된다. 미국의 음료수인 'Coca Cola'를

「可口可乐」와「百事可乐」

중국어로는 '可口可乐'이라고 음역하는데, 'Coca Cola'라는 음료수 자체를 가리킬 뿐만 아니라 '입에 맞으니 즐길 만하다'는 음료수의 맛까지도 동시에 가리키게 됨으로써 자연스레 다의성을 지니는 효과가 있다.

마찬가지로 'Pepsi Cola'란 음료수도 '百事可乐'이라고 음역함으로써 음료수 자체를 지칭하는 동시에 '모든 일이 즐길 만하다'는 뜻도 함께 내포하게 되었다. 우리나라 유통회사인 '이마트'가 중국에 입점하면서 내건 중국어는 '易买得'로서 'E-mart'를 가리킴과 동시에 '쉽게 사서 소유할 수 있다'는 뜻도 함께 내포하게 되었고, 프랑스 유통회사인 '까르푸'는 '家乐福'로서 'Carrefour'를 가리킴과 동시에 '집안이 즐겁고 행복하다'란 뜻도 함께 지니게 되었다.

한편 한 단어에 음역과 의역을 동시에 사용하는 외래어도 있다. 예를 들어 여성들의 'miniskirt'[미니스커트, 짧은 치마]는 '迷你裙'인데, 영어 'mini'[짧다]를 음역한 '迷你'와 'skirt'[치마]를 의역한 '裙'으

「易买得」와 「家乐福」

로 음역과 의역을 혼용하였다. 그런데 음역한 '迷你'만 놓고 보더라도 영어 'mini'의 '짧다'는 뜻 외에 또한 문자상으로 '너의 마음을 끌다'라는 뜻을 동시에 지니고 있으니 역시 다의성이 고려되었다고 할 수 있다.

2. 동음어로 인한 다의성

중국어는 발음체계의 특징상 글자는 다르지만 발음이 같은 단어인 동음어^{同音語}들이 매우 많다. 때문에 예로부터 언어를 구사할 때 그 단어와 동시에 동음어를 함께 떠올려서 동음어의 뜻까지도 함께 수반하게 하는 수법이 자주 활용되곤 하였다. 동음어를 중국어로는 '谐音^{해음}'이라고 하며 수사법적으로 동음어의 뜻을 연상하도록 표현하는 수법을 '双关^{쌍관}'이라고 한다.

우리나라 사람들도 옛날부터 동음어를 의식하는 문화가 존재하였던 것으로 보인다. 조선시대 유생들은 떨어질 '落^락'자 쓰는 것을 싫어했다고 하는데 과거시험에서 낙방을 연상시키기 때문이었다. 특히 영남지역 유생들은 죽령^{竹嶺}을 넘으면 '죽죽 미끄러진다'고, 추풍령^{秋風嶺}을 넘으면 '추풍낙엽처럼 떨어진다'고 믿었다. 그래서 멀리 돌아가더라도 꼭 문경 새재를 통해 넘어가려고 했다. '경사스런 소식을 듣는다^{聞慶}'는 뜻 때문이었다.

이러한 동음어를 통한 다의적 의미 추구방식은 특히 전통 문학 등에서 아주 중요한 수사방식으로 자주 활용되어왔다.

당^唐나라 시인 유우석^{劉禹錫}의 「죽지사^{竹枝詞}」에서 '江柳青青江水平, 闻郎江上唱歌声. 东边日出西边雨, 道是无晴却有晴。^{버드나무 푸릇푸릇 강물 평평한데, 강 위에서 부르는 그이의 노랫소리 들려오네, 동쪽은 해 뜨는데 서쪽은 비오니, 맑게 개일 날 없으리라 여겼건만 도리어 개인 날도 있구나.}'라고 하였는데, 여기서 '晴'은 곧 '감정'·'애정'의 '情'과 동음어이기 때문에 '情'의 뜻을 동시에 수반하고 있는 단어로서 제4구는 '정이 없을 거라 여겼건만 도리어 정을 갖고 있구나."라는 뜻까지도 함께 내포하고 있다고 할 수 있다.

또 당나라 시인 이상은^{李商隱}의 「무제^{無題}」시에서 '春蚕到死丝方尽, 蜡炬成灰泪始干。^{봄누에 죽기에 이르러서야 실 비로소 다하고, 촛불은 재가 되어서야 비로소 눈물 마르네}'라고 하였는데, 여기서 '丝'는 동음어인 '思^{그리움}'를, 촛농이란 뜻의 '泪'자는 동시에 눈물을 연상시키기 때문에 '그대를 향한 그리움도 내가 죽기에 이르러서야 비로소 끝이 나고, 눈물도 내가 죽어 재가 되어서야 비로소 마르리라.'는 뜻까지도 함께 내포하고 있다고 할 수 있다.

중국에서 매우 인기를 누리고 있는 문예 장르인 '相声^{상성}'이
라고 하는 만담^{漫談}에서 동음어를 활용하고 있는 예를 살펴보자.

> 甲：我爸爸… 说："先吃饭，吃完饭全家开个午会。"(우리 아빠
> 가 …"먼저 밥 먹고, 다 먹고 나서 온 가족이 오후회의를 열겠다."고 말
> 씀하셨어.)
> 乙：怎么，吃完饭要跳舞哇?(어째서? 밥 다 먹고 나서 춤추려고 하
> 는 거야?)
> 甲：没跳舞. 就是开一个给我解决思想问题那么个会。(춤춘다는
> 게 아니라 내 잘못된 생각에서 오는 문제를 해결해주려는 그런 회의를 여
> 시겠다는 거지.)
> 乙：怎么叫"舞会"呢?(그럼 왜 '무도회'라고 하셨는데?)
> 甲：中午开的。(오후에 여니까.)(허우바오린^{侯寶林}，『재생집^{再生集}·홍장원^紅
> ^{壯元}』)

이 만담에서 갑과 을이 서로 엉뚱한 얘기를 하고 있는 이유
는 무엇일까? '午会^{오후 회의}'는 '舞会^{무도회}'와 발음이 같기 때문에 을
이 계속 갑의 말을 잘못 알아듣고 있는 것이다. 이 만담은 동음
어로 인해서 엉뚱한 뜻으로 착각할 수도 있다는 사실을 해학적으
로 잘 보여주고 있다.

> 1960년대 초 설날 연회에서 만담 대가인 허우바오린^{侯寶林} 선생이 했던
> 만담 한 토막을 들어보자.
> 그가 무대에 등장하여 'gōngxǐ fācái'라고 하자 관객들은 그저 흔한 인
> 사말인 '恭禧发财^{돈 많이 버세요}'라고 하는 줄로 알아들었다. 그러나 이어서 '我
> 说的是人才的才!^{제가 말씀 드린 것은 '인재'라고 할 때의 '재'자입니다.}'라고 말하자 관객들은 순

간 어리둥절해졌다가 이어지는 설명을 듣고 나서야 비로소 의미를 알아차릴 수 있었다.

'今天来的, 不少是文艺界, 科技界的領导同志, 或是教授, 专家, 艺术家, 都要以老带新, 希望大家在新的一年里, 大力发现人才, 发掘人才, 一句话: 恭禧发才!(오늘 오신 분들은 문예계, 과학기술계의 지도자들이시거나 아니면 교수·전문가·예술가들이 적지 않은데, 모두 경험 있는 분들로 젊은이들을 잘 지도하셔야 합니다. 그래서 여러분 모두 새해에는 힘껏 인재를 찾아 발굴하시기를 바라는 의미에서 한 마디 '인재 많이 발굴하세요.'라고 말씀 드렸습니다.)'

이 말은 곧 '恭禧发财^{돈 많이 버세요}'의 '财'자를 동음어인 '才'자로 바꿔 '恭禧发才^{인재 많이 발굴하세요}'로 재밌게 표현함으로써 현장의 분위기를 한껏 고조시키고 웃음을 선사한 예라고 할 수 있겠다.

동음어는 짧은 문구로 많은 뜻을 집약적으로 표현해야 하는 신문광고 문구나 공공장소의 안내문 등에서 특히 많이 쓰인다. 동음어를 통해 다의적 효과를 얻고자 하기 때문이다.

어느 청바지 회사에서 '不同的酷, 相同的裤^{서로 다른 산뜻함, 똑같은 바지}'라고 하였다. '酷'과 '裤'가 동음어이기 때문에 '바지^裤'가 '쿨^{cool,}^酷'한 느낌을 준다는 것을 소비자들의 머리에 떠올리게 하는 아주 기발한 광고 문구라고 생각된다.

중국의 잔디밭 앞에는 흔히 '小草有生命, 足下多留青^{어린 풀에도 생명이 있으니 발아래 푸른 잔디를 많이 남겨주세요.}'라는 문구가 쓰인 팻말을 볼 수 있다. 이 문구는 우리말로 해석하면 너무 평범하고 밋밋한 뜻이 되지만 중국어를 이해하는 사람들이라면 감탄을 금하지 못 할 것이다. 왜냐하면 '足下(多)留青'이란 말은 매우 자주 쓰는 숙어인 '手下留情^{사정을 잘 보아주십시오}'을 연상시키기 때문에 사람들은 자연스럽게

'푸른 잔디를 남기다^{留青}'는 뜻 외에도 '잔디의 사정을 잘 봐주세요^{留情}'라는 뜻까지 함께 연상하게 되는 것이다. 동음어를 잘 활용하여 다의적 효과를 거둔 절묘한 문구 중 하나라고 생각된다.

---

* 동음어를 잘 활용한 광고나 안내판의 문구들을 더 살펴보자.

· 타자기 광고: '不打不相识^{타자를 치지 않으면 서로 알지 못 한다}' → 이 말은 원래 숙어로서 '싸워야 정이 생긴다'는 뜻으로 쓰인다. 그런데 '打架^{싸우다}'로 쓰이던 '打'를 '打字^{타자치다}'의 뜻으로 변용하여 전통 숙어를 타자기 광고 문안에 절묘하게 활용하였다.

· 화장품 광고: '趁早下斑, 请勿痘留^{일찌감치 기미를 제거하고 여드름을 남기지 마세요.}' → '下斑', '痘留'는 각각 '下班^{퇴근하다}', '逗留^{남다}'의 동음어로서, 원래대로 한다면 '일찌감치 퇴근하고 남지 마세요'의 뜻으로 쓰이는 문구를 화장품 광고에 맞게 변용한 예이다.

· 도서관 경고문: '别因有意思就有意撕^{재미있다고 일부러 찢지 마세요}' → '有意思^{재미있다}'와 동음어인 '有意撕^{일부러 찢다}'란 신조어를 새롭게 만들어 병렬시킴으로써 경고문안의 효과를 극대화시킨 예이다.

· 화장실 안내문: '顺便冲水^{용무를 보고 나서 물을 내리세요}' → 원래 '便'은 '편리'라는 뜻으로 '顺便'은 '하는 김에'라는 뜻으로 쓰인다. 그런데 여기서는 '便'을 '대소변'의 뜻으로 보고 '顺便'을 '용무를 보고 나서'의 뜻으로 풀 수도 있다. 따라서 '顺便'은 '하는 김에'와 '용무 보고 나서'라는 두 가지 뜻을 동시에 포함하고 있다고 할 수 있다.

2003년도에 중국 전역에 중증 급성 호흡기 증후군인 일명 '사스^{SARS}'가 만연하여 많은 사람을 숨지게 한 적이 있었다. 그런데 중국에서는 이 '사스'란 말을 의역하여 '非典型肺炎'이라고 하였고 또 간략하게 '非典'이라고 불렀다. 때문에 '非典'만 놓고 보면 '표

준이 아니다', 내지는 '전형이 아니다'는 뜻 정도로 생각될 뿐, 아무리봐도 무서운 질병의 이름이라고 연상되지는 않는다. 때문에 우리 같은 외국인들은 사안의 심각성에 비해서 이름이 너무 현실과 동떨어지지 않았나 하는 느낌을 많이 받곤 하였다. 그런데 이 '非典'은 또한 '非点'과 동음어라서 음식점에서 만약 '我非点 …。^{나는 꼭 요리를 주문해야겠다}'라고 하면 사람들은 '我非典。^{나는 '사스' 환자야.}'라고 잘못 알아들을 수도 있으니 조심해야 할지도 모르겠다.

---

* 동음어로 인한 해프닝

　　중국에 간 지 얼마 안 된 한국의 한 수녀님이 시장에 가서 직접 겪은 얘기이다. 양털 가죽을 파는 상인이 계속 'yángmáo^{羊毛}'하고 외치는데 그녀는 'liǎngmáo^{两毛. 20전}'로 잘못 알아들었다. 아마도 상인의 발음이 기본적으로 '얼화^{儿化}'가 많이 되어 있어서 이렇게 혀가 꼬부라진 발음이 나온 모양이다. 한국에서는 아주 비싼 양가죽을 여기서는 이렇게 싸게 팔 수 있나 의아해 하며 혹시나 하고 '真的吗?^{진짜예요?}' 하면서 재차 확인하였는데, 상인이야 상품의 진위 여부를 묻는 줄 알고 당연히 '真的。^{진짜예요}'라고 대답하였을 것이다. 그러자 수녀님이 얼른 '两毛'를 내밀었는데 주인이 마치 아주 이상한 동물 보듯이 쳐다보더란다. '羊毛'를 '两毛'로 잘못 알아들은 결과 빚어진 해프닝인데, 상인의 '얼화'된 발음 때문에 벌어지긴 했지만 역시나 유사 동음어로 말미암은 것이라고 할 수 있겠다.

　　이처럼 동음어로 인한 해프닝은 중국어 대화 현장에서 자주 발생하기 때문에 성조를 정확히 발음하지 못 하거나 또는 분명하게 알아듣지 못 하면 아주 낭패를 당하는 경우가 발생할 수도 있다. 만두 가게에서 손님이 '水饺多少钱?^{만두 얼마입니까?}'을 '睡觉多少钱?^{잠자는 데 얼마입니까?}'로 발음한다든지, 종업원이 '一碗一百块钱。^{한 그릇에 백 원입니다.}'라고 하는 말을 발음이 같다고 '一晚一百块钱。^{하룻밤에 백 원입니다.}'로 알아 듣는다면 상당히 곤란한 일을 겪을 수도 있음을 명심해야 한다. 믿거나 말거나.

---

3. 전통 문화가 반영된 용어의 다의성

1) 동물들의 상징적 의미

중국어 가운데는 오랜 세월, 전통 문화 속에서 중국인들의 경험과 심리가 반영되고 축적된 결과 특별한 상징적인 의미를 갖게 된 말들이 있다. 또한 여기에 그치지 않고 사람들에 의해 좋아하거나 싫어하는 감정이 덧붙여진 말들도 있다.

중국인들에게 '龙^용'은 고대 신화전설 속에서 상서롭고 신령한 동물로서 구름과 비를 일으키고 만물을 이롭게 하는 동물로 간주되었다. 그러다가 나중에 용은 황제 및 그와 관련된 일이나 사물을 가리키게 되었다. '龙颜^{황제의 얼굴}', '龙飞^{황제가 즉위하다}', '龙袍^{황제의 의복}', '龙床^{황제의 침상}', '龙体^{황제의 옥체}' 등이 그 예이다. '龙'은 다시 의미가 확대되어 걸출한 인재나 귀중한 물건 및 기타 길한 사물들을 가리키는 데 쓰이기도 하였다. 장원으로 급제한 사람을 '龙头^{장원}'라고 불렀으며, 성어 '望子成龙^{아들이 뛰어난 인물이 되길 바라다}'에서 '龙'은 걸출한 인재를 가리킨다.

'凤凰^{봉황}' 역시 고대 전설 속의 신비한 새로서 수컷을 '凤^봉'으로, 암컷을 '凰^황'으로 불렀다. 나중에 '봉'은 황제의 중요한 용구, 거처를 가리키면서 신성한 색채를 부여받기도 하였으니 '凤辇^{황제가 타는 수레}', '凤邸^{황제의 거처}', '凤楼^{황제의 누각}', '凤城^{서울의 별칭}' 등이 그 예이다. '봉'은 다시 의미가 확대되어 '凤穴'은 '시문에 재능이 있는 사람들이 많이 모여 있는 고장'을, '凤凰于飞'는 '결혼 생활이 아름답고 원만하기를!'의 뜻을 가리키게 되었다.

'狗^개'는 『이아^{爾雅}·석수^{釋獸}』에서 "아직 성숙하지 않은 것이 '狗'이다^{未成豪, 狗}"라고 하였고, 학의행^{郝懿行}은 소^疏에서 "큰 것은 '犬', 작은 것은 '狗'라고 부른다.^{大者名犬, 小者名狗}"고 하였다. 이로부터 '狗'는 곧 '개'라는 뜻 외에도 '작은 짐승', '비천하고 미미하다'는 뜻을 지니게 되었고, 나아가 '미천하다', '사람들에게 혐오감을 주다'는 뜻이 파생되어 나왔다. 현대 중국어에서도 사람을 욕하는 말 중에는 '狗'자를 수반한 말들이 많은데 '狗东西^{개 같은 것}'·'狗杂种^{개잡놈}'·'狗头^{멍청한 놈}'·'狗屁^{개소리}' 등이 그 예이다.

이밖에도 부지런함을 상징하는 '牛^소', 온순한 성격을 상징하는 '绵羊^양', 용맹함을 상징하는 '老虎^{호랑이}', 담이 작은 것을 상징하는 '老鼠^쥐', 교활하고 거짓이 많은 것을 상징하는 '狐狸^{여우}', 재치 있고 총명하며 말솜씨가 빼어남을 상징하는 '猴子^{원숭이}', 부부의 두터운 애정 관계를 상징하는 '鸳鸯^{원앙}' 등이 있다.

> 동물의 상징적인 의미는 각 민족의 경험과 심리의 영향을 받기 때문에 같은 동물이라고 할지라도 민족마다 상징적인 의미가 다를 수 있고, 또 그 동물에 대한 호오의 감정 역시 다를 수밖에 없다는 사실에 주의해야 한다.
>
> 중국에서 '狗^개'는 미천하고 혐오스런 의미를 상징하는 반면에, 영어에서 'dog'은 애완용으로 기르는 짐승이라서 그런지 대부분 칭찬하는 측면으로 쓰인다. 'a lucky dog^{행운아}', 'a dumb dog^{호화롭다}', 'a old dog^{숙련된 사람}', 'a jolly dog^{쾌활한 사람}', 'be top dog^{지배적 위치에 있다}' 등이 그 예이다.
>
> 우리나라에서는 중국과 마찬가지로 전통적으로 개를 귀한 동물로 간주하고 있지는 않아서 좀 흔하거나 천한 사물들의 접두어로 이 '개'자를 붙이기도 하였는데, 개나리, 개여뀌, 개복숭아, 개살구, 개떡, 개꿈 등과 같은 낱말을 보면 이 점을 잘 알 수 있다.

중국에서 '喜鹊^{까치}'는 희소식을 전하는 새로서 항상 기쁜 일을 비유하는 데 사용되는 반면에 영어에서 'magpie^{까치}'는 조잘조잘 말하길 좋아하는 사람을 비유하며, 슬라브 민족들은 까치를 싫어해서 소매치기^{좀도둑}를 비유하는 데 사용하기도 한다.

일본에서는 까마귀와 여우 및 고양이를 길상동물로 간주하고 있는 점이 또한 우리와 많이 다르다고 할 수 있다.

용감함을 상징하는 동물을 '马^말'로 비유하는 민족이 있는가 하면, '鷹^매'로 비유하는 민족도 있다.

2) 꽃과 나무들의 상징적인 의미

중국어에서 꽃과 나무에 담긴 상징적인 의미 역시 중국인들의 심리를 잘 반영해주고 있다. 중국인들이 문학작품에서 묘사하기를 즐겨 하는 꽃들로 '牡丹花^{모란}'·'梅花^{매화}'·'桃花^{복숭아꽃}'·'菊花^{국화}'·'梨花^{배꽃}'·'荷花^{연꽃}'·'海棠花^{해당화}' 등이 있다.

'桃花^{복숭아꽃}'은 선홍색이어서 청춘소녀의 진홍빛 나는 아름다운 용모를 비유하는 데 자주 사용된다. 당나라 시인 최호^{崔護}의 「도성의 남쪽 장원에서 시를 쓰다^{題都城南莊}」에서는 한 소녀의 아름다운 용모를 복숭아꽃으로 비유하였다.

去年今日此门中	작년 오늘 이 문 안에서
人面桃花相映红	그녀 얼굴과 복숭아꽃은 서로 붉게 비추었지.
人面不知何处去	그녀의 얼굴은 어디로 갔는지 모르겠구나
桃花依旧笑春风	복숭아꽃은 여전히 봄바람에 웃음 짓고 있는데.

‘梨花배꽃’은 그 새하얀 색깔이 순결하고 깨끗함을 상징하여 여성의 청순하고 아름다운 용모를 비유하는 데 사용되었다. 백거이白居易는 「장한가長恨歌」에서 배꽃으로 양귀비楊貴妃의 옥처럼 아름다운 용모를 비유하였다.

风吹仙袂飘飘举　　바람이 선녀의 소매를 사뿐히 불어 올리니
犹似霓裳羽衣舞　　마치 예상우의곡의 춤을 추고 있는 듯.
玉容寂寞泪阑干　　옥 같은 얼굴 쓸쓸히 난간에 기대어 우는데
梨花一枝春带雨　　배꽃 한 가지에 어린 봄빛은 비를 머금고 있구나.

‘梅花매화’는 소나무·대나무와 함께 ‘岁寒三友추운 겨울철의 세 친구’로 불려왔다. 추위를 이기며 홀로 피는 매화는 항상 우아한 기품과 굳센 절개를 상징해 왔다. 매화는 또한 아름다운 미인의 고상하고 우아한 자태를 비유하는데 사용되기도 하였다. 원元나라 조맹부趙孟頫의 「매화시梅花詩」를 보자.

潇洒红梅似玉人　　말쑥한 붉은 매화 옥으로 빚은 사람인 듯
倚风无语澹生春　　바람에 기대어 말없이 봄에 맑게 피어났다.
曲中桃李元非侣　　구석에 핀 복숭아, 오얏은 본래 짝이 되지 못 하고
梦里梨花空非真　　꿈속에 보는 배꽃은 부질없으니 진짜가 아니라네.

‘莲花연꽃’역시 역대로 많은 문인들이 칭송해 왔는데, 위魏나라 조식曹植은 「낙신부洛神賦」에서 낙신을 연꽃에 비유하여 연꽃을 미의 화신으로 간주하였다. 나중에 시인들은 연꽃으로 아름다운 자태

의 어여쁘고 사랑스러운 미녀를 비유하였다. 또한 연꽃은 맑고 깨끗함으로 인해서 고귀한 품격과 자연스러운 자태를 비유하는 데에 사용되기도 하였다. '淸水出芙蓉, 天然去雕飾_{맑은 물에서 연꽃이 피어난 듯, 자연스러워 새기고 꾸민 흔적이 없네}', '出汚泥而不染_{진흙에서 나왔지만 더럽혀지지 않았네}' 등은 모두 연꽃의 맑고 깨끗함을 말한 것이다.

'牡丹花_{모란꽃}'은 단아하고 수려한 자태와 아름다운 색깔 등으로 인해 시인들은 '花王_{꽃 중의 왕}'으로 간주하기도 하였으니, 주돈이_{周敦頤}의 「애련설_{愛蓮說}」에서 '牡丹, 花之富貴者也。_{모란은 꽃 중에서도 부귀한 꽃이다}'라고 하였다. 때문에 사람들은 흔히 모란꽃으로 화려하고 아름다운 소녀, 또는 점잖고 귀티가 나는 부귀한 사람을 비유하곤 하였다.

다만 중국에서 '玫瑰_{장미꽃}'을 비유로 활용한 예는 많지 않다. 아마도 가지에 가시가 돋나 사람들이 그다지 좋아하지 않기 때문일 것이다. 그러나 서양에서는 장미를 좋아하여 애정의 상징으로 자주 비유하곤 한다. 같은 꽃이라고 하여도 민족마다 심미적인 체험이 다르기 때문에 이처럼 상징도 다른 것이다.

중국인들이 자주 비유 대상으로 삼는 나무로는 '松柏_{소나무와 측백나무}'을 들 수 있는데, 이 나무들은 추운 겨울에도 시들지 않고 늘 푸르러 인간의 굳세고 고결한 신념과 지조 등을 상징하는 것으로 여겨졌기 때문이다.

공자_{孔子}는 『논어_{論語}·자한_{子罕}』편에서 '岁寒然后知松柏之后凋_{한 해가 추워진 뒤에야 소나무와 측백나무가 나중에 시듦을 알게 된다}.'라고 하였고, 사마천_{司馬遷}은 『사기_{史記}·백이열전_{伯夷列傳}』에서 '岁寒然后知松柏之后凋, 举世之污浊, 清士乃见。_{한 해가 추워진 뒤에야 소나무와 측백나무가 나중에 시듦을 알게 된다. 온 세상}

이 더럽고 혼탁해져야 비로소 깨끗한 선비가 드러난다.'라고 하였다. 또한 어떤 역경 속에서도 절개를 굽히지 않는 의지가 굳은 사람을 흔히 '岁寒松柏'으로 비유하기도 한다.

한 통계에 의하면 애정 문학작품 중에서 중국은 자연 경물과 식물 및 동물을 비유 대상으로 삼은 것이 70%를 이루는 데 반해, 서양은 화폐·음악 및 기타 물건으로 비유를 한 게 약 51%라고 한다. 또 자연 사물 중에서도 중국은 '水물'과 '月달'을 숭상하는가 하면 서양은 '火불'과 '日해'를 더욱 좋아한다고 한다. 이처럼 사물에 부여하는 상징적인 의미 역시 중국과 서양 간에 매우 다르다고 할 수 있다.

3) 별칭의 다의적 의미

중국어에서 인물·기물·기상 등은 본래의 이름 외에도 별칭을 지니고 있는 것들이 다수 존재한다. 별칭은 본래 이름과 동일한 뜻을 나타내지만 사물의 어떤 구체적인 특징을 두드러지게 함으로써 더욱 형상적이고 생동적으로 표현되도록 한다. 별칭은 대부분 전통의 오행관념이나 예악문화 또는 고대 전적이나 문학 작품에서 유래하였다.

고대에 '秋风가을바람'은 '金风', '秋天가을'은 '金天'이란 별칭으로 불리기도 하였는데 '金금'을 가지고 가을을 가리키게 된 이유는 어디에 있을까? 얼핏 '金'은 가을의 '金黃色누런색'을 상징하기 때문이 아닐까 하고 추측해볼 수도 있겠지만 사실은 그렇지 않다. 여기에는 바로 고대 중국 전통의 오행 관념이 반영되어 있는

데 '木^목'·'火^화'·'土^토'·'金^금'·'水^수' 오행 중 '金'이 가을에 해당된다고 보았기 때문이다. 그러니 오행이 방위 및 계절과 어떤 관계에 있는지를 살펴보면 각각의 별칭이 출현하게 된 유래를 잘 알 수 있다.

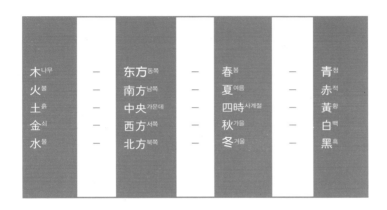

木^{나무}	–	东方^{동쪽}	–	春^봄	–	青^청
火^불	–	南方^{남쪽}	–	夏^{여름}	–	赤^적
土^흙	–	中央^{가운데}	–	四時^{사계절}	–	黄^황
金^쇠	–	西方^{서쪽}	–	秋^{가을}	–	白^백
水^물	–	北方^{북쪽}	–	冬^{겨울}	–	黑^흑

일부 별칭들은 고대 유명한 인물이나 전적에서 유래하였다. '东道主'는 모임·행사 등을 주관하는 '主人^{주인}'의 별칭이다. 이 별칭은 『좌전^{左傳}·희공^{僖公} 삼십년^{三十年}』에서 유래하였는데, 정^鄭나라가 진^秦나라에게 침공하지 말아줄 것을 요청하며 앞으로 진나라 사신이 정나라에 내왕할 때마다 '동쪽으로 나 있는 길^{東路}'의 주인으로서 정성껏 모시겠다고 한 고사에서 나온 말이다.

'梁上君子'는 '窃贼^{도둑}'의 별칭이다. 『후한서^{后漢書}·진식전^{陳寔傳}』에서 유래하였는데, 후한 사람 진식이 밤에 들보 위에 있는 도둑을 발견하고 자손들을 불러 "사람은 본래부터 악한 것이 아니라 나쁜 습관 때문에 악인이 되는 법이니 저 들보 위의 군자가 곧 그런 경우이다"고 하며 들보 위의 도둑을 가리키자, 그 도둑이 크게 놀라 사죄하고 간 고사에서 나온 말이다.

　일부 별칭은 고대의 문화적 현상이 확산되면서 만들어지기도 하였다. 전국戰國시대 초楚나라의 위대한 시인 굴원屈原이 『이소離騷』를 지었는데 후대의 시가에 깊은 영향을 미쳤다. 후대 시인들은 『이소』의 풍격을 모방한 작품을 많이 지어서 '騷体이소체'의 시풍을 이루게 되었으며 그 결과 '诗人시인'들은 '騷人소인'이란 별칭으로 불러지기 시작하였다.

다음은 다양한 별칭들의 예이다.
'墨客'–문인, '儒冠'–지식인, '须眉'–남자, '娥眉'–여자,
'皓首'–늙은이, '裙衩'–부녀자, '青衣'–하녀

---

4. 전통 시가 언어의 다의성

1) 시가 언어 속에 함축된 문화적 심리

　민족마다 문화적 심리는 다를 수밖에 없는데, 이렇게 저마다 다른 문화적 심리는 종종 언어를 압축적으로 표현하는 시가언어를 통해 선명하게 표현되곤 한다. 중국의 시가언어 역시 중국인들의 심리를 잘 반영하고 있는데, 흔히 함축적인 수법으로써 언어 속에 유장한 운치와 심원한 의미를 담고 있다. 당나라 시인 왕유王

維의 「잡시^{雜詩}」를 보자.

君自故乡来	그대는 고향에서 오셨으니
应知故乡事	고향의 일을 마땅히 아시겠지요.
来日绮窗前	오시던 날 비단 창문 앞에
寒梅著花未	한매는 꽃을 피웠던가요?

이 시는 시인의 진한 고향 생각을 표현하였다. 시인이 타향에서 나그네 생활을 하다가 고향에서 온 사람을 만났으니 당연히 고향에 대한 그리움이 생길 수밖에 없다. 그런데도 시에서는 그리운 사람을 보고 싶어 하는 마음이나 향수 등에 대해서 한 마디도 말하지 않고 다만 고향의 한매^{寒梅}가 꽃을 피웠던가요, 하고 담담하게 물음으로써 도리어 그 말 속에 진한 그리움의 감정이 응축되어 담겨지도록 표현하였다.

다음으로 이백^{李白}의 「광릉으로 가는 맹호연을 전송하며^{送孟浩然之廣陵}」를 보자.

故人西辞黄鹤楼	친구는 서쪽으로 황학루와 작별하며
烟花三月下扬州	아름다운 춘삼월에 양저우로 내려간다.
孤帆远影碧空尽	외로운 돛단배 먼 그림자는 푸른 허공으로 사라지고
唯见长江天际流	오직 창장이 하늘가로 흘러가는 것만 보일 뿐.

이 시는 친구를 송별하는 시이다. 그런데도 친구를 전송하고 있는 나에 대해서는 언급하지 않고 도리어 외로운 돛단배로 친구

의 뒷모습을, 하늘가로 길게 흘러가는 장강으로 친구와의 깊은 우정을 비유적으로 묘사하였는데, 이처럼 함축적이고 상징적인 표현을 통해 이 시는 전체적으로 유장하고 심원한 의미와 정취를 독자에게 던져주고 있다.

2) 이미지로 많은 뜻을 담는 시가언어

시는 특히 이미지를 통해 뜻과 정감을 전달하는 언어예술이다. 이미지를 담은 시어는 시에 풍부한 뜻을 지니게 함으로써 독자들에게 상상하고 음미할 수 있는 넓은 공간을 마련해 준다. 그런데 시인들이 이미지를 창조하여 묘사하고자 할 때도 역시 민족 고유의 문화적인 특징이 반영된 시어를 운용하는 것은 어쩌면 자연스럽고 당연한 행위라고 할 수 있다.

송대 시인 소식蘇軾은 본질을 압축적으로 전달할 수 있는 '정신·본질의 전달傳神'을 매우 중시하였기에 이미지가 담겨 있는 시어를 곧잘 활용하곤 하였다. 그의 「호수에서 술 마시는데 처음에 맑았다가 나중에 비가 내려飲湖上初晴後雨」 시 중 제2수를 감상해보자.

水光瀲灩晴方好　맑은 날 넘실거리는 물빛이 한창 보기 좋더니
山色空濛雨亦奇　비 오자 어슴푸레해진 산색 역시 기묘하구나.
欲把西湖比西子　시후를 서시에 비교하자면
淡粧濃抹總相宜　화장이 연하든 진하든 언제나 어울리는 듯하구나.

서자西子, 곧 서시西施로 시후西湖를 비유하였는데, 이런 이미지 창조는 중국인들의 문화 전통과 미의식을 압축적으로 잘 반영한 것이다. 서시는 중국인들이라면 누구나 흠모하고 있는 중국 최고의 미인이기 때문에 그녀의 천부적인 용모와 자태를 가지고 시후의 아름다운 경치를 비유한 것은 매우 적절하며 생동적인 묘사라고 할 수 있다. 특히 시후의 풍경이 맑은 날은 맑은 날 대로 보기 좋고, 흐린 날은 또 흐린 날 대로 기묘하다는 말은 마치 속병을 앓아 찌푸리던 얼굴마저도 아름다웠던 서시를 연상시키는 듯하여 정말 절묘한 표현이라고 하겠다.

3) 자연 경물에 함축된 의미

중국의 시가는 상징적인 의미를 통해 다양한 뜻을 함축하고 있는 시어들이 많은데, 이런 특징은 주로 자연 경물과 관련된 시어들에서 많이 찾을 수 있다. 때문에 중국의 전통 시가를 제대로 감상하고자 한다면 이들 자연 경물 관련 시어들이 담고 있는 상징적이고 다의적인 뜻을 이해해야만 비로소 시의 깊은 의미를 파악할 수 있게 된다.

계절 중에서도 가을을 예로 들어보자. 중국 고대시가에서 가을이 환기시키는 것은 주로 그리움과 귀향의 정감 및 슬픈 정취이다. 가을과 관련된 두 수의 시를 연이어 감상해보자.

「자야사시가子夜四時歌 · 추가秋歌」 (육조六朝 민가)

秋风入窗里　　가을바람 창문 틈새로 들어오니
罗帐起飘扬　　비단장막이 흩날린다.
仰头看明月　　고개 들어 밝은 달 바라보며
寄情千里光　　천 리 비추는 달빛에 내 마음 띄운다.

「추사秋思」 (장적張籍)

洛阳城里见秋风　　낙양성에서 가을바람 맞고서
欲作家书意万重　　집에 편지 쓰려하나 층층이 만 겹으로 쌓인 심사.
复恐匆匆说不尽　　바삐 서두르느라 할 말 다하지 못했을까 두려워
行人临发又开封　　행인이 떠날 적에 다시 뜯어본다.

'秋夜가을밤' · '长秋긴 가을' · '秋思가을 그리움' · '秋风가을바람' · '秋色가을
빛' · '秋气가을 기운' 등 가을과 관련된 일련의 시어들은 모두 처량
함 · 적막 · 회귀 · 그리움 · 이별의 슬픔 등의 이미지를 수반하고
있다. 이러한 이미지와 분위기는 중국인들의 미의식이 반영된 것
으로 강렬한 '悲秋가을을 슬퍼함'의 정서는 중국 시가의 뚜렷한 주제
가운데 하나가 되었다. 그런데 이처럼 가을이 환기시키는 그리움
과 귀향의 정서가 중국 시가의 중요한 주제가 된 것은 고대 농업
경제 하에서 농민들이 집과 농사짓는 땅을 중시하고 사랑하였기
때문이라고 보기도 한다.

중국 시가에는 또한 하나의 시어가 역대로 특정한 상황을 묘
사하는 데 자주 활용되면서 본래의 뜻 외에 새로운 뜻이 추가되

어 시적인 정취와 운치가 풍부해진 시어들이 있다.

예를 들어 '南浦^{남녘 포구}'라는 시어를 살펴보자. 전국시대 초나라의 위대한 시인인 굴원이 『구가^{九歌} · 하백^{河伯}』에서 맨 처음 '子交手兮东行, 送美人兮南浦。^{그대와 손을 잡고 동쪽으로 갔다가, 사랑하는 님을 남포에서 보내네}'라고 함으로써 '남포'란 단어는 이별의 정취를 수반하기 시작하였다. 굴원을 흠모하던 후대 시인들도 송별을 묘사할 때면 으레 '남포'를 활용하곤 하였다. 백거이^{白居易}는 「남포별^{南浦別}」에서 '南浦凄凄別, 西风袅袅秋。 一看肠一断, 好去莫回头。^{남포에서 쓸쓸히 이별하는데, 가을 서녘 바람은 가지에 나부끼네. 볼수록 애가 끊이나니, 뒤 돌아보지 말고 잘 떠나구려.}' 라고 하였다.

중국 시가에서는 이별할 때 흔히 버드나무 가지를 꺾어주는 것으로 묘사되어 있기에 나중에 '柳^{버드나무}'와 흩날리는 '柳絮^{버들솜}'은 이별의 상징이 되어 독자에게 별리에 대한 생각을 환기시켜주게 되었다.

이밖에 '凭栏' · '倚栏'은 '난간에 기대다'는 뜻 외에도 '그리움'을 표시하거나 '근심과 수심을 억누름'을, '雨^비' · '雪^눈' 등은 때때로 '사로잡혀 벗어나지 못 하는 감정이나 그리움'을, '雁^{기러기}'는 '고향 생각'을 별도로 상징하였다.

5. 숙어의 다의성과 특정성

1) 숙어를 즐겨 사용하는 중국인

우리는 중국인과 대화를 하다 보면 '常言说的好'속담에서 잘 말해주고 있어', '古语说的好'옛말에 좋은 말이 있어', '俗话说'속담에서 말했는데', '人们常说'사람들이 자주 하는 말인데', '常言道'속담에서 말했어' 등으로 표현하는 말을 자주 듣게 된다. 여기서 '常言', '古语', '俗话' 등이 바로 지금 말하고자하는 숙어를 가리킨다.

오랜 시간에 걸쳐 수많은 사람들에 의해 사용되면서 정형화되고 보편화된 중국어 숙어는 표의문자로서 축약성을 지니는 중국어의 본래 특징을 잘 반영한 것이며 문자유희를 즐겼던 전통 지식인들의 문화적 취향에도 부합하였다.

중국인들은 숙어를 습관적으로 빈번하게 사용한다. 숙어는 일반 단어가 지닐 수 없는 많은 의미와 분위기를 함께 전달해주기 때문에 그만큼 중국어에서 중요한 역할을 한다고 말할 수 있다.

최근에 개봉되었던 중국영화「세상에 도둑은 없다天下無賊」에서 보면, 도둑의 여자 친구였던 여주인공은 고향으로 돌아가는 시골뜨기 청년과 함께 기차를 타게 되었다. 그 기차에는 그녀의 남자 친구 외에도 여러 도둑들이 함께 타고 있었는데, 그녀는 순박한 청년의 마음씨에 감동하여 그가 평생 모은 돈을 기차 안에 있는 도둑들에게서 지켜주려고 애를 쓴다. 이렇게 돈을 뺏기느냐 마느냐 하는 급박한 상황에서 우리 같으면 "남 믿지 말고 조심해."라고 짤막하게 경고를 보냈을 법한데, 그녀는 '害人之心不可有, 防人之心不可无。_{남을 해치려는 마음을 가져서는 안 되지만, 남을 경계하는 마음이 없어서는 안 돼.}'라는 숙어로 청년을 훈계한다. 이런 장면은 우리 같은 외국인에게 매우 인상적일 수밖에 없었다. 여기서 숙어는 매우 적절하면서도 효과적으로 의사를 전달하는 역할을 하면서도 현학을 과시하는 느낌이 전혀 들지 않을 만큼 매우 자연스럽게 사용되었다. 다시 말해서 중국인들의 숙어 사용은 우리나라 사람들이 속담이나 격언을 사용하는 방식이나 태도와는 매우 다르다고 할 수 있다.

숙어는 겉으로 드러난 문자의 표면적인 뜻만으로는 정확한 뜻을 알 수 없고 또 다른 뜻이 별도로 존재한다는 점에서 다의성을 지닌다. 그러나 한편으로 숙어마다 특정한 뜻을 지니고 있기 때문에 해당하는 특정 의미로서만 사용되어야 한다는 사실에도 우리는 주의해야 한다.

2) 숙어의 범위와 특징

중국어 숙어^{熟語}에는 '成语^{성어}', '惯用语^{관용어}', '俗语^{속어}', '谚语^{속담}', '歇后语^{헐후어}', '格言^{격언}', '对联^{대련}', '流行市语^{은어}' 등이 모두 포함된다고 할 수 있다.

중국어에서 숙어의 특징을 종합적으로 고찰하면 다음과 같다.

첫째, 형식상 고정되어 구조를 마음대로 변화시킬 수 없다. 예를 들어 헐후어 가운데 '小葱拌豆腐^{실파에 두부를 버무리다}' 구는 반드시 뒤에 '一清(青)二白^{아주 순결하여 오점이 없다}' 구와 짝이 되어야만 비로소 숙어 역할을 할 수 있다.

둘째, 문자의 표면적인 뜻은 왕왕 은유에 불과할 뿐이며 특정한 뜻을 별도로 지니고 있다. 예를 들어 성어 '孤掌难鸣'의 문자상 의미는 '손바닥 하나로는 손뼉 쳐서 소리내기 어렵다'는 뜻이지만 실제로는 '힘이 부족하여 일을 성공시키기 어렵다'는 뜻을 비유하는 말이다. 관용어 '开倒车'의 문자상 의미는 '거꾸로 차를 몰다'의 뜻이지만 실제로는 '시대에 역행하다'는 뜻을 비유하는 말이다. 관용어 '戴高帽'의 문자상 의미는 '다른 사람에게 고깔모자를 씌워주다'는 뜻이지만 실제로는 '남에게 아첨하는 말을 하다'는 뜻을 비유하는 말이다. 속담 '常在河边站, 哪能不湿鞋'의 문자상 의미는 '항상 물가에 서 있는데, 어떻게 신발이 젖지 않을 수 있겠나?'의 뜻이지만 실제로는 '어떤 환경에 항상 속해 있다 보면 그 환경의 영향을 피하기 어렵다'는 뜻을 비유하는 말로서 대부분 환경에 물들어 나쁜 습관이나 태도를 지니게 된 것을 가리킨다.

셋째, 사용할 때 장소나 대상 등의 제약을 받는다. 숙어 가운데 성어는 지식인들에 의해 서면어로 많이 사용되고, 비교적 엄숙한 장소나 정치적 문장 등에 사용하기 적합하다. 이에 비해 관용어나 속담은 매우 대중적으로 사용되는데, 대신 그다지 우아하지 못 하여 장소나 문체에 큰 제약을 받는다. '见什么人说什么话, 到什么山唱什么歌'<어떤 사람을 만났느냐에 따라 그에 맞는 말을 하고, 어느 산에 갔느냐에 따라 그에 맞는 노래를 하다>라는 숙어의 뜻이 바로 이런 특징을 잘 설명해 주고 있다고 할 수 있다.

숙어의 출현은 중국인들의 사회적인 생활방식과 긴밀한 관계가 있다. 특히 헐후어는 대부분 중국 전통사회의 특징인 농경사회 농민들의 생활방식과 관계가 있다. '上鞋不用锥子<신바닥에 신발 둘레를</sub>

붙여 꿰매는데 송곳을 사용하지 않는다 — **针(真)好**바늘이 좋다: 정말 좋다'와 같은 간단한 혈후어에서도 신바닥에 신발 둘레를 붙이는데 왜 송곳을 사용해야 하는지에 대해 서양인이라면 이해하기 힘들겠지만 농경사회를 잘 이해하고 있는 중국인들에게는 하등의 문제가 될 게 없다.

숙어는 민간에 존재하기 마련인 여러 가지 방면의 금기를 세상에 전파하는 데 효과적으로 사용되는데, 왜냐하면 형식이 간단하고 축약되어 기억하기 쉽기 때문이다. 예를 들면 사람의 몸에도 금기 사항이 있는데 이를 숙어로 표현한 것으로서 '**男不露脐, 女不露皮**남자는 배꼽을, 여자는 피부를 드러내지 않는다'라는 예를 들 수 있다.

> 중국어 숙어로 이루어진 금기 사항들을 살펴보자.
>
> 사교 금기: '**主不请, 客不饮**주인이 청하지 않으면 손님은 마시지 않는다'
>
> 세시 금기: '**正月不缝连, 缝连穷半年**정월에는 옷을 꿰매지 않으니 그렇게 하면 반 년 동안 가난하게 지낸다'
>
> 서적 금기: '**老不看『三国』, 少不看『西游』**늙어서는 『삼국지』를, 젊어서는 『서유기』를 읽지 않는다'
>
> 양생 금기: '**饱了不剪头, 饿了不洗澡**배부르면 머리 자르지 않고, 배고프면 목욕하지 않는다'
>
> 언어 금기: '**当着瘸子不说短话, 当着秃子不说和尚**절름발이 앞에서 짧다는 말을, 대머리 앞에서 중 애기를 하지 않는다'

숙어를 통해 각 나라의 사유방식을 살필 수도 있다. 비록 동일한 뜻을 표현할지라도 나라마다 서로 다른 측면에서 표현할 수 있기 때문에 우리는 숙어를 통해 각 나라 민족들의 사유방식을 이해할 수 있는 것이다. 일테면 우리말 속담에서 '남의 떡이 더 커

보인다'고 하는 것을 중국어에서는 '这山望着那山高^{이 산에서 보면 저 산이 더 높아 보인다}'고 한다. 또 우리말 한자어 '좌불안석^{坐不安席}'을 영어로는 'ants in one's pants^{개미가 바지 속에 있다}'라고 표현하는 데 비해 현대중국어로는 '坐立不安^{앉으나 서나 불안하다}'이라고 표현한다.

*보인다*고 하는 것을 중국어에서는 '这山望着那山高이 산에서 보면 저 산이 더 높아 보인다'고 한다. 또 우리말 한자어 '좌불안석坐不安席'을 영어로는 'ants in one's pants개미가 바지 속에 있다'라고 표현하는 데 비해 현대중국어로는 '坐立不安앉으나 서나 불안하다'이라고 표현한다.

---

* 나라마다 사유방식이 다른 예를 몇 가지 더 들어보자.

'온몸이 상처투성이': 'black and blue검고 푸르다'
  → '青一块紫一块파란색 한 덩어리, 자줏빛 한 덩어리'
'단도직입적으로 본론에 들어가다': 'come to the point요점에 이르다'
  → '开门见山문을 열자마자 산을 본다'
'살기 좋은 땅': 'a place of milk and honey젖과 꿀이 흐르는 땅'
  → '鱼米之乡물고기와 쌀이 풍부한 고장'

*중국어 속담과 우리말 속담 간에 표현구조는 다르지만 의미지향은 비슷한 예들을 살펴보자.

'说曹操, 曹操就到.호랑이도 제 말하면 온다'
'墙有缝, 壁有耳낮말은 새가 듣고 밤말은 쥐가 듣는다'
'虎毒不食子고슴도치도 제 자식은 예쁘다'
'种豆得豆, 种瓜得瓜콩 심은 데 콩 나고 팥 심은 데 팥 난다'
'一朝被蛇咬, 十年怕草绳자라 보고 놀란 가슴 솥뚜껑 보고 놀란다'

다만 인간의 사유방식은 보편적이고 공통적인 측면이 분명히 존재하기 때문에 민족이 다를지라도 표현구조가 동일한 숙어들도 당연히 존재한다. 예를 들어 우리말 '나쁜 놈'에 해당하는 표현

을 영어나 중국어 모두 '상한 달걀'이란 개념을 취하여 각각 'bad egg'와 '坏蛋'으로 표현하고 있는 것을 보면 잘 알 수 있다.

> 영어와 중국어 간에 표현구조가 동일한 숙어를 더 들어보자.
> '짖는 개는 물지 않는다': 'all bark no bite' → '叫狗不咬, 咬狗不叫'
> '말은 쉽지만 행동은 어렵다': 'easier said than done' → '说来容易做来难'

숙어는 이따금 외래어의 영향을 받아 만들어지기도 한다. '条条大路通罗马^{모든 길은 로마로 통한다}', '有志者事竟成^{뜻이 있는 자에게는 결국 일이 이루어진다}', '闪光的不全是金子^{반짝인다고 해서 모두 금인 것은 아니다}' 등이 그 예이다.

3) 성어: 4음절이 대부분

성어는 4음절이 전체 성어 가운데 대략 98%를 차지한다. 또한 의미 맥락 측면에서 대부분의 성어는 AB-CD로 구성되어 좌우 균형을 이룬다. '风调—雨顺^{비바람이 순조롭다}', '冰天—雪地^{천지가 온통 얼음과 눈으로 뒤덮여 있다}' 등이 그 예이다.

성어의 유래는 우화나 신화, 역사적 사실, 시문의 명구 등을 들 수 있다. 역사적 사실에서 출현한 성어 하나를 예로 들어보자.

'望梅止渴'란 성어는 조조^{曹操}가 행군 시에 군사들이 목이 말라 고생하는 것을 보고 "앞에 매실이 주렁주렁 열린 숲이 있다"고 거짓말을 하자 군사들이 침을 흘리며 갈증을 해소했다는 고사에서 나온 말이다. 그래서 이 성어는 나중에 '실현할 수 없는 소망을 환상에 의지하여 잠시 자위하다'는 특정한 뜻을 지니게 되었다. 그러니 겉으로 드러나 있는 뜻대로 '매실을 바라보면서 갈증을 해소하다'라고만 해석한다면 도대체 왜 이런 말이 나왔는지 이해할 수 없게 될 것이다.

성어는 이처럼 특정한 의미를 파악하여 정확하게 활용해야 하는데, 성어가 가리키는 대상이나 상황 역시 정확해야 한다. 예를 들어 '相敬如賓_{부부가 서로 손님을 대하듯이 존경하다}'은 부부 사이에서만, '一见钟情_{첫눈에 반하다}'은 남녀 사이에서만, '天伦之乐_{가정의 즐거움}'은 가족 간에만, '平易近人_{겸손하고 온화하여 쉽게 다가갈 수 있다}'은 위대한 사람에게만, '月下老人_{중매장이}'은 중매인에게만 사용해야 한다.

일부 성어는 칭찬이나 혹은 비판 등의 어조도 함께 띠고 있기 때문에 이 점을 정확히 이해하지 못 하면 틀리게 사용하기 쉽다. 외국 학생이 작문한 예를 한 번 살펴보자.

---

*我的老师很会讲课，他是个能说会道的老师.
(우리 선생님은 강의를 잘 하고 <u>말이 청산유수</u>인 선생님이시다.)
*老师对我们很关心，总是甜言蜜语，问寒问暖.
(선생님은 우리에게 많은 관심을 기울이시는데, 언제나 <u>감언이설</u>을 하시며 더우면 더울세라 추우면 추울세라 정성껏 보살피신다.)

위 예문들은 문맥상 선생님을 찬미하는 어조를 띠어야 하는데, '能说会道_{말이 청산유수다}'와 '甜言蜜语_{감언이설}' 등은 모두 깎아내리

는 비판의 어조가 담겨 있기 때문에 숙어를 잘못 사용하였다고
할 수 있다.

이밖에 '道不拾遺^{세상이 태평하다}', '大器晚成^{대기만성}'등은 칭찬하는
뜻이, '指鹿为马^{흑백을 전도하다}', '岂有此理^{이치에 맞지 않다}'등은 깎아내리
는 비판의 뜻이 부가적으로 담겨 있다.

---

* 우화나 신화에서 나온 성어들을 보자.

'守株待兔^{요행만을 바라다; 융통성이 없다}', '刻舟求劍^{융통성이 없어 사태의 변화를 모르다}', '井底
之蛙^{견문이 좁고 세상 물정에 어두운 사람}', '畵蛇添足^{쓸데없는 짓을 하다}', '朝三暮四<sup>간사한 꾀로 남을 속
여 희롱하다</sup>', '愚公移山^{곤란을 무릅쓰고 꾸준히 노력하면 성공한다}'

* 역사적 사실과 사건에서 나온 성어들을 보자.

'完璧归赵^{빌려온 원래의 물건을 손상 없이 온전하게 되돌려주다}', '卷土重來<sup>한 번 패했다가 세력을 회복
하여 다시 쳐들어오다</sup>', '负荆请罪^{스스로 곤장을 짊어지고 가 잘못을 인정하며 정중히 사죄하다}', '毛遂自荐<sup>스
스로 자기를 추천하다</sup>', '对牛弹琴^{쇠귀에 경 읽기}', '东施效颦^{남의 결점을 장점인 줄 알고 덩달아 모방하다}',
'贤妻良母^{현모양처}', '四面楚歌^{사면초가}'

*시나 문장 등의 명구에서 나온 성어들을 보자.

'任重道远^{맡은 책임은 무거운데 갈 길은 아직도 멀다}', '虎视眈眈<sup>범이 먹이를 노리듯이 탐욕의 눈초
리로 기회를 노리다</sup>', '一视同仁^{누구나 차별 없이 대하다}', '人面桃花<sup>연모하는 사람이 한 번 떠난 뒤 다시 만
나지 못 하다</sup>', '青梅竹马^{소꿉장난하다. 소꿉동무}', '胸有成竹<sup>일을 하기 전에 이미 전반적인 고려가 되어 있
다</sup>', '近水楼台^{위치가 가까운 사람이 더 많은 덕을 본다}', '水落石出^{일의 진상이 밝혀지다}'

---

4) 관용어: 3음절이 대부분

관용어는 대부분 3음절로 구성되어 있다. 그래서 본래 3음절이 아니었던 말들도 3음절로 변하는 경향이 있는데, 일테면 '擺花架子'가 '擺架子_{거드름 피우다}'로, '鳥紗'가 '鳥紗帽_{오사모}'로 변화된 것이 그 좋은 예이다.

3음절 관용어의 구조는 대부분 '拉關係_{관계를 맺다}'와 같이 술어와 목적어로 구성된 술목_{述目}구조이다. 그밖에도 관형어와 중심어로 이루어진 수식구조가 있는데, 특히 '保护伞_{보호해주는 우산 → 핵우산}', '拦路虎_{길을 막는 호랑이 → 길목을 지키는 강도}', '省油灯_{기름이 덜 드는 등 → 마음 놓을 수 있는 인물}' 등의 관용어는 수식구조임에도 불구하고 자칫 술목구조로 오해되어 각각 '우산을 보호하다', '길의 호랑이를 막다', '등불의 기름을 절약하다' 등으로 오역하기 쉬우니 조심해야 한다.

＊ 관용어들을 살펴보자.

'母老虎_{성질이 사나운 여자}', '走后门_{뒷구멍으로 거래하다}', '吹牛皮_{허풍을 떨다}', '拍马屁_{아첨하다}', '抬轿子_{아첨하다}', '老狐狸_{매우 교활한 사람}', '急刹车_{진행중이던 일을 갑자기 중지시키다}', '倒插门_{데릴사위}', '狗吃屎_{앞으로 푹 고꾸라지다}', '马大哈_{부주의한 사람}', '笑面虎_{겉은 착한 것 같지만 속은 음흉한 사람}', '墙头草_{줏대가 없이 이리저리 흔들리는 사람}', '半瓶醋_{얼치기}', '没脸皮_{후안무치하다}', '开夜车_{밤을 새워 일하다}', '扣帽子_{경솔하게 죄를 덮어 씌우다}', '没门儿_{어림도 없다}'

5) 단구인 속어와 복구인 속담

숙어 가운데 속어^{俗語}와 속담^{諺語}은 내용상 서로 공통점을 지니고 있어서 동일한 범주에 놓고 함께 논의할 수 있다. 이들은 내용적 측면에서 볼 때 권유하거나 경계를 삼게 하는 말들, 또는 마음속 지향을 표명한 말들이 많아서 중국인들이 무엇을 삶의 가르침이나 좌우명으로 삼았는지 잘 알 수 있게 해준다.

그런데 이 양자는 형식상으로 보면 차이점이 뚜렷하다. 속어의 형식은 '不打不成交^{싸우지 않으면 친해지지 않는다}', '求人不如求己^{남에게 부탁하는 것보다 자기가 직접 하는 것이 낫다}', '不到长城非好汉^{만리장성에 가보지 않으면 사나이가 아니다}'와 같이 단구이면서 5·6·7음절이 대부분이다.

이에 비해 속담의 형식상 가장 큰 특징은 '南风暖来北风寒, 东风多湿西风干^{남풍은 따뜻하게 불어오지만 북풍은 차고, 동풍은 다습하지만 서풍은 건조하다}'와 같이 대부분 복구로 이루어져 있다는 점이다.

＊ 속어의 예를 살펴보자.

'人穷志不短^{가난해도 큰 뜻은 잃지 않는다}', '鸡蛋里挑骨头^{억지로 남의 흠을 들추어내다}', '每逢佳节倍思亲^{명절 때마다 어버이가 배나 그립다}', '人生贵相知^{인생에 친구가 소중하다}', '大鱼吃小鱼^{약육 강식}', '人生何处不相逢^{사람은 살다보면 어디서든 다시 만나기 마련이다}', '男儿有泪不轻弹^{남자는 눈물을 가볍게 흘리지 않는다}', '大丈夫四海为家^{사나이는 온 세상을 자기 집으로 삼는다}', '初生牛犊不怕虎^{하룻강아지 범 무서운 줄 모른다}', '上有天堂, 下有苏杭^{하늘에 천당이 있다면 땅에는 쑤저우와 항저우가 있다}', '打开天窗说亮话^{흉금을 터놓고 숨김없이 얘기하다}', '女子无才便是德^{여자는 재주가 없는 게 바로 덕이다}', '好汉不提当年勇^{사나이는 젊은 시절 용맹했던 일을 얘기하지 않는다}', '枪打出头鸟^{모난 돌이 정 맞는다}', '好死不如癞活着^{편안하게 죽어도 고생하며 사는 것만 못 하다}'

6) 수수께끼 같은 헐후어

헐후어歇后语는 두 부분으로 구성되어 있는데 마치 수수께끼에서 문제를 내고 해답을 구하는 형식과도 비슷하다. 앞부분은 도입부분으로서 수수께끼의 문제에 해당하고, 뒷부분은 해답에 해당하며 의미의 초점이 된다. 헐후어의 한 예를 직접 들어 살펴보면, 화자는 먼저 청자에게 '外甥打灯笼생질이 초롱을 켜다'이라는 도입부분만을 말해주고 청자에게 그 말의 뜻을 유추하게 한다. 만약 청자가 의미의 초점이자 해답이 되는 '照舅외삼촌을 비추다 · 결국 동음어인 '照旧'의 '여전하다'는 뜻을 가리킴'라는 뜻을 유추해내지 못 하면 화자가 다시 해답을 얘기해주는 형식으로 진행된다.

이밖에도 숙어에는 격언_{格言}과 대련_{對聯} 및 은어_{隱語} 등이 또 있다. 격언으로 '三人行必有我师_{세 사람이 길을 가면 반드시 나의 스승이 있다}', 대련으로 '明月有情常照我, 清风无事乱翻书_{밝은 달은 정이 있어 항상 나를 비추는데, 맑은 바람은 공연히 어지럽게 책장을 넘긴다}', 은어로 '好汉不和女斗_{사나이는 여인과 싸우지 않는다}' 등이 있다.

6. 우리말로 인해 다의성으로 혼동하기 쉬운 예

1) 우리말 한자어와 중국어의 뜻이 다른 예

중국의 유명한 대중 가수인 등려군^{鄧麗君}의 대표적인 노래 중에 「달이 내 마음을 대신해^{月亮代表我的心}」이란 노래가 있다. 그런데 이 노래제목을 '달은 내 마음을 대표한다'로 번역하는 게 좋을까, 아니면 '달이 내 마음을 대신해준다'로 하는 게 좋을까? 우리나라 사람이라면 '代表'라는 한자어에 익숙해있기 때문에 무심코 전자로 번역하기 쉽다. 이렇게 번역해도 물론 틀린 것은 아니지만 그러나 '회사 대표'나 '반 대표'처럼 '최고 높은 사람', 또는 '대표작'처럼 '가장 좋은 사물'이란 뜻을 연상시켜서 자칫 문장의 뜻을 모호하게 만들기 쉽기 때문에 역시 후자로 번역하는 것이 더 낫다고 할 수 있다.

우리는 우리말 한자어에 이미 익숙해 있기 때문에 중국어를 공부할 때마다 우리말 한자어의 뜻을 먼저 연상하게 된다. 그러나 현대중국어 중에는 우리말 한자어와 문자 자체는 동일하면서도 이미 뜻이 달라진 단어들이 많은데, 우리말로 번역할 때 자칫 틀리기 쉬우니 매우 조심해야 한다. 한 단어에 우리말 한자어의 뜻과 현대중국어의 뜻이 동시에 존재할 것이라는, 그래서 다의적인 뜻을 지니고 있을 것이라고 착각하면 절대 안 되는 것이다.

예를 들어 중국어 '所有'는 우리말 한자어 뜻으로 '소유하다'는 뜻이지만 중국어로는 '모든'이란 뜻이며, '小心'은 우리말 한자어 뜻으로 '소심하다'는 뜻이지만 중국어로는 '조심하다'는 뜻이다. 이들 중국어 단어들에는 이미 우리말 한자어의 뜻이 존재하지 않기 때문에 두 가지 의미를 동시에 지니고 있는 것으로 이해해서는 절대 안 된다.

한편 일부 중국어들은 여전히 우리말 한자어의 뜻을 지니고 있지만 더 자주 쓰이는 뜻은 우리말 한자어와 다른 경우가 있다. 다시 말해서, 우리말 한자어의 뜻을 포함한 다의적인 의미를 지니고 있긴 하지만 자주 사용하는 뜻은 우리말 한자어와는 다르기 때문에 실제로는 다의성이 없는 것으로 간주해도 무방한 단어들이 상당수 존재한다는 것이다. 예를 들어 '打算'은 현대중국어에도 우리말 한자어의 뜻인 '타산하다'는 뜻을 포함하고 있지만 더 자주 쓰이는 것은 '~할 작정이다'란 뜻이며, '设计'는 우리말 한자어의 '설계하다'는 뜻도 있지만 '디자인'이란 뜻으로 더 많이 쓰인다.

우리말 한자어의 뜻에 너무 의존해서 중국어 자체의 정확한 특징을 익히는 데 소홀하면 의외로 낭패를 당하기 쉽다. 중국어에서 남자와 여자를 표시하는 형용사는 '男'과 '女'이지만, 동물의 암수를 표시할 적에는 '雌'와 '雄', 또는 '母'와 '公'으로 해야 한다. 그런데 암수의 구별을 '女'와 '男'으로만 알았던 한 한국인이 암탉을 사려고 정육점에 가서는 주인에게 "我要女鸡^{여자닭 주세요}."라고 했다는 우스개가 전해진다. 암탉은 '母鸡'라고 해야 한다.

심지어 중국어 숙어 중에도 우리말 숙어의 구조와 비슷하지만 뜻이 전혀 다르게 쓰이는 것들이 있다. 예를 들어 우리말 속담인 '소 잃고 외양간 고치다'와 같은 구조를 지닌 중국어 성어 '亡羊补牢^{양을 잃고 우리를 고치다}'는 흔히 뒤에 '犹未为晚'이나 '未为迟也' 등의 말이 오면서 '여전히 늦은 것은 아니니 대책을 강구하여 차후의 재난에 대비할 수 있다'는 뜻으로 쓰인다. 그런데 단순히 구조가 비슷하다고 해서 이 성어를 우리말 속담인 '소 잃고 외양간 고치다'로 풀이하면 정확히 이해했다고 하기 어렵다. 우리말 속담 속에는 '이미 늦었다'는 후회와 한탄의 어조가 내포되어 있기 때문이다.

우리말 한자어와는 다른 뜻을 지닌 중국어의 예들을 더 살펴보자. 괄호 속의 뜻 중에서 첫 번째는 중국어의 뜻, 두 번째는 우리말의 뜻이다.
'暗记'(암호 → 암기하다), '操心'(걱정하다 → 조심하다), '茶房'(심부름꾼 → 다방), '车间'(작업장 → 차간), '出世'(출생하다 → 출세하다), '点心'(간식 → 점심), '东西'(물건 → 동서), '饭店'(호텔 → 식당), '房子'(집 → 방), '分别'(헤어지다 → 분별하다), '工夫'(여가 → 공부), '工作'(일하다 → 공작), '合同'(계약 → 합동), '讲究'(중시하다 → 강구하다), '教练'(코치 → 교련), '结束'(종료 → 결속하다), '老婆'(마누라 → 노파), '礼拜'(요일 → 예배), '麻雀'(참새 → 마작), '便宜'(싸다 → 편의), '方便'(편리하다 →

방편), '千万'(제발 → 천만), '水平'(수준 → 수평), '闻'(냄새 맡다 → 듣다), '新闻'(뉴스 → 신문), '学院'(단과대학 → 학원), '大学'(종합대학교 → 단과대학), '颜色'(색깔 → 안색), '约束'(단속하다 → 약속하다), '丈夫'(남편 → 대장부), '先生'(남편/씨 → 선생님), '质量'(품질 → 무게), '钟'(괘종/탁상시계 → 종), '足球'(축구 → 족구), '左右'(가량 → 좌우), '马上'(즉시 → 말위), '医院'(병원 → 개인병원), '立刻'(즉시 → 입각하다), '裁判'(심판 → 재판하다), '怀疑'(의심하다 → 회의하다)

다음은 우리말 성어와 다른 중국 성어의 예이다. 괄호 속이 우리말 성어이다. 이 중 몇 가지 예는 우리말 성어와 중국어 성어가 함께 사용되는 것도 있지만 다만 중국어 성어에 비해서는 자주 쓰이지 않기에 함께 예로 들어 놓았다.

'虎头蛇尾(龙头蛇尾)', '满汉全席(山海珍味)', '百战不殆(百战百胜)', '知己知彼(知彼知己)', '衣锦还乡(锦衣还乡)', '锦衣玉食(好衣好食)', '甜言密语(甘言利说)', '犹豫不决(优柔不断)', '马上加鞭(走马加鞭)', '沧海桑田(桑田碧海)', '结草衔环(结草报恩)', '以夷伐夷(以夷制夷)', '以毒攻毒(以毒制毒)', '三顾茅庐(三顾草庐)', '塞翁失马(塞翁之马)', '走马看花(走马看山)', '天作之合(天生缘分)', '青梅竹马(竹马故友)', '畫饼充饥(畫中之饼)', '人常之情(人之常情)', '白头偕老(百年偕老)', '忘恩负义(背恩忘德)', '光明正大(公明正大)', '见财起意(见物生心)', '门庭若市(门前成市)', '眼中无人(眼下无人)', '举目无亲(四顾无亲)', '随机应变(临机应变)', '纤纤素手(纤纤玉手)', '前因后果(原因结果)', '对牛弹琴(牛耳读经)', '井底之蛙(坐井观天)', '刮目相看(刮目相对)', '鹤立鸡群(群鸡一鹤)', '井井有条(秩序整治)', '薄利多销(薄利多卖)', '雨后春笋(雨后竹笋)', '千载难逢(千载一遇)', '寡不敌众(众寡不敌)', '百折不挠(百折不屈)', '杞人忧天(杞忧)', '庐山真面目(真面目)', '尽人事听天命(尽人事待天命)', '寿比南山, 福如东海(万寿无疆)'

2) 우리말 표현은 동일하지만 중국어로는 다르게 표현해야 하는 예

우리나라 사람들이 더욱 주의해야 할 상황은 우리말로는 동일하게 표현되는데 중국어로는 상황에 따라 각각 다르게 표현해야만 하는 경우이다. 예를 들어 우리말에서 "나는 그녀를 찾았다."는 말은 도대체 "나는 그녀를 찾는 동작을 하였다."는 것인지, 아니면 "나는 그녀를 찾아내었다."는 것인지 명확하지 않다. 왜냐하면 우리말 속에는 이 두 가지 뜻이 동시에 들어있기 때문이다. 그런데 이 말을 중국어로 표현하자면 전자는 '我找了她.', 후자는 '我找到了她.'로 다르게 표현해야 한다. 중국어에서는 동작의 현재 상태를 명확하게 표시해주어야 하기 때문이다. 막 중국어를 배우기 시작한 우리나라 사람들이라면 모국어 언어구조의 영향으로 인해 이 점을 이해하기가 결코 쉽지 않을 것이다. 이런 경우는 도리어 우리말에 일종의 다의성이 있다고 말할 수도 있겠다.

마찬가지로 우리말은 하나지만 거기에 대응하는 중국어는 두 개인 단어들이 제법 존재한다. 예를 들어 우리말 '우리'라는 대명사, '입맛'이란 명사, '방문하다', '적합하다', '계속하다', '알다' 등의 동사, '늘', '막', '나중에', '즉시', '다시', '본래', '조금' 등의 부사, '~에서' 등의 전치사에 각각 대응하는 중국어는 두 개씩 다의적으로 존재한다.

* 우리

阿里你别着急, **我们**等你。(아리야, 너 조급해 하지마, 우리가 너를 기다릴게.) [청자 불포함 가능]

如果不上课, **咱们**就一起去医院看丁力。(만약 수업을 안 하면, 우리 함께 병원에 딩리를 문병하러 가자.)[청자 포함]

* 입맛

今天我沒有**胃口**。(오늘 나는 입맛이 없다.)[식욕]

这个菜合我的**口味**。(이 요리는 내 입맛에 맞다.)[기호]

* 방문하다

我想**访问**一个中国工人的家庭。(나는 한 중국 노동자의 가정을 방문하고 싶다.)[사람 방문]

昨天我们**参观**了一个工厂。(어제 우리는 한 공장을 방문했다.)[장소 방문]

* 적합하다

今天天气暖和, **适合**到山里去玩儿。(오늘 날씨가 따뜻하니 산으로 놀러 가기에 적합하다.)[동사 술어, 목적어 취함]

这条裤子合适不**合适**? 이 바지는 적합해[=어울려], 안 적합해?[형용사 술어]

* 이상하다

真**奇怪**, 为什么这时候他还不来呢?(정말 이상하다, 그는 왜 이제까지 아직 안 오지?)[의아스러움]

这句话听起来有点儿**别扭**。(이 말은 듣자니 조금 이상하다.)[부자연스러움]

* 계속하다

我们先休息一下, 10分钟后**继续**上。(우리 먼저 좀 쉬었다가 10분 뒤에 계속 수업하자.)[중단되었다가 다시 이어짐]

大雨**持续**了一天一夜, 河水涨高了许多。(큰 비가 하루 종일 계속 내려 강물이 많이 불어났다.)[중단이 없음]

* 알다

我**认识**那位老师。(난 그 선생님을 알고 있다.)[사람을 알고 지냄]

大家不**知道**他俩结婚的事。(모두들 그 둘이 결혼한 일을 알지 못한다.)
[사실 인지]

* 항상

他们**经常**没有钱, 但是不轻易请求朋友帮助。(그들은 항상 돈이 없지만,
쉽게 친구에게 도움을 청하지는 않는다.) [동작 · 상태의 지속]

以前我**常常**去友谊商店买东西。(예전에 나는 항상 우의상점에 쇼핑하러
갔었다.)[빈도수가 많음]

* 막

特别是**刚**毕业的大学生, 失业是个大问题。(특히 막 졸업한 대학생은 실
업이 가장 큰 문제이다.)[부사로서 '多长时间^{얼마 동안}'을 가리킴]

我**刚才**吃了半个苹果。(난 막 사과 반 개를 먹었다.)[명사로서 '什么时候
^{언제}'을 가리킴]

* 나중에

以后你汉语会说得很好。(나중에 너는 중국어를 아주 잘 할 수 있을 거
야.)[아직 실현되지 않은 일에도 사용 가능]

去年来过一封信, **后来**再没有来过信。(작년에 편지 한 통이 오고, 나중에
다시 편지가 오지 않았다.)[이미 실현된 일에만 사용 가능]

* 즉시

到北京以后, 他不**立刻**到学校去。(북경에 도착한 후, 그는 즉시 학교로 가
지 않았다.)[객관적 시간 지칭, 실제 즉시 행동/동작을 함]

你等我一下儿, 我**马上**就来。(잠시만 기다려주세요, 제가 즉시 갈게요.)
[주관적인 시간 지칭, 실제 즉시 행동/동작이 실현되지 않을 수도 있음]

* 다시

这个电影前天我**又**看了一遍。(이 영화를 나는 그저께 또 한 번 봤다.)
[이미 실현된 동작의 중복]

我听不懂, 你**再**说一遍。(난 알아들을 수 없으니 또 한 번 얘기해 줘.)
[아직 실현되지 않은 동작의 중복]

* 조금
今天**有点儿**累。(오늘 조금 피곤하다.)[부사어, 여의치 않은 일에 주로
사용]
能不能便宜**点儿**。(조금 싸게 할 수 있습니까?)[보어나 관형어]

* ~에서
他**在**操场上跑步。(그는 운동장에서 뛴다.)[활동 공간]
阿里**从**上海买来一个录音机。(아리는 상하이에서 녹음기 한 대를 샀다.)
[출발 지점]
他的家**离**马老师的家很近。(그의 집은 마선생님의 집에서 매우 가깝다.)
[떨어진 거리]

  중국어는 뜻글자이기 때문에 우리말로 번역할 때 우리는 흔히
한 글자씩 축자적으로 풀이하곤 하는데, 이렇게 축자적으로 풀
이한 뜻이 그 단어의 정확한 의미가 아닐 때 문제는 심각해진다.
자칫 글자 그대로 풀이한 뜻까지도 단어 속에 포함된다고 생각하
고 오역을 하기가 쉽다.

  예를 들어 '再见'을 글자 그대로 번역하면 '다시 보자'는 뜻으
로 풀어지지만 좀 더 정확하게 대응되는 우리말로 풀이하면 헤어
질 때 쓰는 '안녕히 계세요'의 뜻이다. '哪里'는 '어디'라는 뜻으
로 풀어지지만 어떤 때는 겸양어로서 '천만의 말씀을요'의 뜻으
로 쓰이기 때문에 예컨대 '哪里哪里!'를 '어디야, 어디야?'로 풀
이하면 안 될 것이다. '不好意思'는 '意思'가 '뜻'이라는 의미이기
때문에 '좋지 않은 뜻'으로 풀이하기 쉽지만 그러나 실제는 '미안

하다'는 뜻이다. '不客气^{부커치}'는 우리말에 '객기^{客氣}부리다'란 말이 있어서 '객기 부리지 않다'는 뜻으로 풀이하기 쉽지만 그러나 '사양하지 않다'나 '천만에요'라는 뜻의 겸양어로 쓰인다.

한편 '귀찮다'는 뜻의 '麻烦'이란 단어를 똑같이 사용하여도 '麻烦你了'는 '당신을 귀찮게 해서 죄송합니다'로, '麻烦你'는 '실례합니다만'으로 서로 다르게 풀어지니 번역할 때 역시 아주 조심을 해야 한다.

> 한국 학생이 중국에 가서 중국어를 배운 지 얼마 안 됐을 때의 이야기다. 어느 날 그는 자전거를 타고 가다 사람을 치게 되었다. 그가 매우 미안한 표정을 지으며 어쩔 줄 몰라 하자 그 중국인이 '算了吧!^{됐어요}'라고 하더란다. 그런데 이 한국 학생은 이 관용어를 축자적으로 해석하여 '계산하세요'라는 뜻으로 잘못 알아듣고는 얼른 '多少钱?^{얼마입니까?}'라고 물어서 중국인을 오히려 당황하게 만들었다는 우스개가 지금도 유학생 사회에서 널리 회자되고 있다.

제3장

대칭적
중국어

1. 중국인 관념 속의 대칭성

태극 문양

만약 중국인의 뇌구조를 그림으로 그린다면 분명 태극 문양과 닮아 있을 것 같다. 중국인들은 아주 먼 옛날부터 대립과 조화라는 규율을 통해 자연과 우주를 이해하고자 했기 때문이다. 중국의 가장 오래 된 책 중의 하나이자, 유가들의 철학 윤리서인『역경易經』에 다음과 같은 말이 있다.

역에 태극이 있어, 이것이 음양을 낳고, 음양이 사상을 낳고, 사상이 팔괘를 낳았다.

易有太极, 是生兩仪, 兩仪生四象, 四象生八卦。『易经·系辞』

태초에 우주가 혼돈상태에서 음과 양으로 분리되고, 이 음양의 운동으로 사상팔괘가 나왔다. 태극 그림을 보면 역동적인 음과 양이 마주보고 대칭을 이루고 있음을 알 수 있다. 중국인은 우주자연의 질서를 음양 이원론으로 설명하고자 했다. 하늘과 땅天地, 해와 달日月, 남과 여男女 등 모든 사물과 현상은 이런 음양의 두 가지 대칭적 속성을 가지고 있는 것으로 파악했다. 문학의 이론을 설명할 때도 중국인은 고금古今, 문도文道, 심물心物, 원류源流, 정리情理, 정경情景, 허실虛實, 강유剛柔, 기정奇正과 같은 두 가지 대립적 개념을 제시하여 그 본질을 설명하고자 했다.

그러므로 중국인들은 서양인들과 달리 짝수를 길한 숫자로 인식하였다. 2, 4, 8로 나가는 숫자의 조합이 복을 가져다준다고 생각하여, 선물을 보낼 때도 짝수로 하지 홀수로 하지 않는다. 이런 관념이 일상생활에도 영향을 주어 사물에 있어서도 쌍이나 짝을 이루는 것을 자연스럽게 생각하고 건축이나 도시구조, 전통공예에서도 모두 대칭미나 균형미를 중시했다.

그러므로 중국인들은 음양의 분리와 대립을 말하기 보다는 음양의 조화나 균형을 중시했다. 태극문양이 음과 양이 서로 어우러져 완전한 원을 이루고 있듯이, 우주만물도 음양의 대립과 통일이라는 끊임없는 변화를 통해 탄생, 발전한다고 생각했다. 음양이 균형과 조화를 이룰 때 우주만물도 균형과 조화를 이룰 수 있는 것이다.

이러한 균형과 조화는 중용中庸이라는 이름으로 옛 부터 중국인들에게 가장 보편적인 가치관으로 자리매김해왔다. 유가의 중용사상은 바로 이런 중국인들의 질서의식을 반영한 것이다. 중국인들은 일상생활과 처세에서 가장 기준이 되는 관념이다. 주자朱子에 의하면 '중中'이란 '불편불의不偏不倚' 즉, '치우치지도 기울지도 않다'라는 뜻이고, '용庸'이란 '평상平常'이란 뜻이다. 그러므로 중국인에게 있어 중용이란 절대적인 중립이나 중앙을 의미하지 않는다. 보통 사람들이 일상생활 속에서 통념적으로 느끼는 중앙이 바로 중용인 것이다.

중국인은 모든 일에 있어 보편적 상식과 합리적 정신을 중시한다. 그러므로 중국에서는 전통적으로 법치라는 말보다는 덕치라는 말이 주로 사용되었다. 심지어 A설과 B설이 대립될 때도, 중국인은 'A对, B也没错。 A가 옳다. 그러나 B도 틀리지는 않는다.'라고 인정한다. 이러한 중국인의 균형감각은 진리구현이나 논리성과는 거리가 멀지라도 현실 속에서 심리적, 관계적 균형을 유지할 수 있게 한다. 중국인의 관념 속의 대칭성은 태극의 음양처럼 어우러지기 위해 마주보고 있는 것이지, 대립하기 위해 마주선 것은 아니다.

중국인의 균형과 조화 관념은 언어에도 반영되어 있다. 예를 들어 중국인들은 '不大不小 크지도 작지도 않다', '不长不短 길지도 짧지도 않다', '不多不少 많지도 적지도 않다' 등과 같이 '不~不~'라는 대칭 구조를 즐겨 사용하는데, 이는 양 극단으로 치우치지 않고 중간적 상태를 유지하고자 하는 심리를 반영한 것이다.

---

* 不~不~

· 不+형용사+不+형용사

  不胖不瘦 뚱뚱하지도 마르지도 않다.

  不明不暗 밝지도 어둡지도 않다.

  不好不坏 좋지도 나쁘지도 않다.

  不方不圆 모나지도 둥글지도 않다.

  不快不慢 빠르지도 느리지도 않다.

  不干不湿 마르지도 습하지도 않다.

  不紧不慢 촉박하지도 느긋하지도 않다.

> · 不+동사+不+동사
>
> 不偏不倚　치우치지도 기울지도 않다.
>
> 不前不后　앞서지도 뒤서지도 않다.
>
> 不上不下　올라가지도 내려가지도 못하다.

음절에 있어서도 중국인들은 균형을 맞추고 대칭을 이루려는 의식이 작용한다. 같은 의미라고 해도 간단히 말할 때는 '何时'라고 하지만, '何' 대신에 '什么'를 쓰면 '时'도 역시 자수를 맞추어 '时候'라고 표현하여 '什么时候'이라고 말한다. 또 '任何'와 함께 사용될 때도 '时'라고만 하지 않고 '任何时候'라고 표현하여 역시 자수를 맞추어 균형감을 이루려고 한다. 마찬가지로 어린 시절을 간단히 '小时'라고 하기도 하지만, '小'와 '时' 사이에 '的'가 사용되면 '时' 역시 '时候' 형태로 사용되어 '小的时候'가 된다. 우리나라라는 말도 간단히 하면 '我国'가 되지만, '我们'을 사용하면 '国' 역시 '国家' 형태로 사용되어 '我们国家'라고 표현하게 된다. 이런 것 역시 모두 균형을 맞추려고 하는 중국인의 의식구조의 반영이라 하겠다.

2. 숙어의 대구 격식

중국어는 표현구조에서도 대칭적 언어의 특징을 가지고 있다. 특히 추상적 개념을 말할 때 보통 구체적 성질을 나타내는 두 개의 대립된 글자를 결합시켜 표현하길 좋아하는데, 예를 들면 '大

小'라는 두 개의 대립된 글자를 결합시켜 크기라는 추상적 개념을 표현했고, '長短'이라는 두 개의 대립된 글자를 결합시켜 길이라는 추상적 개념을 표현했으며, '春秋'라는 두 개의 대립된 글자를 결합시켜 세월, 나이라는 추상적 개념을 표현했다.

高低 높이   深浅 깊이   厚薄 두께   寬窄 너비   轻重 무게   胖瘦 살집
东西 물건   兒女 자녀   上下 쯤. 가량   前后 전체 기간. 경. 가량
左右 주위. 좌우하다. 가량. 정도   里外 가량   多少 다소. 약간. 조금
早晚 조만간   朝夕 늘. 날마다. 짧은 시간   手足 거동. 동작
出入 드나들다. (수나 내용 등의) 불일치. 다름
老小 가족. [나이가 많은 사람부터 어린 사람까지]모든 사람들

물론 이런 표현구조는 직관적 통합사유를 좋아하는 중국인의 사유방식과 표의문자가 주는 의미의 모호성과도 밀접한 연관이 있다. 대립된 표현을 결합하여 하나의 완전한 의미를 표현함으로써 전체로부터 그 의미를 이해하고, 또 그 의미를 효과적으로 전달하고자 하는 실용적 기능을 가지고 있다.

중국의 성어 또한 대체로 대칭구도를 가지고 있는 것이 많은데, 주로 구체적인 표현을 결합, 통일시켜 좀 더 풍부한 의미를 함축하게 한다. 예를 들면 '风调雨顺'이란 말은 고대 병서 『육도六韜』에서 나온 말로, '风调+雨顺'의 대칭구조로 이루어져 있어, 글자 그대로 번역하면 '바람이 고르다'+'비가 순하다'라는 뜻이 된다. 그러나 이 두 단어가 결합하면 제때에 비가 내려 커다란 기상

이변이나 자연재해 없이 풍작을 거둔 '태평성대'를 뜻한다. '兵荒马乱'이란 말 역시 '兵荒＋马乱'의 대칭구조로 이루어져 있어, 각각 '병사들이 혼란에 빠지다'＋'말이 어지럽게 날뛰다'라는 뜻이지만, 결합하여 '혼란스럽고 불안한 사회'를 의미한다. '改头换面' 역시 '改头＋换面'의 대칭구조로 되어 있어, 의미는 각각 '머리를 고치다'＋'얼굴을 바꾸다'이지만, 실제로는 '근본은 바꾸지 않고 겉만 바꾸는 것'을 비꼰 말로 사용된다.

성어뿐만 아니라 대중적으로 많이 사용되는 속담도 대칭구조를 이루고 있는 것이 많다. 중국 강남의 아름다움을 강조한 말로 '上有天堂, 下有苏杭 위에는 천당이 있고, 아래는 쑤저우와 항저우가 있다'라는 표현이 있는데, 전형적인 '4자＋4자'의 대구형식을 이루고 있다. 또 '种瓜得瓜, 种豆得豆 오이 심은 데 오이 나고, 콩 심은 데 콩 난다'라는 잘 알려진 속담도 전형적인 대구 형식으로 되어 있으며, '生于忧患, 死于安乐 근심 속에서는 살고, 안락함속에서는 죽는다'란 말 역시 분명한 대칭구조를 보여주고 있다.

이 외에 '3글자＋3글자'의 대칭구도를 이루고 있는 속담도 쉽게 찾아 볼 수 있다. 예를 들면 '丁是丁, 卯是卯'는 '정은 정이요, 묘는 묘이다'라는 말로 '조금도 대충하지 않고 열심히 일하다'라는 말인데, '3글자＋3글자'의 대칭구도로 이루어져 있다. '一不做, 二不休'라는 속담도 글자 그대로 '일을 아예 하지 않던지, 한다면 끝까지 한다'라는 뜻인데, '안하면 모를까 일단 하면 끝장을 본다'는 말이다. 이 역시 '3글자＋3글자'의 대칭구도를 이루고 있다. 그 외에 진퇴양난을 뜻하는 '前怕狼, 后怕虎' 역시 앞에는 이리가 무섭고, 뒤에는 범이 무섭다라는 뜻으로 역시 전형적인 '3

자+3자'의 대칭 구조를 보여주고 있다.

비교적 문장이 긴 격언도 완전한 대구를 이루고 있는 경우가 많다. 예를 들면 '亲身下河知深浅, 亲口尝梨知酸甜'라는 말이 있는데, '강은 직접 내려가 봐야 깊고 얕음을 알고, 배는 직접 맛을 봐야 시고 단지를 안다'라는 뜻이다. 이 격언도 부사어인 '亲身_{직접}'과 '亲口_{직접}'이 대구를 이루고, 술목관계인 '下河_{강을 내려가다}'와 '尝梨_{배를 맛보다}', 역시 술목관계인 '知深浅_{깊고 얕음을 알다}'와 '知酸甜_{시고 단지를 안다}'가 각각 대구를 이루고 있다. 그 밖에 '来说是非者, 就是是非人_{시비를 말하는 자가 바로 시비를 거는 자이다}'라는 격언과 '老不看三国, 少不看西游_{늙어서는 삼국지를 보지 않고, 젊어서는 서유기를 보지 않는다}'라는 격언 역시 대구를 이루고 있다.

3. 시와 산문의 대구 격식

1) 시의 대칭성

중국어는 근본적으로 소리를 표기하는 문자가 아니라 뜻을 표기하는 문자이다. 그리고 두 글자만으로도 문구를 구성할 수 있고, 글자마다 여러 가지 의미를 내포하고 있어 글자의 앞뒤 순서가 문장의 구성의 요건이 된다. 게다가 글자마다 독특한 시각적 특징과 청각적 높낮이를 가지고 있어, 문장을 지을 때 구어와는 완전히 다른 수식적 기능을 고려하지 않을 수 없다. 즉 써놓은 글들이 내용이 훌륭해야 함은 물론, 눈으로 보기에 아름답고 낭송

할 때도 듣기 좋은 리듬감이 있어야 한다.

중국인들은 고대부터 문장을 지을 때 이런 중국어의 특성에 유의했는데, 특히 대구를 이루는 수식을 중시했다. 다음 시는 「관저關雎」편으로 중국에서 가장 오래된 시집인 『시경詩經』의 맨 처음에 나오는 시이다.

「관저关雎」

关关雎鸠　在河之洲　관관 우는 물수리, 냇가 모래톱에 있네.
窈窕淑女　君子好逑　아름다운 숙녀, 군자의 좋은 짝이라네.
参差荇菜　左右流之　들쭉날쭉 마름 풀, 이리저리 따러 다니네.
窈窕淑女　寤寐求之　아름다운 숙녀, 자나 깨나 찾아다니네.
求之不得　寤寐思服　찾아다녀도 찾지 못해, 자나 깨나 그리워하네.
悠哉悠哉　辗转反侧　언제려나 언제려나, 뒤척이며 잠 못 이루네.
参差荇菜　左右采之　들쭉날쭉 마름 풀, 이리저리 뜯으러 다니네.
窈窕淑女　琴瑟友之　아름다운 숙녀, 거문고 타며 친해지고 싶네.
参差荇菜　左右芼之　들쭉날쭉 마름 풀, 이리저리 뽑으러 다니네.
窈窕淑女　钟鼓乐之　아름다운 숙녀, 북을 두드리며 즐기고 싶네.

한 청년이 배를 타고 냇물위의 마름 풀을 뜯으면서, 다정한 물수리 새 한 쌍을 보고 아름다운 아가씨를 그리워하는 노래이다. 지금으로부터 약 3000년 전의 중국 고대시이지만 이미 3, 4, 7, 8, 9, 10번째 구가 모두 완벽한 대구를 이루고 있다. '参差荇菜, 左右流之'와 '窈窕淑女, 寤寐求之'가 대칭을 이루고, 다시 '参差荇菜, 左右采之'와 '窈窕淑女, 琴瑟友之', '参差荇菜, 左右芼之'와 '窈窕淑女, 钟鼓乐之'가 각각 대칭을 이루고 있다.

오래 전부터 이렇게 대구를 중시한 중국 시는 당唐대부터 시각적인 미감뿐만 아니라 청각적 미감까지도 중시하게 되었는데, 이런 유미주의적인 시를 율시, 근체시라고 부른다. 이런 율시, 근체시는 시구의 절묘한 수사와 함축적인 표현을 위해 역사적 전고典故를 사용해야 했으며, 평평한 소리인 평성平聲과 높낮이가 있는 측성仄聲을 조화롭게 구성하여 청각적 균형까지 고려해야 했다. 또 언어구조와 운율에 대한 요구가 매우 엄격했는데, 대구를 형성하는 것이 가장 특징적이다.

시의 신선이라하여 시선詩仙으로 불리는 이백李白의 유명한 5언시 「정야사靜夜思」를 보면 이런 시의 대구의 특징이 잘 나타나 있다.

이백李白 「고요한 밤의 그리움靜夜思」

床前明月光	침대 머리맡에 밝은 달빛이 비치니,
疑是地上霜	땅 위에 내린 서린가도 생각했네.
举头望山月	고개 들어 산마루의 달을 쳐다보다가,
低头思故乡	고개 숙여 고향을 그리워하노라!

첫째 구의 '明月光'과 둘째 구의 '地上霜'은 '밝은 달이 빛나다'와 '땅위에 서리가 내리다'로 서로 '주어+서술어' 대구를 이루고 있다. 셋째 구의 '举头望山月'과 넷째 구의 '低头思故乡'은 구절전체가 완전히 대구를 이루고 있다. '举头'와 '低头'는 '머리를 들다'와 '머리를 숙이다'로 '술어+목적어' 대구를 이루고 있으며, '望山月'과 '思故乡'은 '산마루의 달을 바라보다'와 '고향을 그리워하다'로 역시 '술어+목적어' 대구를 형성하고 있다.

또 유종원柳宗元의 「강설江雪」에도 이런 대구의 묘미가 잘 드러나 있다.

유종원柳宗元 「눈 내리는 겨울 강江雪」

千山鸟飞绝　　겹겹이 산에는 새 한 마리 날지 아니하고,
万经人踪灭　　다니는 길마다 사람의 발걸음 끊기었네.
孤舟蓑笠翁　　외로운 배에 도롱이, 삿갓 쓴 늙은이,
独钓寒江雪　　눈 내리는 추운 강에 홀로 낚시를 드리우고 있네.

이 시는 첫째 구와 둘째 구, 셋째 구와 넷째 구가 모두 대구를 이루고 있다. 첫째 구 '千山'과 둘째 구 '万迳'은 천개의 산과 만개의 길로 대구를 이루면서, '孤舟, 独钓'와 대칭을 이룬다. 첫째 구의 '鸟飞绝'과 둘째 구의 '人踪灭'은 각각 '새가 나는 것이 끊어지다'와 '사람의 발걸음이 끊어지다'로 '주어+술어' 방식의 대구를 이룬다. '绝'자와 '灭'자를 써서 셋째 구, 넷째 구에 묘사되는 노인의 탈속적, 은둔적인 모습을 연상하게 했다. 또 '千, 万'과 '孤, 独' 네 글자를 대립시켜서 거대한 자연과 보잘 것 없는 인간을 대조적으로 묘사하고, 또 폭설로 인적이 끊어진 강의 고립감을 부각시켰다. 첫째 구와 둘째 구는 하얀 눈에 완전히 파묻힌 강산을 멀리서 바라 본 풍경이고, 셋째 구와 넷째 구는 펄펄 내리는 눈을 뒤집어 쓴 채 배를 띄워 낚시를 하고 있는 노인을 가까이 다가가서 바라 본 풍경이다. 멀리서 본 풍경과 가까이서 본 풍경을 대립시켜, 마치 그림의 원근감을 살리 듯 시에 입체감을 불어 넣었다.

성당 시기의 중국인의 진취적인 기상을 노래한 왕지환王之涣의 「등관작루登鹳雀楼」에도 대구가 잘 활용되었다.

왕지환王之渙 「관작루에 올라登鸛雀樓」

白日依山尽　해는 서산에 걸려 저물어 가고
黄河入海流　황하는 바다를 향해 흘러가네.
欲穷千里目　멀리 천리 밖까지 보고 싶어
更上一层楼　다시 누각 한 층을 더 오르네.

이 시 역시 전체가 완전한 대칭구조를 이루고 있다. 먼저 '白日依山尽'과 '黄河入海流'에서 '白日'의 하얀색과 '黄河'의 누런색이 시각적 대조를 이루고, '依山尽'과 '入海流'는 '술어+목적어+술어'의 구조적 대칭을 이룬다. 또한 도도한 황하의 물결 위로 석양으로 물든 산이 비치는 그림 또한 대칭적이다. '欲穷千里目'과 '更上一层楼' 문장구조 역시 '부사어+술어+목적어'의 절묘한 대칭을 이루고 있고, 목적어 '千里目'과 '一层楼'도 '수량사+명사' 구조로 통일했다.

당대 시인 왕유王維의 유명한 시 「산거추명山居秋暝」을 보면 역시 대구를 이루는 시의 절묘한 맛을 느낄 수 있다.

왕유王維 「산속에서의 가을 저녁山居秋暝」

空山新雨候　텅 빈산에 새로 비 내린 뒤
天气晚来秋　저녁이 되자 가을기운 완연하네.
明月松间照　밝은 달이 소나무 사이에서 비치고
清泉石上流　맑은 샘물이 바위 위를 흐르고 있네.
竹喧归浣女　대숲 바스락바스락 빨래터 여인들 돌아가네.
莲动下渔舟　연잎 흔들흔들 고깃배가 지나가네.
随意春芳歇　어느 새 봄풀은 시들어 사라졌지만.
王孙自可留　귀한 님은 부디 이곳에 머무시기를.

‘空山新雨候’와 ‘天气晚来秋’에서 ‘新’자와 ‘晚’자가 구절 중앙에 쓰여 구조상의 대칭을 이루고 있으며, ‘新’자로 비에 씻기어 더욱 선명해진 가을 산의 모습을 표현하고, ‘晚’자로 저물어 가는 늦가을의 정취를 표현하여 의미상에서도 대칭을 이루고 있다. ‘明月松间照’와 ‘清泉石上流’에서는 ‘明月’과 ‘清泉’이 대칭을 이루고 ‘松间照’와 ‘石上流’이 대칭을 이루고 있으며, 두 구절 모두 ‘주어+부사어+술어’ 구조로 대구를 이루고 있다. 늦가을 밤하늘에 걸린 ‘明月’과 달빛에 반짝이는 ‘清泉’이 대칭을 이루어 늦가을의 쌀쌀함과 서늘함을 온 몸으로 느끼게 해준다. ‘竹喧归浣女’와 ‘莲动下渔舟’도 ‘竹喧’과 ‘莲动’이 ‘주어+술어’ 구조로 대구를 이루고 있고, ‘归浣女’와 ‘下渔舟’는 각각 주어와 술어의 위치를 도치시켜 대구를 이루고 있다. 또 동적인 표현인 ‘竹喧’과 ‘莲动’은 앞의 ‘空山, 明月’의 정적인 분위기와 대조적으로 쓰여 시에 활기를 불어넣어 주고 있으며, ‘浣女’와 ‘渔舟’ 역시 앞의 관조하는 자연의 아름다움과는 대조적으로, 밤의 정적을 깨뜨리며 등장하는 인물의 묘사로 대칭구조를 이루고 있다. 또 마지막 두 구는 비록 대구를 이루고 있진 않지만, 사라지다, 시들다라는 뜻의 ‘歇’자와 머물다라는 뜻의 ‘留’자를 대립시켜, 문장 전체의 의미를 떠남과 머무름으로 개괄하는 고도의 대칭적 의미를 담고 있다.

한편 7언시 역시 절묘한 대구를 이룬 시들이 많이 있는데, 그 중에서도 두보杜甫의 「절구絶句」는 시 전체가 대구로 이루어져 있다.

두보杜甫「절구絶句」

两只黃鸝鳴翠柳　　한 쌍의 노란 꾀꼬리 초록 버드나무에서 지저귀고
一行白鷺上青天　　한 줄로 늘어선 백로 푸른 하늘을 날아오르네.
窗含西岭千秋雪　　창문은 서령의 천년설을 품고 있고
门泊东吴万里船　　문밖에는 동오 만 리 길 배가 정박해있네.

　　'两只黃鸝'와 '一行白鷺'는 각각 '한 쌍의 노란 꾀꼬리'와 '한
줄로 늘어선 백로'가 모두 주어로 대구를 이루고, '鳴翠柳'와 '上青
天'는 '초록 버드나무에서 지저귀다'와 '푸른 하늘을 날아오르다'는 모
두 술어와 장소를 나타내는 부사로 구성되어 있다. 또한 '黃, 白, 翠,
青'을 나열하여, 꾀꼬리의 노란색과 버드나무의 초록색이 대조를 이
루고, 백로의 흰색과 하늘의 푸른색이 대조를 이루어 선명한 색감이
부각되도록 했다. 세 번째 구와 네 번 째 구 역시 '주어+술어+목
적어' 구조의 대구를 이루고 있는데, '窗'과 '门'이 주어이고 '含'
과 '泊'이 술어이며, '西岭千秋雪'과 '东吴万里船'가 목적어이다.
또한 '西岭'과 '东吴'라는 지명을 대조시키고, '千秋'와 '万里'라는
단어를 나열시켜 작자가 고향으로부터 멀리 떠나있음을 강조했
다. 들판에서 봄을 노래하는 노란 꾀꼬리와 방안에서 창밖으로
서령에 쌓인 천년적설을 바라보는 작자의 처지가 대조적으로 표
현되어 있고, 또 푸른 하늘을 날아가는 백로의 자유로움과 전쟁
으로 인해 배처럼 묶여있는 작자의 처지가 대조적으로 표현되어
있다. '黃鸝'와 '白鷺'가 자유로움의 이미지라면, '窗'과 '门'은 떠
나지 못하는 작자의 처지를 상징하는 것이라 하겠다.

2) 산문의 대칭성

중국인들은 산문을 쓰면서도 시를 쓰듯 시각적인 미감, 청각적 미감까지도 모두 고려하고, 문장의 균형을 유지하려는 의식이 여지없이 발휘된다. 중국 최초의 기록은 은殷나라 시대의 갑골문甲骨文인데, 점을 친 내용을 기록한 문장이 대부분이다.

> 癸卯卜, 今日雨, 其自西来雨, 其自東来雨, 其自北来雨, 其自南来雨?
> 계묘일에 점을 쳐 묻습니다. 오늘 비가 오나요? 서쪽에서 비가 오나요?
> 동쪽에서 비가 오나요? 북쪽에서 비가 오나요? 남쪽에서 비가 오나요?

이 글은 점을 친 시간과 내용을 정확히 기록한 실용산문인데도, 5언구로 고정된 형식과 '雨'자의 운율과 음운의 중첩 등 시적인 특성도 고려하고 있으며, 모두 대구를 이루고 있다. 고대 중국인에게 이미 대구를 형성하여 균형을 이루려는 의식이 있었음을 엿 볼 수 있다.

진秦나라 때 이사李斯의 유명한 상소문이 있는데, 바로 「간축객서諫逐客書」이다. 진나라 통일 후 왕실 측근들에 의해 쫓겨나는 절체절명의 위기 속에서, 외국의 인재를 잘 활용하여 성공한 역사적 사실들을 예로 들어가며 왕을 설득한 문장인데, 역시 대구의 묘미를 십분 발휘하고 있다.

이 글의 마지막 부분에는 인구에 회자되는 유명한 구절이 나온다.

太山不让土壤, 故能成其大 ; 河海不择细流, 故能就其深 ; 王者
不却众庶, 故能明其德。 是以地无四方, 民无异国, 四时充美, 鬼
神降福。

태산은 흙을 사양하지 않았기에 그 거대함을 이룰 수 있었고, 강
과 바다는 가는 물줄기도 가리지 않았기에 그 깊이를 이룰 수 있었
으며, 왕은 백성들을 물리치지 않아 그 덕망을 밝힐 수 있었습니
다. 이로써 땅은 사방의 구분이 없고 백성은 나라의 구분이 없으
며, 사시사철 아름다움이 충만하고 귀신이 복을 내려주셨습니다.

이는 정치인이나 큰 인물은 다른 의견을 가진 사람도 포용해
야 위대한 일을 할 수 있다는 의미로 널리 인용되는 명구이다. 이
문장은 모두 간결한 대구 구조로 이루어져 있어, 일반인들도 몇 번
들으면 금방 기억하게 된다. '太山不让土壤태산이 흙을 사양하지 않다', '河海
不择细流강과 바다가 작은 물줄기를 가리지 않다', '王者不却众庶왕이 백성을 물리치지 않다'
는 각각 '주어+술어+목적어' 구조로 대구를 이루고 있다. '故能成
其大그러므로 그 거대함을 이룰 수 있다', '故能就其深그러므로 그 깊이를 이룰 수 있다', '故能

갑골문甲骨文

明其德^{그러므로 그 덕망을 밝힐 수 있다}'도 '접속사+술어+목적어'의 완전한 대
구 구조를 보여준다. 뒤에 이어지는 문장도 정연한 4글자의 대구
구조로 이루어져 있는데, '**地无四方**^{땅은 사방이 없다}'와 '**民无異国**<sup>백성은 이
국이 없다</sup>'는 '주어+술어+목적어' 대구구조이고, '**四时充美**<sup>사계절이 아름
다움을 채우다</sup>'와 '**鬼神降福**^{귀신이 복을 내리다}'는 '주어+술어+목적어'의 대구
구조로 되어 있다.

이사의 「간축객서」는 이와 같은 표현기법이 문장 전체를 관통
하고 있다. 예술성이나 문학성을 고려한 문장이 아니라, 절박한
상황에서 자신의 안위를 위해 정치적 입장을 펼친 실용문인데도,
논리적인 서술기법을 쓰지 않고 절묘하게 동사 한 글자씩만 바꾸
어 가면서 거미줄을 엮어가듯 역사적 사실을 늘어놓아 설득하는
기법을 사용했다. 이런 나열과 대칭으로 이루어진 문장기법은 내
용의 정확한 전달이라는 본래의 기능뿐만 아니라 형식의 아름다
움, 균형감과 함께 리듬감까지 느끼게 해 주고 있다.

고대 중국인의 이런 문장의식이 발전하여 위진남북조 시대에
변려문^{駢儷文}이라는 형식주의 문장을 탄생시켰다. '변^駢'자는 두 마
리의 말이 나란히 수레를 끌고 다니는 것을 뜻하고, '려^儷'자는 한
쌍의 남녀를 뜻한다. 이는 변려문의 문체가 모두 대구로 이루어
졌기 때문에 생긴 명칭이다. 변려문은 문장의 시각적, 청각적 아
름다움뿐만 아니라, 전체 구도의 아름다움까지 고려한 중국 최고
의 유미주의 문장이다.

그 중에서도 특히 당대 문인 왕발^{王勃}이 쓴 「등왕각서^{滕王閣序}」는
전체 문장이 대구를 이루고 있어 대표적인 변려문이라 할 수 있
다. 전문을 소개하지 못하고, 첫 부분만 소개해 보면 다음과 같다.

豫章故郡，洪都新府。

星分翼軫，地接衡庐。

襟三江而带五湖，

控蛮荆而引瓯越。

物华天宝，龙光射牛斗之墟；

人杰地灵，徐孺下陈蕃之榻。

雄州雾列，俊彩星驰.

臺隍枕夷夏之交，宾主尽东南之美.

예장은 옛 도시이름이고, 홍도가 지금 새 이름이다. 별자리는
익·진으로 나누고, 땅은 형산·여산으로 이어진다. 세 강은 옷깃
처럼 흐르고 다섯 호수가 띠를 둘러있으며, 형만을 누르고 구월을
병합한 곳이다. 물산이 화려한 것은 하늘의 보배이기 때문이니,
용천검의 광채가 견우성과 북두성 사이를 쏘았고, 인물이 걸출한
것은 땅에 영기가 모였기 때문이니, 선비 서유는 태수 진번의 상을
하사 받았네. 뛰어난 도시들이 안개처럼 즐비하고, 준걸들의 광채
가 별빛처럼 찬란하다. 누대와 성 밑 연못은 초^楚땅과 중원사 이에
자리 잡고 있으며, 손님과 주인은 모두 동남지역의 명사들이다.

이 문장은 당대 시인 왕발이 쟝시^{江西} 난창^{南昌}에 있는 등왕각^{勝王}
^閣에서 열린 연회에 참석하여, 연회의 성대함과 등왕각 주변의 아
름다운 경관의 모습을 묘사한 명문이다. 의도적으로 4자, 6자로
자수를 맞춘 전형적인 '사륙변려문^{四六駢儷文}'으로 '而'자와 '之'자 같
은 허자를 제외하면 전문이 모두 네 글자, 여섯 글자의 대구로 이
루어 있다.

'豫章故郡'과 '洪都新府'는 '주어+명사술어'의 대구 구조이고, '星分翼軫'과 '地接衡庐'는 '주어+술어+목적어'의 대구 구조이며, '襟三江而带五湖, 控蛮荆而引瓯越'는 '술어+목적어+접속사+술어+목적어'의 대구 구조이다. '物华天宝, 龙光射牛斗之墟；人杰地灵, 徐孺下陈蕃之榻' 역시 '주어+명사술어', '주어+술어+목적어'

등왕각滕王阁

의 대구 구조이고, '雄州雾列, 俊彩星驰'는 '주어+술어'의 대구 구조이며, '臺隍枕夷夏之交, 宾主尽东南之美'는 '주어+술어+목적어'의 대구 구조이다. 이처럼 전문이 4자, 6자로 자수를 고정시키고, 내용뿐만 아니라 문장 구조까지 정교히 대구를 이루게 하는 고도의 수사기교가 발휘되어 있다.

그러나 이런 변려문이 엄격한 형식미만을 추구하면서 표현이 모호해지고 내용이 부실하게 되자, 이를 반대하고 고문古文의 자유로운 표현기법을 주장하는 사람들이 나오게 되었는데, 이들이 바로 당송팔대가唐宋八大家들이다. 하지만 이들도 대구의 묘미는 무시하지 못했다. 산문散文이라고도 불리는 고문의 특징이 '散' 즉 흩어짐, 풀어놓음에 있지만, 중국인들에게는 이것이 곧 무질서를 의미하지 않는다. 그러므로 자유로움 속에서도 질서를 유지하듯, 자유로운 고문을 구사하면서도 적절히 대구를 활용하여 문장의 함축미와 간결성, 대칭성을 유지하고 표현의 생동감과 리듬감을 살리고 있다.

이러한 특징은 현대에도 면면히 이어지고 있다. 신문 기사문은 문장의 수사적인 아름다움보다는 사실을 충실하게 반영하는 데 목적이 있지만, 대구를 활용하려는 의식은 여전히 남아 있다.

他们需要一个汗流浃背的环境, 需要大快朵颐的借口, 需要和知己畅所欲言的氛围。"辣"是最佳的肾上腺素, 无数都市男女, 需要它来发泄体内澎湃的激情。(<寻辣^{매운 맛을 찾아서}> 2008. 11. 13 奥一网)
그들은 땀이 등까지 적시는 환경이 필요하고, 먹는 즐거움을 누릴 핑계가 필요하며, 친구와 하고 싶은 말을 맘껏 할 수 있는 분위기가 필요한 것이다.'매운 맛'은 가장 좋은 아드레날린으로 많은 도시 남녀들이 그것으로 몸 안에 팽창하는 열정을 발산할 필요가 있는 것이다.

첫 번째 문장은 세 개의 '술어+목적어' 구조의 대구가 나열되고 있는데, 목적어는 모두 '一个汗流浃背的环境, 大快朵颐的借口, 和知己畅所欲言的氛围'로 비교적 길지만 모두 '관형사+的+명사'의 형식을 취하여 간결함을 꾀했고, 또 술어는 모두 '需要'로 통일하여 자칫 산만해질 수 있는 문장의 균형을 잡고 있다.

自然, 韩流不仅仅是一种文化现象, 其与经济。政治等密切相关。韩流作为文化现象来说, 扩大了韩国文化的影响力, 但作为文化产业来说, 更是给韩国创造了大量的经济价值。(<韩流VS汉风>2008.6.27 临海新闻网)

당연히 한류는 일종의 문화현상일 뿐만 아니라 정치, 경제 등과도 밀접한 관계가 있다. 한류는 문화현상 면에서는 한국문화의 영향력을 확대했지만, 문화산업 측면에서 한국에게 훨씬 더 대량의 경제 가치를 창출했다.

두 번째 문장은 복잡해질 수 있는 문장을 '作为～来说, 술어+목적어'구조로 정리하고, 또 각자 대구를 이루게 하여 내용을 쉽고 간결하게 전달하고 있다. 목적어 역시 비교적 길지만 '관형사+的+명사'의 형식을 활용하여 대구를 이루고 있다.

---

* 현대 대중가요 속의 대칭성

月亮代表我的心　　　　（邓丽君）
달님이 제 마음을 대신해줄거예요

你问我爱你有多深，我爱你有几分.
我的情也真，我的爱也真.
月亮代表我的心.
你问我爱你有多深，我爱你有几分.
我的情不移，我的爱不变.
月亮代表我的心.
轻轻的一个吻，已经打动我的心.
深深的一段情，教我思念到如今.
你问我爱你有多深，我爱你有几分.
你去想一想，你去看一看.
月亮代表我的心.

당신은 물었죠.

제가 당신을 얼마나 깊이 사랑하는지, 제가 당신을 얼마나 사랑하는지.

제 마음은 진실 이예요, 제 사랑도 진실 이예요.달님이 제 마음을 대신 해줄 거예요.

당신은 물었죠.

제가 당신을 얼마나 깊이 사랑하는지, 제가 당신을 얼마나 사랑하는지.

제 마음은 움직이지 않아요, 제 사랑도 변하지 않아요.달님이 제 마음을 대신 해줄 거예요.

가벼운 한 번의 입맞춤, 이미 제 마음을 흔들었죠.깊은 한 조각의 정.

절 지금까지 그립게 하네요.

당신은 물었죠.

제가 당신을 얼마나 깊이 사랑하는지, 제가 당신을 얼마나 사랑하는지.

당신 가서 생각해보세요, 가서 한 번 보세요.

달님이 제 마음을 대신 해줄 거예요.

* 누리꾼 댓글 속의 대칭성

我也要。就算穷死。也要买。就算饿死。

나도 갖겠다. 설령 가난해 죽을지라도. 나도 사고 말겠다. 설령 배고파 죽을지라도.

人也长的好 歌也唱的好。

생긴 것도 잘 생기고, 노래도 잘 부르고.

他的笑, 他的静, 他的雅, 他的一切, 都是那么迷人。

그의 웃음, 그의 차분함, 그의 우아함, 그의 모든 것이 모두 그토록 매력적인지.

看见他长发时, 爱长发的他, 看见他短发时, 又喜欢短发的他。

그가 보면 긴 머리의 그가 좋고. 그가 짧은 머리를 할 때 보면 또 짧은 머리의 그가 좋다.

4) 대련의 대구 격식

대련은 문이나 기둥에 써 붙이는 짧은 문장으로, 본래 설날 아침에 악귀를 쫓기 위해 문짝에 붙이던 조그마한 나뭇조각에서 유래되었다. 이 나무 조각을 '도부桃符'라고 불렀는데, 복숭아나무를 깎아 만들어 복을 비는 길한 문자를 적어 놓은 것이다. 본래는 시 대련과 산문 대련이 모두 유행했는데, 당대부터 율시의 대구로부터 발전한 정교한 시 대련이 각광을 받으면서 지금 대련의 대부분을 차지하게 되었다.

최초의 대련은 오대五代 후촉後蜀의 왕 맹창孟昶이 설날아침 침실 문에 '新年纳馀庆, 嘉节号长春새해에는 조상의 은덕을 많이 받고, 좋은 계절 항상 봄날만 이어지길'이라고 쓴 도부에서 시작된다. 대련은 하나의 한자문화이자 문학예술이다. 대련을 기능별로 분류하면 설날에 쓰는 춘련春聯, 결혼식 등 잔치 때 쓰는 하증련贺赠聯, 장례식에 쓰는 만련挽聯, 이야기에서 유래된 고사련故事聯, 명승지에서 볼 수 있는 명승고적련名勝古迹聯 등이 있다.

초기의 도부桃符

춘련春聯

만련挽聯

　대련對聯은 '대對'가 되는 '연聯'이란 뜻으로, '대對'자는 '짝', 혹은 '대상'의 뜻이고, '련聯'자는 '나란히 잇닿아 있다'라는 뜻이니, 이름에서 벌써 대구 형식이 중요함을 알 수 있다. 하지만 이 대구 격식은 근본적으로 한자 표현의 함축성과 모호성으로 인하여 발달한 것으로, 두 가지 대립된 단어를 사용하여 문장을 나열하면 그 의미가 더욱 분명해지는 실용적 효과를 가지고 있다. 즉 한자는 각 글자마다 뜻이 다양하고 쓰이는 위치에 따라 의미가 확연히 달라진다. 대련은 비교적 짧은 문장인데다, 다른 방언을 가진 지방 사람들에게도 내용이 쉽게 전달될 수 있어야 하므로, 대련에 있어 대구의 형식은 단순 형식이기보다는 내용전달이라는 중요한 실질 기능을 담당하고 있는 것이다. 예를 들면 산둥山東 지난濟南 다밍후大明湖에 다음과 같은 대련이 있다.

　　四面荷花三面柳　사방이 연꽃이요, 삼면이 버드나무라.
　　一城山色半城湖　온 성에 산색이 가득하고, 성의 반은 호수라네.

다밍후大明湖

　이 문장은 완전히 명사로만 이루어져 있어 무슨 뜻인지 이해하기가 힘들다. 그러나 앞 연과 뒤 연을 대조해서 해석해보면 무슨 의미인지 금방 이해가 된다. 즉, '四面荷花三面柳'라고만 하기보다는 '一城山色半城湖'라는 말이 같이 있으면 무슨 말인지 의미가 더 분명해지면서, 다밍후의 자연 경색을 훨씬 더 빠르고 분명하게 연상할 수 있게 된다.

　대련의 문장을 짓는 방식은 매우 다양하다. 글자를 분해하거나 중첩시키기, 꼬리말 잇기, 부수나 발음을 활용하기, 또 숫자나 허사를 이용하기도 한다. 그 중에서도 글자를 중첩시키는 방법이 널리 쓰이고 있는데, 특히 우리의 흥미를 끄는 것은 같은 단어가 여러 번 반복해서 출현하면서도 대구를 이루고 있는 것이다. 이런 대련이야 말로 중국인들의 대칭관념을 여실히 보여주고 있다.

　항저우杭州 시후西湖 옆에는 롱징龍井산이 있고 그 산 남쪽에는 쥬시九溪라는 유명한 계곡이 있는데, 여기에 청대 학자 유월俞樾의 대련이 남아 있다.

重重叠叠山，　曲曲环环路
高高下下树，　叮叮咚咚泉
첩첩 쌓인 산, 구불구불한 길,
들쑥날쑥 솟은 나무, 콸콸 쏟아지는 샘물

　　이 쥬시는 시후와 함께 역대 문인들의 사랑을 받던 명승지인데, 유월 역시 이곳을 유람한 뒤 유명한 대련을 남긴 것이다. 같은 글자를 중첩시켜 산山, 길路, 나무樹, 샘泉의 모습을 생동감 있게 묘사했는데, 4구가 모두 대구를 이루고 있다. 특히 '**重重叠叠, 曲曲环环, 高高下下**'와 같은 시각적인 묘사, '**叮叮咚咚**'과 같은 청각적인 묘사를 절묘하게 활용함으로써, 롱징산 깊숙한 곳에서 시원하게 쏟아지는 계곡의 역동적인 모습을 잘 표현하였다. 이렇게 시각적, 청각적 묘사와 대구를 통해 명승지의 활기 넘치는 모습을 담은 대련이 적지 않다.
　　산둥山東 지난濟南의 첸포산千佛山 바오투취안趵突泉에 있는 관란팅觀瀾亭에도 유명한 대련이 남아 있는데, 역시 시각적, 청각적 대칭 구조가 돋보인다.

佛脚清泉，　飘飘飘飘，　飘下两条玉带
源头活水，　冒冒冒冒，　冒出一串珍珠
천불산기슭 맑은 샘물 쏴아 쏴아 쏴아 쏴아 두 가닥 옥띠처럼 흘러내리고 있네.
깊은 샘에서 솟아나는 물이 콸콸콸콸 한 꿰미 진주처럼 뿜어지고 있네.

이 대련은 '주어+의성어+술어+목적어'의 완벽한 대칭구조를 이루고 있다. '佛脚清泉'과 '源头活水'가 주어이고, '飘飘飘飘'와 '冒冒冒冒'는 의성어이며, '飘下'와 '冒出'가 술어이고, '两条玉带'와 '一串珍珠'는 목적어이다. 그중 '飘飘飘飘'는 물이 떨어지는 소리를 표현한 것이고, '冒冒冒冒'는 물이 위로 솟구치는 소리를 표현한 것이다. 흘러내리는 샘물을 두가닥 옥띠로 비유하고, 몽글몽글 솟아나는 물거품을 진주알 꿰미로 비유하여 바오투취안의 깨끗하고 맑은 물 빛깔을 바로 눈앞에 보이 듯 묘사했다. 수채화처럼 깨끗한 화면에 활기찬 물소리를 더빙하여, 바오투취안 물줄기의 생동감 넘치는 모습을 실감나게 전달하고 있다.

항저우杭州 롱징龙井산 남쪽
쥬시九溪

관란팅观澜亭

또 명말 애국학자 고헌성顧憲成은 동림서원東林書院 기둥에 다음과 같은 대련은 남겼다.

风声雨声读书声，声声入耳
家事国事天下事，事事关心
바람소리, 빗소리, 책 읽는 소리, 소리마다 모두 귀에 들어오네.
집안 일, 나라 일, 천하의 일, 일마다 모두 마음에 둔다네.

동림서원東林書院

동림서원東林書院 대련

　　고헌성은 애국단체인 동림당東林黨의 우두머리로서 독서와 애국을 강조했는데, '声'자와 '事'자를 반복사용하면서 대구 구조를 만들어 훌륭한 대련을 완성했다. 또 주변상황과 자신의 마음을 대칭시켜, 비바람이 몰아치는 날 눈으로는 책을 읽고 있지만, 마음은 천하에 대한 걱정으로 가득 차 있음을 강조했다. 이 비바람 소리에는 바람 앞에 등불 같은 시대적 위기와 이런 시대를 살아가는 지식인의 번민이 고스란히 담겨있다.

　　한편 같은 글자를 반복하지만 각각 다른 발음과 뜻으로 읽어야 되는 대련이 있다. 이는 두 가지 이상의 발음을 가진 파음자破音字를 이용한 것으로, 이런 대련은 읽기도 해석하기도 쉽지 않지만 대부분 대구를 이루고 있어 우리에게 해석의 실마리를 제공하기도 한다.

　　调琴 调 新,　　调 调 调 调,　　来 调 调 妙
　　tiáo qín diào xīn,　　tiáo diào diào diào,　　lái diào tiáo miào

　　秨花 种 好,　　秨 种 种 种,　　成 种 秨 香
　　zhòng huā zhòng hǎo,　　zhòng zhòng zhòng zhòng,　　chéng zhòng zhòng xiāng

거문고를 고르니 곡조가 새로운데,

고른 곡조는 곡조마다 절묘하게 고른 곡조가 나오고,

꽃을 심으니 품종이 좋은데,

심은 품종은 품종마다 향기롭게 심어진 품종을 이루네.

첫 연에서 밑줄 친 '调'자는 고르다, 조정하다라는 뜻으로 'tiáo'라고 읽어야 하고, 나머지 '调'자는 곡조, 음조라는 뜻으로 'diào'라고 읽어야 한다. 둘째 연에서 밑줄 친 '种'자는 'zhòng'으로 읽고 심다라고 해석해야 하며, 나머지 '种'자는 'zhǒng'으로 읽고 종류, 품종라고 해석해야 한다. 파음자 '调'자와 '种'자를 중복시키면서 대구를 이루게 하여, 향기로운 꽃들 속에서 거문고를 연주하는 모습을 잘 묘사했다.

쓰촨^{四川} 창닝^{長寧}의 차오윈먀오^{朝雲廟}에는 명대 문인 서위^{徐渭}가 쓴 유명한 대련이 있는데, 역시 두 글자를 중복 사용하여 대구를 이룬 것이다.

朝云朝朝朝朝朝朝退

长水长长长长长长流

이는 파음자를 매우 교묘하게 활용한 것으로, 다음과 같이 읽어야 한다.

朝 云 朝, 朝 朝 朝, 朝 朝 朝 退→ 朝云潮, 朝朝潮, 朝潮朝退。
zhāo yún cháo, zhāo zhāo cháo, zhāo cháo zhāo tuì

长 水 长, 长 长 长, 长 长 长 流→ 长水涨, 常常涨, 常涨常流。
cháng shuǐ zhǎng, cháng cháng zhǎng, cháng zhǎng cháng liú

조운묘에 구름이 밀려오네, 아침마다 밀려오네, 아침에 밀려왔다 아침에
밀려가네.
장강물이 불어나네, 항상 불어나네, 항상 불어나고 항상 흘러가네.

밑줄 친 '朝'자는 'cháo'로 읽어야 하는데, 뜻은 조수를 의미하
는 '潮'자로 보아 조수가 밀려오다라고 해석한다. 나머지 '朝'자는
아침이란 뜻으로 해석하고 발음도 'zhāo'로 읽어야 한다. 또 '朝云'
은 사당의 이름이면서, 이 사당이 높은 산위에 위치하여 아침이면
발아래 가득 들어차 있는 구름을 뜻하기도 한다. 밑줄 친 '长'자는
물이 불다라는 뜻인 '涨'자로 해석하고 발음도 'zhǎng'으로 읽어
야 한다. 나머지 '长'자는 항상이란 뜻인 '常'자로 해석하고 발음
도 'cháng'으로 읽어야 한다. '长水'의 '长'자 역시 'cháng'으로 읽
으며 길다라는 뜻으로 해석하는데, '长水'는 긴 강이라는 뜻이면
서 지명 장강을 뜻하기도 한다. 그러므로 두 가지 의미가 다 들어
있다고 하겠다. 명대 유명한 화가이자 시인, 산문가, 희곡작가였
던 서위는 지명과 파음자를 활용하여 대구를 만들어 이렇게 재미
있는 대련을 남겼다.

또 글자의 위치를 서로 바꾸어 대구 이루게 하는 대련도 있다.

子将父作马 아들이 아버지를 말로 삼았네.
父望子成龙 아버지는 아들이 출세하길 바래서이지.

이 대련은 청대 저명한 서예가 하소기何紹基가 어려서 늘 부친
의 어깨에 올라타 서당에 다니는 것을 본 선생이 놀리며 첫 연을

짓자, 어린 하소기가 둘 째 연을 대구로 지어 만든 것이다. 이렇게 글자를 호환하여 대구를 이루게 하는 방법은 독창적이면서도 유머가 넘친다.

그 외 부수를 활용하여 대구 이룬 대련도 있다.

大木森森, 松柏梧桐杨柳
细水淼淼, 江河溪流湖海
큰 나무들이 빽빽이 늘어서 있네. 소나무, 잣나무, 오동나무, 버드나무
기다란 물줄기가 넘실거리네. 강, 내, 계곡, 물길, 호수, 바다

이 대련은 본래 원나라 중엽 남송시대 은자 황잠黃潛이 저둥산浙东山에 숨어 은거하면서 날마다 하늘을 찌를 듯이 빽빽이 들어찬 고목 속에서 생활하다 문득 '木'자 부수인 글자로 첫 연을 지어놓으니, 후인들이 '水'자 부수인 글자로 대구를 만들어 둘째 연을 지었다. 두 가지 대조된 부수를 가진 글자를 활용하여 대련을 만든 것이다.

현대 중국에서도 대련은 매우 중요한 문화이자 놀이이다. 인터넷에 대련과 관련된 많은 사이트가 존재하고, 아직도 대련의 첫 연을 제시하고 둘째 연을 각자 달게 하는 놀이가 유행하고 있다. 누군가 첫 연을 올려놓으면 많은 누리꾼들이 기발하고 재미있는 댓글을 달아 재치 있는 대련이 완성되는 것이다. 항저우杭州 쳰탄강钱塘江 부근 류허타六和塔에는 다음과 같은 문장이 있다.

望天空, 空望天, 天天有空望空天
하늘을 바라보네, 공연히 하늘을 바라보네, 날마다 시간이 남아돌아
빈 하늘만 바라보네.

* 건물과 대련

대련이 본래 기둥이나 문에 붙이는 나무 조각에서 비롯되었으므로, 중국 전통 건축구조와 관련이 깊다. 중국은 고대부터 유가사상과 종법제도의 영향을 받아 내면을 중시하는 중국 특유의 건축 양식을 형성하게 되었는데, 중국의 대표적 가옥구

자금성紫禁城

조인 사합원四合院이 바로 그것이다. 사합원은 전형적인 내향배치 구조로 동서남북 사면의 건축이 밖을 향해 등지고 앞이 안쪽 내원을 향하도록 설계되었다. 사면의 건물이 서로 중앙을 향해 모여 마주보게 하면서도, 각 건물의 독립성을 보장하여 대가족이 질서를 이루고 살아가기에 적합하도록 설계되어 있다. 사합원의 구조를 보면 동서남북 사면의 건축물이 안마당을 중심으로 절묘한 대칭을 이루고 있다.

궁궐 역시 남북을 반으로 가르는 축을 중심으로 양측의 건축물이 나란히 대칭을 이루면서도, 겹겹이 정원과 전당이 늘어서 있어 황궁의 질서정연함과 장엄함을 보여준다. 사찰 역시 황궁을 모방하여 중앙의 법당을 중심으로 좌우의 건축물이 질서정연하게 대칭을 이루고 있다. 이와 같이 내향과 외향이 서로 대칭을 이루는 중국 전통 건축구조는 바로 중국인들의 균형과 통일을 중시하는 대칭 관념이 반영된 것이라 하겠다.

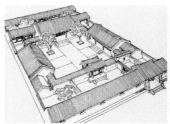

사합원四合院

이는 과거 시험에 낙방한 항주의 선비가 돌아오는 길에 육화탑에 올라 하늘을 바라보다 실망감과 처량한 마음에 탑 벽에 첫 연을 써 놓은 것이다. 그 뒤 둘째 연을 지은 사람이 없었는데, 지금 인터넷 상에서 누리꾼들이 이에 어울릴 만한 대구들을 올려놓곤 한다. 그 중 하나를 보면 다음과 같다.

求人难，难求人，人人逢难求人难
남에게 도움을 구하는 것은 어렵지만, 어렵사리 남에게 도움을 구해보아도,
사람마다 어려움에 처해있어 남에게 도움을 구하기 어렵다네.

'望天空'과 '求人难'이란 글자를 중첩시키면서 과거에 낙방한 선비의 심정과 현재 직업을 구하지 못한 실업청년의 마음을 대조적으로 잘 표현하고 있다. 현대 중국인의 몸속에 여전히 고대 중국인의 대칭관념이 살아 숨 쉬고 있음을 확인하게 되는 순간이다.

5) 표어와 광고 속의 대구 격식

중국인에게 함축적이고 간결한 표현이 주는 문장의 속성은 거의 본능과도 같은 것이다. 중국이 신문학 시기 구어체 문학을 처음 시도했을 때 가장 성취도가 높았던 것이 소설이었고, 제일 낮았던 것이 시였는데, 이 역시 고문에 비해 간결성과 함축성이 떨어지는 구어체 시가 중국인들에게는 매우 낯설고 거부감이 강했기 때문이다. 중국인에게 시와 같이 짧은 문장일수록 고도의 예술적 미감을 느낄 수 있는 표현기법이 더욱 요구되었다. 그러므

로 광고문이나 표어 같이 짧은 문장은 더욱 더 말할 필요가 없다.

우리 주변에는 각종 구호와 표어, 그리고 광고문이 넘쳐나고 있다. 홍수처럼 범람하는 많은 구호와 광고의 물결 속에서도 우리의 시선을 끄는 문구들은 있기 마련이다. 특히 표어와 광고문은 짧은 순간에 사람들의 시선을 붙잡아 깊은 인상을 남겨 기억하게 해야 하는 뚜렷한 목적을 가지고 있다. 이 때문에 표어나 광고문은 고도의 예술성과 함축성을 동시에 담아 인상 깊게 전달하고자 치열한 노력을 한다. 이때 가장 효과적으로 사용되는 기법이 대구이다. 대구를 이룬 표어나 광고는 구조적 대칭과 의미적 대칭을 모두 고려한 것으로, 일단 시각적으로 눈에 빨리 들어오고, 또 간결한 표현 때문에 한 번 보면 기억하기가 쉽다. 그러므로 이런 표어나 광고는 실제 광고와 선전 효과가 클 뿐만 아니라 훌륭한 표어나 광고로 예술성을 인정을 받기 쉽다.

(1) 표어

먼저 2008년 베이징 올림픽에 관련된 표어 중 가장 대표적인 것으로, TV에서 날마다 방송이 되고 거리에 나가면 늘 보게 되는 표어가 있다.

同一个世界，同一个梦想
하나의 세계, 하나의 꿈

당시 올림픽 개최를 앞둔 중국은 쓰촨(四川) 대지진으로 인해 민심이 불안해진데다, 티베트에서 시작된 소수민족 독립운동이 신장 위구르족 등 다른 지역으로 확산이 되었고, 중국 정부가 이를 무력진압하면서 세계의 이목이 집중되었던 시기이다. 그러므로 중국은 대대적으로 소수민족을 다독이고 하나의 중국을 외치면서 단결을 호소해야 하는 상황이었다. 그러므로 '同一个世界, 同一个梦想'은 중국에게 있어 남다른 절박한 의미가 있는 표어였다. 게다가 누구나 알 수 있는 쉬운 문자, '同一个'의 반복과 대구, 시각적으로 간결한 구조, 뚜렷하면서도 공감을 불러일으키는 메시지로 인해 많은 사람들에게 뇌리에 아직도 생생하게 남아있다. 베이징 올림픽과 관련된 표어 중 또 하나 의미 있는 표어가 있다.

　　绿色奥运, 人文奥运, 科技奥运
　　녹색 올림픽, 인문 올림픽, 과학 올림픽

　　당시 미국은 테러와의 전쟁을 외치며 세계 곳곳에서 무력충돌을 일으켰을 뿐만 아니라, 환경보호에 있어서도 소극적인 태도로 일관하여 세계 각국의 비난을 받고 있었다. 그러므로 중국은 특별히 인문 올림픽과 녹색 올림픽을 모토로 내세웠고, 실제로 올림픽 개막식에서 중국 4대 발명품을 주제로 붓과 종이와 문자의 창조과정을 아름답게 구현해내 세계의 찬사를 받았다. 중국인이 가장 선호하는 '2자+2자'의 4자 구조, 정제된 표현으로 인해 한눈에 쏙 들어오는 명문이다. 그 밖에 베이징 올림픽에 관한 표어 중 대칭미를 보여주는 것으로 '迎奥运, 讲文明, 树新风올림픽을 맞이하

올림픽 표어

여, 시민의식을 함양하고 새로운 기풍을 세우자'가 있다.

중국은 본래 사회주의 국가답게 집단과 단체를 격려하는 표어가 많았지만, 70년대 말 개혁개방 이후 자본주의 시장체제에 돌입하면서 공장이나 회사에서 품질과 생산성을 높이기 위한 표어가 더욱 많아졌다. 그 중 흔히 볼 수 있는 표어로서 완전한 대구를 이루어 기발함을 느끼게 하는 것으로는 다음과 같은 것이 있다.

质量无止境, 企业无边界, 名牌无国界。
품질은 제한이 없고 기업은 경계가 없고 명품은 국경이 없다.

이 말은 본래 중국의 잭 웰치로 불리는 중국 최대 가전회사 海尔의 CEO 장루이민张瑞敏이 한 말인데, 이후 품질관리 부분의 명언이 되었다. '无止境, 无边界, 无国界'는 '无'자와 두 글자 단어들을 조합으로 대구를 이루면서 시청각적 통일감을 주고 있다. '止境, 边界, 国界' 이 단어들도 의미에 차이가 있지만 대체로 유사한 의미를 가지고 있어, 반복과 대구구조를 통한 강조의 효과를 주고 있다.

* <u>여러 가지 표어들</u>

知识是力量的源泉，学习是成功的基石。
지식은 능력의 원천이요, 학습은 성공의 주춧돌이다.

平等待人，心静如水，真诚待人，心洁如镜。
남에게 공평하게 대하면 마음은 물과 같이 잔잔하고, 남에게 진
심으로 대하면 마음은 거울처럼 깨끗하다.

不成多面手，难当一把手。
멀티플레이어가 되지 않으면 일인자가 되기 어렵다.

上学安全，放学团圆。
등교 시엔 안전하게, 방과 후엔 단란하게.

一停二看三通过，不停不看出车祸。
일단 멈추고 다음에 살펴보고 마지막으로 지나가라.
멈추지 않고 살피지 않으면 교통사고 일어난다.

流自己的汗，吃自己的饭。
<u>스스로 땀 흘려, 스스로 밥을 먹자.</u>

开开心心去做事，轻轻松松过日子。
즐겁게 일하러 가고, 산뜻하게 생활하자.

厂兴我荣, 厂衰我耻。
공장의 성공은 나의 영광이요, 공장의 실패는 나의 수치이다.

이 표어도 '厂'과 '我'를 반복시키고, '兴'과 '衰' 그리고 '荣'과 '耻'를 대립시켜 의미를 간단하고 분명하게 전달하고 있다.

중국은 시장경제가 발달하면서 서비스 산업도 급속히 성장했는데, 이에 관련된 표어도 쉽게 찾아 볼 수 있다.

语言到位, 微笑到位, 卫生到位, 设备到位。
말씨도 되고, 미소도 되고, 청결 되고, 시설도 되고.

호텔이나 레스토랑 등 서비스를 주로 하는 장소에 흔히 보이는 표어이다. 시설도 뛰어나고 청결한 관리와 서비스도 완비되어 있음을 4마디의 대구를 활용하여 표현하고 있다. '到位'를 반복시키고, 4글자의 대구를 절묘하게 이용하여 간단하고도 효과적으로 메시지를 전달하고 있다.

(2) 광고

광고카피는 10초 안에 상품을 홍보하고 각인까지 시켜야 하는 분명한 목적을 가지고 있다. 광고카피는 사람들의 시선을 붙잡는 단순하고 구체적인 표현, 그러면서도 함축적이고 임팩트가 강한 전달, 동시에 대화를 나누듯 다정하고 자연스러운 어투 이런 것들을 모두 고려해야 한다. 그

러기 위해서는 동음이나 유사음을 반복해서 표현하는 방법, 대구를 활용하는 방법, 누구나 잘 아는 외국어를 조합하여 활용하거나 관용적인 표현을 파괴하는 방법 등을 효과적으로 활용해야 한다.

그 중에서도 가장 많이 쓰이는 방법이 동음, 유사음 반복이나 대구활용이다. 특히 브랜드와 동음이거나 유사한 발음을 반복하여 브랜드를 상기시키고, 상품을 각인시키는 기법은 우리나라 광고에서도 흔히 쓰인다. 최근 한 연예인의 뺨을 계속 후려치면서 '싸다구'를 반복해서 외치는 모바일 쇼핑포털 광고가, 순식간에 소비자들의 눈을 사로잡으며 대히트를 쳤다. '싸다구'라는 말이 '뺨'의 사투리인 동시에 값이 '싸다'라는 말과 동음어인 점을 활용하여, 강한 임팩트 있는 연출로 '싸다'는 정보를 효과적으로 전달하는 데 성공한 것이다.

반하나 안 반하나. 「빙그레 바나나우유」
벌레에 물리면 버물리. 「버물리 에스」
안성맞춤이지, 딱이다 내입엔 안성맞춤. 「안성탕면」
고객이 행복할 때까지 OK, SK. 「SK」
IQ, EQ, 헤모큐. 「헤모큐」
맛있으면 되지, 돼지바. 「돼지바」
디지털 세상이잖아요. 뭐 돼지털? 「삼성 디지털」

더 나아가 유사한 어구를 반복할 뿐만 아니라 대구구조를 함께 활용한다. 브랜드와 동일한 어구나 유사한 발음의 어구를 반복하면, 사람들이 자신도 모르게 해당 구절을 기억하거나 흥얼거려 상품명을 기억하게 된다. 이런 대구구조나 동일어구를 반복하여 성공한 우리나라 광고카피로는 다음과 같은것이 있다.

갈비살이 잘근잘근. 찹쌀이 쫄깃쫄깃. 「갈비경단」
더 깊숙하게, 더 편안하게. 「PHILIPS」
그냥 뚜껑이 아닙니다. 그냥 유리가 아닙니다. 「파이렉스」
투명한 멋, 깨끗한 맛. 「파카글라스」
급할수록, 귀할수록. 「DHL」
척하면 삼천리, 책하면 예스24. 「예스24」
화이트 크리스마스, 하이트 크리스마스. 「하이트 맥주」

중국에도 이런 대구기법과 동음표현을 잘 활용하여 성공한 광고카피들이 많이 있다. 중국이야 말로 고대부터 시뿐만 아니라 산문, 공문서까지도 운율을 맞추려 했고, 해음자^{諧音字}까지도 고려했던 압운^{rhyme}의 원조이다. 그러므로 예술적 효과와 홍보 효과를 동시에 고려해야 하는 광고카피에서 이런 대구기법과 동음표현 활용은 너무나 자연스러운 기법이다.

그 중 가장 많이 쓰이는 것은 상품명과 발음이 유사한 단어들을 사용하여 대구를 형성한 광고문이다. 유사한 발음이 반복되므로 상품명을 쉽게 기억하게 되어 홍보효과가 뛰어나다. 예를 들면 '百服宁, 保护您^{바이푸닝은 당신을 지켜줍니다}'는 감기약 광고로 '百服宁^{Bufferin}'이란 상품명과 '保护您^{당신을 보호합니다}'라는 의미가 서로 연관되면 서도, 발음이 'bǎi fú níng, bǎo hù nín'으로 매우 유사하여 상품 브랜드를 알리는 효과가 탁월하다. 그 외에도 다음과 같은 광고들이 모두 발음이 유사한 단어를 사용하면서도 대구를 잘 활용하여 성공한 카피들이다.

看 着 光,　　　感 觉 爽。
kàn zhe guāng,　　gǎn jué shuǎng

보기에 깨끗하게, 느낌은 상쾌하게.(면도기 광고)

慈 母 心,　　　豆 腐 心。
cí mǔ xīn,　　dòu fǔ xīn

엄마의 마음, 두부의 마음.(두부광고)

또 같은 단어를 반복 사용하면서 대구를 형성하여 저절로 머리에 남게 만든 광고문이 많이 사용된다. 예를 들면 '不一样的公司，不一样的汽车。남다른 회사, 남다른 자동차'는 '不一样的'라는 단어를 반복하면서 쉽고 간단한 대구를 이루어, 한 번 들으면 쉽게 기억된다. 또 '非常可乐，非常选择。특별한 콜라(=즐거움), 특별한 선택'은 '非常'이 매우라는 뜻을 가진 부사이면서 상품명이기도 하고, 또 '可乐'는 즐겁다라는 뜻과 콜라라는 뜻을 가지고 있다. 이 광고는 '非常可乐'가 브랜드이면서도 '매우 즐겁다'라는 의미를 가지고 있는 단어임을 이용하여, 인상적인 광고카피를 만들었다.

또 우리의 시선을 붙잡는 재미있는 광고기법으로, 동일한 문형의 긍정문과 부정문을 대조시켜 대구를 만든 광고문이 있는데, 이런 광고문 역시 절묘한 반복의 효과가 있다. 예를 들면 '只溶在口，不溶在手。입에서만 녹아요, 손에서는 녹지 않아요.'란 한 초콜릿 광고문이 대표적이다. '긍정문+부정문' 구조로 되어있지만, 유사한 문형과 'kǒu'와 'shǒu'로 끝나는 동일한 운율의 중복으로 리듬감이 생겨 저절로 입에서 따라하게 된다. 또 '不同的酷，相同的裤。서로 다른 Cool, 서로 같은 청바지.' 역시 '긍정문+부정문' 대칭구조이면서 끝에 글자酷,

酷는 다르지만 'kù'라는 동일한 발음을 반복 사용하여 상품을 저절로 기억하게 하는 광고문이다. 그 밖에 '只有坐车之趣，没有驾车之累。차를 타는 즐거움만 남고, 차를 모는 피로는 사라진다.' 역시 한 버스여행사 광고문인데, 긍정문과 부정문을 대칭시켜 반복의 효과를 보여주었다.

그 밖에 글자 수와 문장구조가 동일한 절묘한 대구를 만들어, 기발한 내용으로 성공을 이룬 광고문도 많이 있다. 예를 들면 '一人吃，两人补 한 사람이 먹으면 두 사람이 건강해져요.'라는 임산부영양제 광고나, '小而美，小而冷，小而省 작고 예쁩니다. 작고 시원합니다. 작고 경제적입니다.'라는 에 어컨 광고가 가장 대표적이다. 이런 광고문은 쉽고 간단한 문장을 대칭시켜 반복시킴으로써, 짧은 순간에 사람들의 눈과 귀를 붙잡고 상품정보를 머릿속 깊이 각인시킨다.

제4장

형상적
중국어

'중국어⋯⋯'라 하면 우리는 무엇을 떠올리게 될까?

중국이라는 나라의 위상이 날이 갈수록 높아지고 있으니 중국어는 21세기에 가장 필요한 언어가 될 것이다. 중국인이 지구상에서 25%는 되니 아마도 가장 많은 사람들이 사용하는 언어일 것이다. 중국어를 접하는 초기단계에서 보면 영어보다는 쉽다고 느껴진다⋯⋯등등의 이유로 많은 사람들이 중국어에 접근하고 있다. 그러나 시간이 갈수록 많은 사람들이 중국어는 접할수록 만만하지 않다고 느끼게 되며 호락호락하지 않은 중국어에 기가 질리게 되기도 한다.

중국어에 좀 쉽게 다가갈 방법은 없을까? 중국어를 총체적으로 이해할 방법은 없을까?

그렇다면, 언어란 무엇인지 먼저 생각해보자.

'나는 생각한다, 그러므로 나는 존재한다.'라는 데카르트의 명언처럼 인간은 존재하는 한 사고하고 이 사고는 언어를 통해 표출한다. 언어는 사회 구성원 사이의 의사소통과 사고를 가능케하는 도구이자 한 사회를 반영하는 거울이다. 그러므로 흔히 '언어가 서로 다르다'라는 말의 의미는 단순히 사물을 표시하는 기호가 서로 다르다는 뜻만이 아니라 사물을 바라보는 관점, 즉 '언어적 세계관'이 다르다는 뜻이다. 사물을 인식하는 방식은 사람마다 민족마다 일치하는 것은 아니다. 서로 다른 환경, 생활방식에 처하면 서로 다른 문화를 갖게 되며 이에 따라 서로 다른 가치관과 세계관을 갖게 된다. 이렇듯 언어는 한 사람의 사고방식, 더나아가서는 삶을 인식하는 세계관까지 담고 있으므로 하나의 언어를 학습하기 위해서는 그 언어를 사용하는 사람들의 사유방식과 문화를 함께 이해하여야만 한다.

서로 유사한 외모를 지녀 거부감이 상대적으로 덜 느껴지는 중국인! 그러나 중국어를 배울수록 중국문화를 알게 될수록 의외라고 느끼게 하는 이질성을 발견하면서 놀라게 된다. 중국인은 도대체 어떻게 사고하고 어떻게 살아가는지 궁금하지 않을 수 없다.

중국 사람들은 전체를 하나로 아우르는 사고를 하며 자연, 인간, 역사가 혼연일체가 되어 함께 흐른다고 본다. 전체를 이루고 있는 개체 하나하나가 또 작은 전체라고 인식하여 자연과 인간은 둘이면서 하나가 되어 생명 전체는 더욱 서로 융화하고 교섭할 수 있다고 여긴다. 균형적이고 조화로운 자연 속에서 인간은 순응하고 섭리에 따라 살아가야 한다고 생각한다.

중국문화의 상징 중 하나는 '태극도'인데 이는 양극으로 구성된 원 안에서 서로 상호작용하는 것을 의미한다. 인간은 혼자 살아가는 것이 아니라 상호 작용 하에 서로 의지하며 더불어 살아가는 존재다. 중국인에게 혈연관계는 매우 중요한데 이는 혈연관계만이 가장 가깝고, 결속력이 강하며, 믿을 만 하여 마음 놓고 의지할 수 있기 때문이다. 혈연관계는 한계가 있으므로 중국인은 줄곧 의형제를 맺어 타인과 단단한 관계를 만들기도 한다. 가족에서 사회로 그리고 국가로 자신이 속한 단체에 의지하여 세상을 살아간다.

'好死不如癩活着^{개똥밭에 굴러도 이승이 좋다}'라는 말처럼 중국인에게 가장 중요한 것은 생명이다. '柴米油盐^{땔감, 쌀, 기름, 소금}'이 일상생활필수품이라는 말로 사용되고 있는 것에서도 먹고 사는 일이 얼마나 중요한가를 알 수 있다. 이렇듯 생명을 중시하는 중국인이 살아나가기 위해서는 그들이 속해 있는 단체를 벗어나서는 안 된다. '人怕出名, 猪怕 壯 _{사람은 유명해지는 것을 두려워하고 돼지는 건장해지는 것을 두려워한다}'이라고 했다.

즉, 모난 돌이 정 맞는다고 자신이 속해 있는 무리와 다르거나 혼자만 튀게 되면 체면이 손상될 수 있고 그렇게 되면 손해를 보는 것이라 여겨 중국인은 단체에 영합하고 대세를 따르는 것을 우선으로 한다.

중국인의 특징은 언어에도 고스란히 반영되어 사물을 있는 그대로 인식하여 보고 느낀 대로 묘사하여 표현한다. 자신의 견해를 논리적으로 밝히다가 혹여 군중과 다르거나 혼자 튀면 이는 단체에서 이탈되는 것이고 바로 실리를 잃거나 살아나가기가 불편해지거나 심지어 생명의 위협을 받을 수도 있다. 그러므로 누구에게나 인정받을 수 있도록 하기 위해서는 사물을 보고 그대로 묘사하는 것만큼 안전한 방법은 없다. 중국인은 주위의 사물을 들어 이치를 설명함으로써 모두의 동의를 얻어 튀지 않으려는 화법을 사용한다. 즉, 중국어의 많은 부분은 직관성을 띄고 있어서 단어를 보면 그 의미를 유추할 수 있기도 하다.

중국인은 서양인들이 논리적 유추로 사물을 인식하는 것과 달리 사물을 또 다른 사물에 비유하여 인식한다. 즉, 비유를 통해 자신의 견해가 혼자의 논리가 아니며 누구나 동의할 수 있는 타당성을 지니고 있음을 강조한다.

이러한 화법은 체면을 손상할 가능성이 희박하고 혼자만이 튀는 일을 피할 수 있다. 여기에서 그치지 않고 비유에서 더 나아가 또 다른 의미로 파생되어 다양한 함의를 표현함으로써 의미 확대의 무궁한 가능성을 내포하고 있어, 인간의 상상력과 창의력을 마음껏 동반하게 한다. 그 속의 의미를 말로 콕 집어 설명하지 않아도 모두 고개를 끄덕거리면서 공감대를 형성할 수 있다. 여기에는 모두가 함께 인식하고 공감하는 문화적 배경을 공유함을 전제로 한다. 만약 누군가 콕 집어 설명하거나 설명을 요구하면 이내 대화분위기에 찬물을 끼얹은 꼴이 되어 우스워지고 재미없어진다.

중국어 문장, 특히 고대의 중국어 문장은 여러 의미로 해석되는 것이 대부분이다. 하나의 문장이 하나의 의미만을 가지고 있는 것이 아니고 여러 의미를 내포하고 있으니, 풍부한 함축미를 내포하고 있는 표현에 대해 설혹 청자들의 유추 해석이 화자와 다르거나 청자들 서로가 다르다 하더라도, 입 밖으로 내지 않음으로 혼자만 튀어 체면을 손상시키지 않을 수 있다. 상상은 자유라 하지 않는가! 중국어를 열심히 하면 우리에게 이 시대가 요구하는 창의력 개발에 도움을 줄 수도 있을 것 같다. 그러나 상상력과 조금 거리를 유지하는 일부 사람들에게는 중국어가 고문拷問이라 느껴질 수도 있을 것이다.

중국 사람들은 혼자서 움직이기보다는 단체 속에서 튀지 않게 앞서지도 뒤처지지도 않게 가려고 하는 속성이 있다. 앞서면 위험하고 뒤처지면 멸시를 받게 된다. 혼자만 두드러진다는 것은 단체에서 이탈되는 것을 의미하고 외톨이가 되면 기이하게 여겨져 적대감을 갖게 한다. 단체와 동떨어지면 크게는 생명에 작게는 실리에 손상을 가져온다고 여긴다. 체면을 중시하는 중국인은 누구에게나 인정받는 것이 중요하다. 남들 앞에서 우스워지지 않으면서도 무리 속에서 튀지 않음으로써 단체에서 이탈되지 않고

대중의 공감까지 얻어내려는 특징은 말을 할 때도 그대로 반영되어 나타난다. 자신의 견해를 논리적으로 피력하기보다는 사물을 있는 그대로 구체적으로 묘사하면서 자신의 말의 신빙성을 제시하려는 중국인의 특징에서 우리는 사물로 비유하여 설명하는 화법이 발달할 수밖에 없음을 짐작할 수 있다.

중국어를 사용하는 중국인과 중국문화의 특징을 파악한다면 중국어의 실체에 접근할 수 있겠다는 기대감 속에서 발견한 것 중 하나가 바로 직관, 구체, 비유, 연상이라는 특징을 지니고 있는 중국어의 형상성이다.

2008년 베이징 하계올림픽은 8월 8일 8시에 개막되었고, 중국 국영방송인 CCTV의 건물은 '八^{팔}'를 형상화한 모습이다. 중국인의 八을 선호하는 마음은 무형으로 유형으로 드러나 있다. 이렇듯 중국의 곳곳에서 우리는 중국인의 사유방식과 중국문화가 어우러져 나타난 형상성을 엿볼 수 있다.

중국 국영방송 CCTV

1. 보면 보인다

중국어는 한자 고유의 특징을 활용한 재미있는 글이 많이 있다. 모든 문장을 '艹' 등과 같이 특정 부수가 들어간 문자로만 구성한다거나, 동음자同音字가 많은 한자의 특성을 이용하여 같은 발음으로 문장이 이루어지게 하기도 하는데 예를 들면, '施氏食獅史시씨식사사'라는 글은 모두 'shi'라는 발음으로 구성되어 있다. 무엇을 말하는지 형상을 그려 보자.

Shí shì shī shì Shī shì, shì shī, shì shí shí shī. Shī shì shíshí shì shì shì shī.
Shí shí, shì shí shī shì shì. Shì shí, shì Shī shì shì shì. Shī shì shì shí shī,
shì shī shì, shì shì shí shī shìshì. Shì shí shì shí shī shì, shì shì shì. Shí shì
shī, shì shì shì shì shí shì. Shí shì shì, shì shǐ shì shí shì shí shī. Shí shí,
shì shí shì shí shī, shí shì shí shī shī.

발음만을 들어서는 무엇을 말하는 것인지 알기가 힘들다. 위의 글을 이해하기 편한 구어체로 풀어보면 다음의 내용이다.

有一位姓施的诗人, 他的名号叫石室诗士。他特别嗜好狮子, 发誓要吃十头狮子 姓施的常常到集市里看狮子 十点钟, 刚好十头狮子来到集市。这时, 刚好姓施的也来到集市。姓施的看这十头狮子, 仗着箭的力量, 使这十头狮子死了。姓施的收拾这十头狮子, 到石头做的屋子。石头做的屋子很潮湿, 姓施的命令侍者擦拭石头做的屋子。石头做的屋子擦好了, 姓施的开始尝试吃这十头狮子。吃的时候, 才知道这十头狮子, 实际上是十座石头做的狮子的尸体。

('석실시사'라고 불리는 시 씨라는 한 시인이 있었는데 그는 특히 사자를 좋아해서 열 마리의 사자를 먹어치우겠다고 맹세하였다. 시 씨는 종종 시장에 나가서 사자를 찾아보았다. 열 시에 마침 사자 열 마리가 시장에 나왔고 시 씨도 시장에 나왔다. 시 씨는 이 사자 열 마리를 보자 화살로 사자들을 쏴 죽였다. 시 씨는 이 사자 열 마리를 돌집으로 가져 왔다. 돌집이 습하여 서 씨는 시종에게 돌집을 닦도록 했다. 집을 다 닦고 서 씨가 이 열 마리 사자를 먹어치우려 할 때에서야 이 사자 열 마리가 사실은 돌로 만든 사자임을 알게 됐다.)

원문이 무엇이었는지 상상해보자... 'shi'자의 연속인 난해한 문장의 원문은 이러하다.

石室诗士施氏, 嗜狮, 誓食十狮。施氏时时适市视狮。十时, 适十狮适市。是时, 适施氏适市。施氏视十狮, 恃矢势, 使是十狮逝世。氏拾是十狮尸, 适石室。石室湿, 氏使侍拭石室。石室拭, 氏始试食是十狮。食时, 始识是十狮, 实十石狮尸。

들어서는 이해하기 힘든 문장을 글로써 직접 눈으로 보면 의미가 훨씬 쉽게 다가옴을 알 수 있다. 이는 바로 한자가 뜻을 보여주는 문자이기 때문이며 중국어의 형상성은 바로 이 한자에서 시작되는 것이라 볼 수 있다.   사람들은 대부분 손과 발을 사용하여 사물에 어떠한 행위를 함으로써 변화를 가져오게 한다. 위의 문장에서의 '拭'는 '닦다'라는 의미인데 현대중국어에서는 '擦'를 주로 사용하여 '拭'의 의미를 잘 모를 수도 있다. 이와 같이 처음 보는 글자는 구성된 성분을 통해 의미를 유추할 수 있는데 여기에 'ㅜ'자 즉 '손수' 변을 사용하였으니 이는 손동작과 관련 있음을 짐작할 수 있다. 이것이 바로 표의문자인 한자의 특징이자 중국어의 묘미라 하겠다.

중국에서도 한동안은 복잡한 한자가 아닌 서구 언어와 같은 표음문자를 사용하자고 주장한 사람들이 있어 한어병음이 중국어의 문자체계가 될 뻔한 적도 있었다. 그러나 한자는 많고 발음은 유한하여 동음어가 유난히 많은 중국어를 한어병음만으로 표기하는 것은 오히려 더 많은 문제를 야기할 것이라는 공감 하에 때로는 우리를 힘들게 만드는 한자는 생명력을 계속 유지하게 되어 중국어의 문자 체계를 이루며 중국어의 형상성이라는 특징을 제대로 살려주고 있다. 기왕 중국어를 정복하기로 했다면 한자의 특성을 확실하게 이해하고 중국어의 형상성을 충분히 감지하면서 좀 더 재미있게 중국어와 함께 한다면 이보다 더 좋을 수는 없지 않겠는가! 자 그럼, 이제부터 중국어의 형상성을 하나하나 찾아가 보자.

1) 문자의 변화

중국인들은 사물의 속성을 종합적으로 드러내어 전체적으로 파악하려는 의식이 강한데 이러한 특징은 중국화에서도 나타난다. 구체적 사물을 정밀하게 그린 정물화가 발달하기 보다는, 산수 전체를 화폭에 담는 대산수화가 발달했으며 초상화를 그릴 때 전통적으로

왕유王維의 「설계도雪溪图」

눈과 코, 입 등 구체적인 유사성보다는 이미지라는 종합적 유사성을 더욱 중시한 것에서 전체 상황을 중시하는 중국인의 의식구조를 엿볼 수 있다.

중국어를 처음 접하면서 우리는 '한자'라는 어려움에 잠시 주춤하게 된다. 한국어, 영어, 일본어, 프랑스어, 독일어, 스페인어... 우리가 잘 아는 대부분의 언어는 표음문자이다. 모국어인 한글은 물론 영어도 자음과 모음을 배우고 나면 의미는 이해하지 못 한다 하더라도 자모의 발음은 읽을 수가 있다. 그러나 중국어의 문자인 한자는 표의문자라 글자를 보고 바로 음을 알 수가 없다는 난점이 있다. 한 자 한 자 인내심을 가지고 외워나가야 비로소 글자를, 문장을 소리로 읽어낼 수가 있다.

인류의 문자는 대체로 상형문자에서 시작하여, 알파벳과 같은 부호를 사용하는 표음문자로 발전해갔지만, 중국인은 지금까지 상형문자를 계승하여 사용하고 있다. 이는 아마도 정보를 이미지와 함께 한꺼번에 전달할 수 있는 특징을 가지고 있는 상형문자인 한자가 수천 년 동안 중국인들의 감정과 사상을 표현하는 데는 적합했기 때문일 것이다.

갑골문甲骨文

현존하는 가장 오래된 한자인 '갑골문'에는 대략 4,000여 자의 한자가 있는데 이 글자들은 '𝆑人', '☴日', '🌙月', '🔲日', '🔥水', '🔥火', '⛰山', '🐟魚', '🌱艸', '🐏羊'등 처럼 대부분 사물의 실제 모습을 형상화하는 것에서 비롯된다. 그러므로 중국어의 문자인 한자를 소리로 읽어내기 위해서는 어느 정도의 수고를 아끼지 말아야 한다는 어려움은 있지만 그에 상응하여 표의문자 속에서 의미를 눈으로 읽어낼 수 있는 이점이 있다는 것도 사실이다.

2008년 중국 베이징에서 개최된 제29회 하계올림픽의 엠블럼은 한자의 형상미를 매우 잘 이용하였다.

중국의 도장문양과 서법예술을 잘 융화시켜 춤추는 사람의 형상을 한 '人'과 '인문人文'올림픽을 지향한다는 의미의 '文'이 조화를 이루어 베이징北京의 '京'자를 보여주고 있다. 한자의 형상미를 잘 활용하여 엠블럼의 공식 명칭인 '舞动的北京춤추는 베이징'을 글자의 모습과 의미에서 그대로 느끼게 해주고 있다.

각 경기종목의 픽토그램 역시 한자의 전서체를 기본으로 중국 고대의 갑골문과 금문 등의 상형문자를 이용하여 사람의 형상이 각각의 체육종목을 하고 있는 모습으로 어떤 종목인가 쉽게 알아볼 수가 있다.

🏃은 올림픽 경기의 기본인 육상 경기이며 🏃은 왼쪽 위의 표시로 철인 3종경기를 나타내고 〰〰은 아래의 물결무늬로 보

아 수영경기임을 알 수 있으며  은 기구의 특징으로 역도임을 알 수 있으며, 은 각각 양궁과 사격이고 두 사람이 겨루는 경기 종목의 특징을 묘사한 것으로 보아 앞은 레슬링 경기 이고 뒤는 유도경기임을 알 수 있다.

2) 부수로 보이는 중국어

중국인들은 자신의 이름을 말할 때 글자를 설명하는 방식의 하나는 글자를 구성하는 부수를 쪼개서 말하는 것으로 특히 성을 설명할 때이다. 예를 들면 성이 '张'이거나 '胡'면 좌우를 나누어 '弓长张, 古月胡'라 하고, 성이 '李'이거나 '吴'이거나 '章'이면 상하로 나누어 '木子李', '口天吴', '立早章'이라 한다. 성이 '黄'이면 부수를 이용하여 '草头黄'이라고 하고, 성이 '吕'이면 '口'가 두 개로 구성되어 있는 특징을 이용하여 '双口吕'라고 한다.

중국어를 잘 알기 위해서는 한자를 쉽게 다가갈 방법을 다양하게 고안해 내야할 필요성도 있다. 한자를 구성하고 있는 부수의 조합 속에서 글자의 의미를 유추할 수 있는데 우선 대표적인 부수로 그 의미를 살펴보자.

'扌'이 들어간 글자는 대부분 손동작과 관련이 있다.

提 들다	打 때리다	挟 끼다	推 밀다	拉 당기다
抓 잡다	扔 버리다	抽 뽑다	拧 비틀다	找 찾다
挂 걸다	抱 안다	拔 빼내다	指 가리키다	挡 막다
挪 옮기다	握 쥐다	揉 비비다	扣 채우다	招 손짓하다
拌 버무리다				

'足'이 들어간 글자는 발동작과 관련이 있을 것을 예측하고 그 의미를 유추한다.

踢 차다	跑 달리다	跳 뛰다	踩 짓밟다
踏 밟다	跋 땅에 질질 끌다	跟 따라가다	跌 넘어지다
趴 엎드리다	蹲 웅크리고 앉다	跪 무릎을 꿇다	

'忄'이 들어간 글자는 대부분 마음과 관련이 있다.

怀 품, 마음	恼 번민하다	惋 놀라 탄식하다	怪 이상하다
恨 증오하다	惜 소중히 여기다	怕 두려워하다	惧 두려워하다
惦 늘 생각하다	悟 각성하다	慕 사모하다	惆 실망하다
怅 실의에 빠지다			

'氵'이 들어간 글자는 대부분 물과 관련이 있다.

江 강	河 하천	池 못	浦 강어귀	洋 대양
浪 파도	泡 거품	渊 섬	津 나루, 침	汗 땀
汤 국	酒 술	淋 젖다	清 물이 맑다	涮 흔들어 씻다
波 물결	泪 눈물			

'灬 · 火'가 들어간 글자는 대부분 불과 관련이 있다.

煮 끓이다	蒸 찌다	煎 부치다	烹 삶다
熬 오래 삶다	熏 훈제하다	炸 튀기다	烤 불에 굽다
烙 밀전병을 굽다	熘 볶다	烧 끓이다, 굽다	炒 볶다
炖 고다	爆 데치다	烩 물과 전분을 넣어 만들다	
焖 뜸들이다	炮 데쳐서 무치다	煨 약한 불에 천천히 고다	
熘 끓는 기름에 볶아 반쯤 익히다			

인간이 짐승과 다른 점은 불을 사용한다는 것이 과연 으뜸이다. 인간이 불을 사용하여 음식을 익혀 먹음으로써 문명이 발달하게 된다. '火'가 들어가는 단어는 불과 관련되어 있어 대부분 음식을 조리하는 단어는 '火'변을 사용한다. 음식과 불가분의 관계를 가지고 있는 중국 그리고 중국문화! 다음 내용에서는 중국 음식에서 느낄 수 있는 형상성이 언어에 어떻게 반영되어 있는지 알아보도록 하자.

3) 어떤 음식일까?

다음은 중국 음식점에서의 대화이다. 도대체 어떤 음식을 주문하는지 보자.

服务员: 二位点什么?(두 분 뭐 드시겠어요?)
王中国: 今天我请客, 你随便点。先看一下菜单。
(오늘은 내가 낼게. 마음껏 시켜. 우선 메뉴를 좀 보고.)

복잡하고 난해한 중국의 메뉴판

金韩国 : ...

王中国 : 好, 那么我来点吧。(아, 그럼 내가 시킬게.)小姐来空心菜、香菇鸡片、干菜肉丝、砂锅豆腐、盐水鸭, 再来两碗米饭。(아가씨, 옹채, 표고버섯닭고기, 말린 야채돼지고기, 질그릇두부, 소금에 절인 오리, 그리고 밥 두 공기 주세요.)

金韩国 : ?...

중국요리를 시키려고 메뉴를 보면 참으로 다양하다. 본래가 종류도 많은데 그 이름도 지역에 따라 식당에 따라 매우 다양하게 표기되어 있으니 주문을 할 때마다 늘 서울구경 처음 온 촌사람처럼 메뉴판을 이리저리 들여다보며 고심을 많이 하게 한다.

한국음식은 웰빙 시대에 적합한 웰빙 음식이라고 많은 요리전문가가 말하지만, 중국과 음식은 불가분의 관계로 아직까지는 지구상의 음식 중에 제일로 중국음식을 꼽곤 한다. 중국에서 음식을 시키기 위해 메뉴를 보면 우리는 "공부 합시다."라며 메뉴판의 앞 뒷장을 넘기고 또 넘기곤 한다. 우리의 음식은 만드는 방법, 사용하는 재료가 지역마다 사람마다 다르다 하더라도 음식이름만큼은 비빔밥, 불고기, 김치 등과 같이 거의 천편일률적이나 중국음식은 같은 음식이라도 지역마다 음식점마다 각각 사용하는 재료, 모양, 조리방법 등에 따라 특색에 맞춰 음식이름이 각양각색이다.

'한국인은 매운맛을 좋아하며 김치를 먹는다'는 것은 중국인이 한국인의 음식습관에 대해 인식하고 있는 보편적 지식이다. 중국인이 중국음식을 잘 모르는 한국인을 만나 최대한 한국인의 입맛을 배려하고 싶은 마음에 시켜주는 음식 중의 하나가 '酸辣汤'이다. 모두 눈치를 챘듯이 이 음식은 시고 매운 맛의 탕인데, 중국인은 김치의 맛이 맵고 시다고 생각하기 때문이다. 한국 사람은 '酸辣汤'을 먹으며 "음~!"하며 중국인의 배려에 감사하나 사실 마음속에서 김치의 그 깊고 오묘한 맛과 다름에 참으로 난감함을 그들은 알지 못할 것이다. 김치의 맛을 그들이 어찌 알겠는가? 우리는 김치 맛을 '김치'라는 말 속에서는 느끼지를 못한다.

먹어봐야 느낄 수 있지만 말로 형용하기는 역시 쉽지가 않다. 대부분의 음식은 이름만으로 무엇인지 알기가 힘들어 음식명 아래 설명을 읽어봐야 무슨 재료로 어떻게 조리한 것인지 유추가 가능한 반면 중국 음식이름은 기초 상식을 동반한다면 어느 정도 연구(?)를 통해 유추가 가능하다. 우리의 비빔밥을 중국어로는 '什錦拌饭'이라 하여 '여러 가지 재료를 뒤섞어 버무린 밥'이라는 뜻이고, 불고기는 '烤肉'라 하여 '구운 고기'라는 뜻이며, 김치는 '泡菜'라 하여 '물에 담근 채소'라는 뜻이다. 음식 이름을 보고 음식 모양이나 특징을 어느 정도 상상할 수 있다.

우선, 중국음식이름으로 어떤 음식인지 알아내기 위한 기초 상식을 배워 보자. 중국음식이름에는 재료, 조리방법, 용기 등의 이름이 사용된다. 중국음식에 들어가는 기본적인 양념과 재료를 보면 '油^{기름}', '盐^{소금}', '酱^{간장}', '醋^{식초}', '糖^{설탕}', '酒^술', '葱^파', '姜^{생강}', '蒜^{마늘}', '鸡^닭', '猪^{돼지}', '牛肉^{소고기}', '鱼^{생선}', '虾^{새우}', '蛋^{오리알, 계란}', '豆腐^{두부}', '菇^{버섯}' 등 많이 있다.

불과 칼의 사용은 요리를 만드는데 있어서 가장 기본이 되는 요소인데 중국음식의 불과 관련된 조리법으로는 '煮^{삶다}', '蒸^{찌다}', '煎^{부치다}', '烹^{뜨거운 기름으로 볶다}', '炸^{튀기다}', '烤^{굽다}', '炒^{볶다}', '烧^{기름에 튀긴 후 국물을 넣고 볶거나 고다}', '熬^{양념을 넣고 오래 삶다}', '熏^{훈제하다}', '煲^{속이 깊은 솥에 넣고 오래 고다}', '涮^{끓는 물에 한번 데친 후 소스에 찍어 먹다}', '拌^{여러 재료를 함께 섞어 버무리다}', '滑^{고기나 생선을 썰어서 녹말가루와 잘 섞어 기름에 볶다}' 등이 있으며 칼의 쓰임을 보면 '丝^{채썰기}', '片^{나박썰기. 납작썰기. 반달썰기}', '丁^{깍뚝썰기}', '块^{덩어리썰기}', '条^{막대썰기}', '段^{토막썰기}' 등이 사용된다. 음식을 담거나 만들 때 사용하는 용기를 이름에 넣기도 하는데 '砂锅^{질그릇}', '火锅^{신선로}' 등이 있다.

尖椒炒鸡蛋

白菜佛手卷

韭菜炒蛋

蒜苗炒鱿鱼

蚂蚁上树

香菇西兰花

맛을 나타내는 말로는 '麻^{아리다}', '辣^{맵다}', '酸^{시다}', '酥^{바삭바삭하다}', '咸^{짜다}', '臭^{구리다}' 등이 있다. 중국음식은 특이한 향이 있어 처음 접하거나 비위가 약한 사람은 먹기 힘들어 하기도 하는데 대부분은 좀 먹으면 중국음식이 왜 최고라 칭하는지 알게 된다. 오랜 세월이 지나야 적응되는 좀 고약한 재료로는 '香菜^{고수}'가 있는데 처음에는 눈에 보이지 않을 만큼만 들어있어도 음식 자체를 아예 못 먹곤 하지만 그 것의 참맛을 알게 되면 듬뿍 넣어먹어야 개운함을 느끼게 된다. 외국인이 한국의 된장이나 청국장 냄새에 기겁하듯 중국음식에서 향으로 범접하길 꺼리게 만드는 '臭豆腐^{발효시킨 냄새 고약한 두부}'라는 것은 입에 들어가면 고소함을 느끼게 되니 참 묘하다.

계절마다 신선한 야채가 다르므로 중국에서 야채요리를 주문할 때는 어떤 야채가 좋으냐고 묻곤 하는데 그 중 재미있는 것은 '空心菜^{옹채}'로 이름처럼 줄기 가운데가 텅 비어 있다. 콩도 모양에 따라 넓적하게 생겨서 '扁豆^{제비콩}', 콩깍지에 털이 많아 '毛豆^{풋콩}', 칼처럼 생겨서 '刀豆^{칼콩}'라고 부르고, 박 종류에는 '南瓜^{호박}', '东瓜^{동과}'도 있으나 맛이 써서 '苦瓜^{여주}', 모양이 실처럼 길쭉하게 생겨서 '丝瓜^{수세미}……' 콩나물은 뭐라 하지? 콩에 싹이 났으니 오, '豆芽^{콩나물}'라 한다.

재료, 조리법, 맛, 용기, 색깔, 모양이 음식이름에 다양하게 섞여있고 때로는 음식을 만든 사람이름이나 그 음식이 유명한 지명이 이름에 들어가 있기도 하니 머릿속으로 하나씩 퍼즐 맞히듯이 음식을 상상해 볼 수 있다. 다음은 자주 보는 중국요리 이름이다.

醉　　虾 – 백주에 담근 산 새우

蒜泥黄瓜 – 으깬 마늘로 버무린 오이

脆皮豆腐 – 바삭바삭한 껍질의 두부

麻辣豆腐 – 아리고 매운 두부

麻婆豆腐 – 마파 두부

砂锅豆腐 – 질그릇 냄비에 담겨 나오는 두부

红白豆腐 – 돼지 선지와 두부

翡翠白玉 – 시금치와 두부 볶음

红 烧 鱼 – 간장 소스로 달콤하고 윤이 나게 익힌 생선

糖 醋 鱼 – 새콤 달콤한 생선

北京烤鸭 – 북경오리구이

盐 水 鸭 – 소금물에 담근 오리

香 酥 鸡 – 향기롭고 바삭한 닭고기

香菇鸡片 – 표고버섯과 납작납작한 모양의 닭고기

冬瓜肉片 – 동과와 납작납작한 모양의 돼지고기

干菜肉丝 – 말린 야채와 실 모양처럼 가늘고 길쭉하게 썬 돼지고기

鱼香肉丝 – 어향맛의 실 모양처럼 가늘고 길쭉하게 썬 돼지고기

雪菜肉丝 – 갓과 실 모양처럼 가늘고 길쭉하게 썬 돼지고기

宫保肉丁 – 궁바오의 깍둑썰기한 돼지고기

虎 皮 肉 – 호랑이 가죽 모양의 돼지고기

东 坡 肉 – 동파육

小 笼 包 – 대나무 통에서 찐 만두

麻　　球 – 참깨가 붙어 있는 찹쌀도넛

竹笋香菇汤 – 죽순 표고버섯탕

酸辣冬瓜汤 – 시고 매운 동아탕

狗不理包子 – 거우뿌리 만두

음식 뿐 아니라 여러 물건의 모습도 중국어에서는 유추가 가능하다. '心里美'는 마음이 아름답다하여 속이 빨간 무를 가리키는 말이고, '櫻桃番茄'는 방울토마토인데 품종의 이름을 따서 '圣女果'라고도 한다. '蜂糕'은 스펀지케이크 인데 벌집처럼 구멍이 많다는 것에서 명명한 것이며, '糖耳朵'는 밀가루에 당밀을 첨가하여 튀긴 과자인데 귀 모양으로 생겨서 지어진 이름이며, '辫子面包'는 땋은 머리처럼 생겨서 지어진 이름이며, '高脚杯'는 높은 다리, 즉 긴다리 모양은 잔이라는 뜻으로 와인잔을 가리키는 말이다. '龙须面'은 실처럼 가는 국수이며, '鸳鸯冰棍'은 쌍을 이룬 아이스케이크이다.

'我国传统节日, 在农历＿＿月＿＿日, 这一天有赏月, 吃月饼的风俗。중국의 전통 명절인 음력 몇 월 몇 일은 달을 감상하고 월병을 먹는 풍습이 있다.' 이 문장의 괄호에 들어갈 날짜는 '八'와 '十五'임을 '赏月달을 감상하다', '吃月饼월병을 먹다'라는 말에서 우리는 금방 눈치 챌 수 있다. '月饼월병'은 보름달처럼 동그랗게 생긴 것에서 지은 이름으로 보름달을 보며 월병을 먹는 명절, 바로 중추절의 날짜이다.

4) 한 눈에 보이는 시간과 날씨

농업을 위주로 살아온 중국민족은 농사과정의 계절과 기후변화의 규칙을 근거로 일 년을 24절기로 나누었다. 일 년을 12개월로 나누어 1월, 2월, 3월…10월, 11월, 12월이라고 명명한 것은 사람들이 정하여 사용하는 시간의 분류방식으로 단지 순서를 알 수 있을 뿐이지 매 시기의 특징을 알 수 있지는 않다. 1월은

한국이나 중국은 추운 계절이 되고 7월은 더운 계절이지만 남반
구에 위치한 뉴질랜드나 호주 같은 나라는 반대로 1월은 더운 계
절이고 7월은 추운 계절이 된다. 이와 달리 24절기는 시간의 흐
름과 함께 매 시기의 날씨변화와 만물의 변화를 이름에서 그대
로 설명하고 있어서 우리가 살아가는 자연의 변화를 한 눈에 알
수가 있다.

'立春^{입춘}'은 봄의 시작으로 2월 3일~5일 경이다. '雨水^{우수}'는
비가 내리기 시작하는 시기로 2월 18일~20일 경이다. 이때부터
강우량이 점점 많아진다. '惊蛰^{경칩}'의 '蛰'는 '깊이 숨는다'는 뜻으
로 동물이 겨울잠에 들어서는 것을 중국어로 '入蛰'라 한다. 동면
하여 칩거하던 동물이 다음해 봄에 깨어나서 나와 활동하는데 옛
사람들은 봄날 우레 소리에 놀라서 깨어나는 것이라 생각하여 '惊
蛰'이라고 한 것이다. 3월 5일~7일 경으로 이때부터 천둥소리를
들을 수 있다. '春分^{춘분}'은 봄을 둘로 나눈다하여 지어진 이름으로
고대에는 '日夜分'이라고 했다. 이 시기는 낮이 길어져 낮과 밤

봄의 절기

立春^{입춘}   雨水^{우수}   惊蛰^{경칩}

春分^{춘분}   清明^{청명}   谷雨^{곡우}

의 길이가 같아진다. 3월 20일~22일 경이다. '淸明청명'때 부터는 날씨가 맑고 따뜻하여 초목이 푸르러지기 시작하여 겨우 내내 황량하고 차가운 모습이 생기 있는 풍경으로 변화하는 시기로 4월 4일~6일 경이다. '谷雨곡우'때부터는 강우량이 현저히 증가한다. 빗물이 곡물이 자라도록 한다하여 옛사람들은 '雨生百谷비가 오곡을 만들어낸다'라고도 하는데 4월 19일~21일 경이다.

'立夏입하'는 여름의 시작이고 봄의 끝으로 시기는 5월 5일~7일 경이다. '小滿소만'은 여름이 무르익어가기 시작하여 농작물의 씨앗이 자라기 시작하는 것에서 지어진 이름으로 5월 20일~22일 경이다. '芒種망종'보리나 밀과 같은 농작물이 익어서 베어 수확할 수 있는 시기로 6월 5일~7일 경이다. '夏至하지'는 무더운 여름이 다가오는 시기로 6월 21일~22일 경이다. 하지는 낮이 가장 길어서 옛사람들은 '日長至'라고도 했다. '小暑소서'의 '暑'는 '무덥다'는 뜻으로 이때부터 무더위가 시작된다. 시기는 7월 6일~8일 경이다.

여름의 절기

立夏입하 · 小滿소만 · 芒種망종

夏至하지 · 小暑소서 · 大暑대서

'大暑^{대서}'는 일 년 중 가장 무더운 때로 7월 22일~24일 경이다.

'立秋^{입추}'는 가을이 시작되고 여름이 끝나는 시기로 8월 7일~9일 경이다. '處暑^{처서}'의 '處'는 '멈추다, 숨다'라는 뜻으로 처서는 무더운 여름이 곧 끝나는 시기로 8월 22일~24일 경이다. '白露^{백로}'에는 밤에 기온이 내려가 이슬이 점점 많이 맺혀 완연한 가을의 기운을 드러내 보여주는 시기로 9월 7일~9일 경이다. '秋分^{추분}'은 낮과 밤의 길이가 같다. 고대에는 이로 인해 '日夜分'이라고도 하고 입추와 입동 사이에 있다하여 '秋分'이라고도 했다. 9월 22일~24일 경이다. '寒露^{한로}'는 기온이 내려가 이슬이 더욱 많아지며 점점 추워지는 시기라는 것에서 이름 지어진 것이다. 10월 8일~9일 경이다. '霜降^{상강}'은 날씨가 점점 추워지면서 서리가 내린다. 10월 23일~24일 경이다.

'立秋^{입동}'은 겨울의 시작이자 가을의 끝인 시기로 11월 7일~8일 경이다. '小雪^{소설}'에는 날씨가 추워지고 눈이 내리기 시작한다.

가을의 절기

立秋^{입추}　　　　處暑^{처서}　　　　白露^{백로}

秋分^{추분}　　　　寒露^{한로}　　　　霜降^{상강}

시기는 11월 22일~23일 경이다. '大雪^{대설}'때는 눈이 많이 내리고 땅에 눈이 쌓이는데 12월 6일~8일 경이다. '冬至^{동지}'는 일 년 중 추운 계절인 겨울이 되었다는 의미에서 지어진 이름으로 12월 21일~23일 경이다. '小寒^{소한}'의 '寒'은 '춥다'는 뜻으로 이때부터 가장 추운 계절이 시작된다. 시기는 1월 5일~7일 경이다. '大寒^{대한}'은 일 년 중 가장 추운 시기로 1월 20일~22일 경이다.

시대가 달라지면 많은 것이 달라진다. 세상의 모든 것은 변하는데 이렇게 변한다는 사실 만큼은 불변이라 하지 않았던가! 못 살고 못 먹던 시대에는 너무 마른 것은 없는 것을 상징하여 그다지 선호하지 않았는데 지금 웰빙시대는 건강을 강조하며 오히려 마른 것을 선호한다. 미인의 기준도 달라지니 아마 "이 시대는 나의 시대가 아니야!"라며 시대를 잘 못 만난 것을 안타까워하는 사람도 있겠다.

겨울의 절기

立冬^{입동}　　　　小雪^{소설}　　　　大雪^{대설}

冬至^{동지}　　　　小寒^{소한}　　　　大寒^{대한}

5) 중국 미인은 어떻게 생겼어?

중세의 그림 속의 여인들을 보면 풍만함을 뽐내
고 있다. 그러나 현대로 가까워지면서 점점 말라가고
있는 것을 그림을 통해서도 알 수 있다. 얼마 전 '미
녀는 괴로워'라는 영화에서 뚱뚱녀가 외모로 실력을
드러내지 못하다가 성형이라는 극단적인 수단을 사
용하여 날씬녀로 다시 태어나 사회적 성공을 거두는
에피소드를 보여주기도 했다.

'서시西施', '왕소군王昭君', '초선貂蟬', '양귀비楊貴妃'는
중국의 4대 미인이다. '서시西施'는 물고기가 그녀의
아름다움을 쳐다보다 강물을 헤엄치는 것을 잊어서
물속으로 가라앉았다하여 '沉魚침어'라는 말로 형용하
고, '왕소군王昭君'은 이국땅으로 혼인하러 가며 말위에
앉아 금琴을 타며 슬픔을 달래는데 기러기가 아름다
움 소리에 끌려 날아왔다가 그녀의 아름다움에 넋을 잃어 날갯짓
하는 것을 잊어서 떨어졌다하여 '落雁낙안'이라 형용하고, '초선貂
蟬'은 그녀의 아름다움을 달과 비교하니 달이 부끄러워 구름속으
로 숨었다하여 '闭月폐월'이라는 말로 형용하고, '양귀비楊貴妃'는 활
짝 핀 꽃을 바라보며 자신은 언제나 꽃처럼 활짝 필 수 있을까 생
각하며 꽃을 만지니 그녀의 아름다움에 꽃이 움츠러들었다는 이야
기에서 그녀의 아름다움을 '羞花수화'라 형용한다.

양귀비는 그중에서도 늘 회자되는 대표미인인데 도대체 어
떠한 모습이었을까? 키는 170에 깡마르고 오똑한 코와 시원하

서시西施   왕소군王昭君   초선貂蟬   양귀비楊貴妃

게 쌍꺼풀이 있으며 섹시하게 도톰한 적당히 큰 입……그러나 양
귀비는 지금의 기준으로 보면 뚱보였다고 한다. 지금은 마른 체형
이 미의 대세로 자리매김하고 있으나 한자의 '마르다'를 보면 '瘦'
로 이는 일종의 질병과 관련이 있었음을 알 수 있다. 먹을 것이 부
족한 시절에는 마른다는 것은 병에 걸렸음을 몸이 나타내는 것이
라 판단하였고 좀 잘사는 집 사람들은 허여멀건하고 뱃살도 좀
두둑하여 부러움의 대상이었지만 지금은 성인병의 온상으로 여
겨지기만 한다.

　　미에 대한 가치는 시대에 따라 많이 변화하고 개인의 기준이
다르기는 하지만 우리의 언어 속에서 늘 공유하는 개념이 있곤 하
다. 즉 미인에 대한 이미지로 인용하는 말에는 앵두 같은 입, 마
늘 쪽 같은 코, 계란형 얼굴 등이다. 그렇다면 중국 미인은 어떠
한 모습인지 궁금해 하며 언어 속으로 들어가 보면 입과 코는 우
리와 같이 앵두에 비유하여 '櫻桃口'라고 하나, 얼굴형은 우리가
달걀형이라는 것과 달리 오리알에 비유하여 '鴨蛋脸'이라 한다.

달걀과 그 모습은 유사하나 중국인의 미인이미지는 좀 더 동그란 얼굴형이라 보이는데 이는 중국인의 음식에서 오리알이 더 대표성을 띠는 것에서 유래하는 것은 아닐까 생각해 본다. 게다가 위는 둥글고 아래는 갸름한 미인의 얼굴형을 '瓜子脸'이라고도 하는데 우리가 '오이씨 같은 얼굴'이라고 하는 것과 비교하여 '瓜子^{호박씨, 수박씨, 해바라기씨}'라고 표현하는 것을 보면 중국의 미인은 우리네 미인보다 얼굴이 조금 더 동그란 것일 수도 아님 주변에 늘 보이는 잘 이용하는 것으로 표현한 것일 수도 있겠다. 우리의 예전은 먹을 것이 부족하여 늘 굶주렸던 시절 '먹다'는 표현을 일상생활에서라도 많이 사용하고자 해서인지 '욕먹다', '나이 먹다', '뇌물을 먹다', '귀먹다', '마음먹다', '겁먹다', '벌레 먹다'라고 하고 심지어 예전 한 권투선수는 "엄마, 나 챔피언 먹었어!"라고 감격하며 말하기도 했다. "이번 시험 빵점이야."라는 표현도 좀 더 실감나게 "빵점 먹었어."라고도 하는데 우리는 0점을 빵점으로 표현하였다면 중국은 오리알에 비유하여 '吃鸭蛋'이라고 말하고 주입식이라는 표현도 '填鸭式'라고 하는 것을 보면 중국은 먹을거리에 오리가 많이 사용되었던 모양이다. 이렇듯 주변에 늘 보이거나 사용되는 사물이나 영향력이 가장 큰 사물이 언어에 그대로 반영되는 것이라고 할 수 있겠다.

사람을 묘사한 말로는 '蒜头鼻^{마늘코-주먹코, 개발코}', '狮子鼻^{들창코}', '杏核眼^{살구씨 같은 눈}', '鸡皮疙瘩^{닭살}', '鸡眼^{티눈}', '刘海儿^{깻잎머리}', '落汤鸡^{물에 빠진 생쥐}', '蛾眉^{누에나방 눈썹, 미인}' 등이 있다.

신체부위를 이용하여 사물을 묘사한 말로는 '山口^{산입구}', '山头^{산정상}', '山腹^{산중턱}', '山腰^{산허리}', '山脚^{산기슭}', '山脉^{산맥}', '壶嘴^{주전자주둥이}', '喷

嘴^{분무기주둥이}', '喷头 ^{샤워꼭지. 분무기꼭지}', '港口^{항구}', '洞口^{동굴입구}', '井口^{우물입}
^구', '豁口^{갈라진 틈}', '齿轮^{기어. gear}', '锯齿^{톱니}', '拳头产品^{일류제품}', '腰眼^등
^{허리}', '枪眼^{총안}', '泉眼^{샘구멍}' 등이 있다.

> 希望那些以 "胡子工程" 拖四化建设后腿的单位的负责人，以人民
> 的事业为重，拿出实际补救措施来，早一点把 "胡子" 刮掉!
> (그 '질질 끄는 공사' 사화건설의 뒷다리를 끌고 있는 기업의 책임자들이 인
> 민의 사업을 중요하게 여겨 실질적인 구제 대책을 가져와서 얼른 '수염'을 깎
> 기를 바란다.)

이 문장에 등장하는 '胡子工程'이란 무엇일까? '胡子'는 '수염'
이고 '工程'은 '공사'인데 '수염공사'라는 말인가? 바로 '질질 끄
는 지지부진한 공사'를 일컫는 말이다. 그러므로 '수염을 깎기를
바란다'는 '질질 끄는 공사를 마치기를 바란다'라고 해야 한다.

6) 이건 뭐?!

예쁘장한 아가씨가 "나 총각김치 좋아해."라고 하니 "처녀라
총각을 좋아하나봐!"옆에서 듣던 아주머니들이 의미심장한 미소
와 함께 농을 한다. '총각김치'는 왜 총각이라는 단어를 사용하였
는지 궁금하다. 총각이 아주머니의 농처럼 남자를 지칭하는 것
이라는 생각은 드는데 왜 그러는지 선 듯 답이 나오지 않는다.
사실 '총각'은 '总角'으로 남자아이의 두 갈래 머리 모양이 뿔 같
이 생긴데서 유래한 말이다. 중국어에서 '丫头'는 '여자아이'라는
뜻인데 이것은 여자아이의 머리가 나뭇가지의 갈라진 부분 같다

迎客松

하여 지어진 것이다.

'向日葵' 태양을 향하고 있으며 '艹'변이 있는 것으로 식물임을 유추해보면 바로 해바라기이며, 소나무나 잣나무 이름으로 '马尾松^{산잣나무}'은 말의 꼬리 모양을 그려볼 수 있고, '卧龙松'은 용이 누워있는 모습을 형상한 것이고, '迎客松'은 손님을 맞이하는 것과 같은 그 모양임을 알 수 있다. 나팔과 같은 모양의 꽃이라 '喇叭花^{나팔꽃}'이라 명명하고, 모습이 용의 눈을 닮아서 '龙眼^{용안}'이라고 명명한 과일이 있으며, 칼이나 띠처럼 길게 생겨서 '刀鱼·带鱼^{갈치}'라 하고, 주머니를 가지고 있어서 '袋鼠^{캥거루}'라 한다.

옷 이름에도 어떤 옷인지 형상이 그려질 수 있도록 모습을 그대로 형용하여 사용한다.

박쥐같은 모양을 한 브라우스라서 '蝙蝠衫'이고, 나팔 모양의 바지라 '喇叭裤'이며, 등과 같은 모습의 긴 소매를 그대로 표현하여 '长灯笼袖'라 하고, 모자의 챙이 오리의 혀와 같은 형상을 하고 있어 '鸭舌帽'라고 하며, 수박 껍질 모양의 모자라 '瓜皮帽'라고 한다. 그림을 보면 모습을 그대로 형상화한 이름임을 알 수 있다.

'电脑'는 현재 우리 생활에서 필수용품이다. 전기, 전자, 뇌라는 글자로 조합되어 있으니 옳거니, 컴퓨터다. '螺丝钉钻^{드라이버}', '面

蝙蝠衫   喇叭裤   长灯笼袖

鸭舌帽   瓜皮帽

'包车^{미니버스}', '水龙头^{수도꼭지}', '工字钢^{I자형 강철}', '吊钟^{매달아 놓은 시계}', '吊扇^천 ^{장에 매달아 논 선풍기}', '吊床^{끈으로 양쪽을 매달아 놓은 침대}'는 모두 '吊^{매달다}'가 있는 것으로 보아 걸어 놓거나, 줄로 걸어 올리거나 늘어뜨려져 있다는 것이니 벽걸이 시계, 천정에 붙은 선풍기, 매달아 놓은 그물로 된 흔들 침대이다. 중국인은 혈연관계를 매우 중시하는데 만약 혈연관계가 아닌 사람은 무엇이든 동질적인 요소를 찾아 같은 무리로 묶음으로써 나와 친근하여 믿을 수 있는 나와 같은 하나의 단체에 속한 사람으로 여겨 관계를 가깝게 하여 일체감이 들게 한다. '同^같 ^다'를 사용한 단어를 보면 '同学^{동학}', '同事^{직장동료}', '同屋^{룸메이트}', '同桌^짝'은 모두 함께 무엇인가를 하는 사람들임을 유추하여 각 단어의 뜻을 이해할 수 있다. '可口可乐'는 외래어의 음역이면서 콜라를 마실 때 느낌까지 아주 잘 표현해 놓은 단어이다. "마시면 딱 좋아, 상쾌해!" 바로 이 느낌을 그대로 재현하고 있다.

7) 개념도 보여주는구나!

색깔에 대해 정의 내리기는 쉽지 않으므로 가장 쉽게 각각의 색깔을 이해하는 방법은 주위의 사물로 직접 보여주는 것이다. 흰색, 노란색, 빨간색, 파란색, 초록색, 검은색 등의 기본 색깔 이외에 많은 색채어는 그 색깔을 대표적으로 나타내는 사물과 함께 구성되어 있다.

눈과 같이 하얘서 '雪白눈같이 흰색', 은과 같은 흰색이라 '银白은백색', 쌀과 같은 색이라 '米色미색', 생선의 배와 같은 색이라 '鱼肚白청백색', 파의 밑동과 같은 색깔로 '葱白아주 연한 파랑', 황금과 같은 색이라 '金黄황금색', 거위 같은 노란색이라 '鹅黄담황색', 생강 같은 노란색이라 '姜黄누런색', 탄 듯한 노란색이라 '焦黄누르스름한 색'이라고 한다. 수수 같은 붉은색이라 '高粱红붉은 수수색', 닭의 피와 같은 붉은색이라 '鸡血红붉은 닭피색', 석류처럼 붉은색이라 '石榴红석류색', 귤과 같은 붉은 색이라 '橘红붉은 빛이 도는 귤색', 대추 같은 붉은 색이라 '枣红대추색', 가지와 같은 자주빛이라 '茄紫가지색', 장미와 같은 붉은 색이라 '玫瑰紫장미빛 자색'이라 한다. 풀과 같은 초록빛이라 '草绿풀색', 비취 같은 초록색이라 '翠绿비취색', 군복과 같은 색이라 '军绿국방색', 먹과 같은 진한 녹색이라 '墨绿검푸른 녹색', 사과 같은 녹색이라 '苹果绿사과색', 하늘과 같은 푸른색이라 '天蓝하늘색', 바다와 같은 푸른색이라 '海蓝바다색', 철과 같은 푸른색이라 '铁青검푸르다', 오리알과 같은 엷은 푸

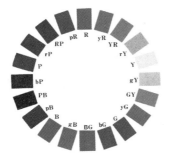

른색이라 '鸭蛋青^{담청색}'이라 한다. 까마 귀 같은 흑색이라 '乌黑^{새까맣다}', 칠흑처럼 새까만 색을 비유하여 '漆黑^{매우 어둡다}', 먹 처럼 까만색이라 '墨黑^{새까맣다}', 쥐와 같 은 회색이라 '鼠灰^{쥐색}', 기와 같은 회색 이라 '瓦灰^{짙은 회색}', 엷게 연근빛이 도는 회색이라 '藕灰^{담회홍색}', 은과 같은 회색 이라 '银灰^{은회색}'이라 한다.

우리말은 시퍼렇다, 파릇파릇하다, 푸르죽죽하다 등과 같이 형용사가 매우 발달한 언어인데 이와 같은 느낌을 중국어에서는 소위 묘사성 형용사라는 성분들이 사물의 특징과 연결 지어 생생 하게 표현하고 있다.

말을 배우는 아이들은 모르는 것을 거리낌 없이 묻곤 한다. 어른들은 자신 있게 엄마, 맘마, 지지, 자동차, 코, 입 등이 무엇인 지 아이들에게 말해줄 수 있고 사물을 직접 지시하여 알려줄 수 도 있다. '일어서', '먹어' 등과 같은 말은 직접 행동으로 보여주 는 것으로 궁금증을 해소시킬 수 있다. 그런데 "파랗다는 게 뭐 야?"라고 물으면 바로 그 색을 지닌 물건을 가리켜 알려줄 수 있 는데, 또 "촌스럽다는 게 뭐야?"라고 물으면 바로 대답하기 곤란 해서 망설이다가 이리저리 비유를 들어 설명을 하게 된다. 한마 디로 답하기 어려운 말은 주로 상황을 묘사하는 형용사가 많다. 중국어에 소위 묘사성형용사라는 부류는 사물의 상징적 특징이 나 모습, 소리 등을 비유하여 형상을 묘사하고 있다.

첫째, 사물의 특징을 비유하여 표현한 묘사성형용사로는 대나무 붓과 같이 곧아서 '笔直^{곧다}', 눈과 같이 빛이 나서 '雪亮^{눈부시다}', 기름과 같이 윤기가 있어서 '油光^{반지르르하다}' 또는 '油光光^{반들반들하다}', 나는 듯이 빨라서 '飞快^{날래다}', 얼음처럼 차가워서 '冰凉^{차디차다}' 또는 '冷冰冰^{차디차다, 냉랭하다}', 불처럼 뜨거워서 '火热^{불타다}', 눈처럼 하해서 '白雪雪^{새하얗다}', 칠흑처럼 새까매서 '黑漆漆^{새까맣다}', 수정처럼 밝게 빛나서 '亮晶晶^{반짝반짝 빛나다}', 번개가 치듯 번쩍거려서 '亮闪闪^{번쩍번쩍 빛나다}', 솜처럼 푹신하고 부드러워서 '软绵绵^{푹신푹신하다, 부드럽다}', 막대기처럼 단단하여 '硬棒棒^{딱딱하다, 뻣뻣하다}'라고 한다.

둘째, 사물의 모습을 표현한 것으로는 눈을 가늘게 뜨고 미소 짓는 모양을 '笑眯眯^{빙그레 웃다}'라고 하고, 우물쭈물 더듬거리는 모습인 '吞吞'으로 느릿느릿한 것을 비유하여 '慢吞吞^{꾸물거리다}'이라 하고, 감정이 격동하는 모양인 '冲冲'으로 매우 화가 난 정도를 묘사하여 '怒冲冲^{노기가 충천하다}'라고 하고, 술에 거나하게 취한 모습인 '醺醺'으로 술 취한 정도를 묘사하여 '醉醺醺^{곤드레만드레 취하다}'라고 한다.

셋째, 소리를 첨가하여 표현할 때는 의성어를 사용하고 있다. '笑哈哈^{하하 크게 웃다}'는 웃는 동작을 의미하는 笑와 크게 웃는 소리를 나타내는 의성어 '哈哈'가 결합하여 하하 크게 웃는 모양을 묘사하고 있고, '乱哄哄^{와자지껄하다}'은 어지러운 상태를 나타내는 '乱'과 여럿이 모여 웃고 떠드는 왁자그르르한 소리를 나타내는 의성어인 '哄哄'이 결합하여 이루어진 단어로 어지럽고 시끄러운 상태를 그려놓고 있다.

8) 말이 짧아 어려운 말이여! 그대 이름은 중국어

'웰컴투동막골'이라는 영화가 몇 년 전에 상영되었는데 이 영화는 전쟁을 소재로 하고 있으면서도 구수한 사투리와 통하지 않는 영어가 언어의 기능을 생각해 보게 했었다. 동막골이라는 마을로 들어온 부상당한 스미스라는 미군을 돕고 싶은 순박한 동막골 사람들은 동네의 유일한 지식인인 마을 아이들 선생님에게 이야기를 나누기를 기대하며 시선집중하나 이 선생님 진땀 흘리며 "그게 저… 제가 '하우 아 유' 하면 이 사람이 '파인드 앤유'를 해야 되거든요?"라고 한다. 우리의 외국어 학습의 현실을 어쩜 그렇게 절묘하고 코믹하게 잘 그려놓았는지 폭소와 함께 가슴에 마구 밀려오는 공감을 억누르기 힘든 장면이었다.

우리는 항상 교과서에서 배운 그대로가 아니면 꿀 먹은 벙어리가 되어 돌부처처럼 굳어버리곤 한다. 머리가 텅 비어버리고 멍해져 그 다음은 스스로 무엇을 했는지 기억도 나지 않게 되는 경험을 누구나 한번은 했을 것이다.

중국어도 예외가 아니다. 우리가 교과서에서 배운 바에 의하면 전화를 걸 때는 다음과 같은 대화가 이루어져야 한다.

王中国：喂!(여보세요!)

金韩国：喂，王蒙在吗?(여보세요, 왕멍 있습니까?)

王中国：你等一下。(좀 기다려요.)

……

金韩国：喂，三星公司吗?请王总经理接电话。

(여보세요, 삼성입니까? 왕사장님 좀 바꿔주세요.)

王中国：我就是。(전데요.)

......

　　적어도 '喂^{여보세요}'는 나와야 말을 이어가던가 아니면 누구집이
라던가 어느 회사라던가 무슨 사무실이라던가 하는 말을 기대하
는데 전화를 받은 중국인은 갑자기 'Qǐng jiǎng!'이라고 한다. 중
국인이 말하는 '请讲!'은 말이 빨라 두 단어임에도 마치 한 단어
로 들려 처음 전화를 걸어 이러한 상황을 부딪치면 당황하게 되
어 다음 말은 잘 안 들리고 머리가 멍해지고 만다. '王总经理'도
'王总'으로 줄여 부른다. 이렇듯 중국어는 말하는 속도도 빠르지
만 말이 짧아 알아듣기 힘이 들곤 하는데 많은 것을 서술하는 문
장임에도 아주 간단하게 표현하는 것에 탄성이 절로 나오곤 한다.

　　중국어는 한자가 여러 개 모여 많은 의미를 내포하면서도 하
나의 단어를 이루고 있어서 무슨 물건인지 머릿속으로 그려질 뿐
만 아니라 의미는 풍부하고 형식은 간단하게 되어있다. 이러한 단
어들을 한국어로 바꾸려 하면 의미가 살아나지 않거나 단어라 할
수 없이 너무 번잡한 형식이 되어버린다. 예를 들면 '长臂挖掘机<sup>대
형굴착기</sup>'는 '长臂^{긴 팔}'의 의미가 삭제되는 경우도 있고, '长柄大镰刀'
은 대응하는 단어가 없어 자루가 긴 큰 낫'이라 하며 '长抽短吊'는
'탁구, 배드민턴, 테니스에서 롱 드라이브^{long drive}와 드롭 샷^{drop shop}
을 결합한 기술'이라는 뜻으로 우리말로 옮기면 단어라 하기에는
너무 긴 형식이 되는 상황도 있다.

2. 1과 1이 만나면 2보다 많다

아주 사소한 것이지만 간과하였을 경우 일어나는 폐해는 사소한 부분만큼의 크기가 아니라 전체를 잃어버리게 될 수도 있다 하여, 『디테일의 힘』의 저자 왕중추는 100-1은 99가 아니라 0 이라고 주장한다.

중국어의 특징을 이렇게 수학 연산으로 표현하자면, 중국어는 1+1은 2가 아니라 2+알파라고 하겠다. 중국어는 글자 하나 단어 하나가 깊고 다양한 의미를 내포한다는 것에서 하는 말이다. 옛 경전에 대한 해석도 사람과 시대에 따라 달라 하나의 경전에 수많은 주석이 달려지는 것에 서도 중국어의 무궁무진함을 느낄수 있다.

중국음식을 주문하면서 '虎皮肉^{호랑이가죽고기}'와 '狮子头^{사자머리}'를 시킨다면 중국인은 네 발 달린 것 중 탁자만 빼고 다 먹는다, 하늘을 나는 것은 비행기 빼고 다 먹는다는 등의 기초 지식만 지닌 사람이라면 "중국인은 맹수인 호랑이와 사자까지 먹는 구나"하며 놀랄 수도 있을 것이다. 이 두 음식의 이름은 단지 음식모양과 유사한 사물을 들어 명명한 것인데 중국문화에 대해 잘 알지 못하는 사람들은 단순히 비유만 한 사실을 넘어서서 또 다른 상상을 할 수도 있을 것이다. 사실 중국어에는 사전적 의미에서 파생되어 더욱더 풍부한 의미를 나타내는 말들이 많이 있다. 이러한 말들에는 중국인의 사고방식과 생활습관, 역사적 배경 등 문화적 함의가 다양하게 내포되어 중국에 대한 이해가 없이는 진정한 의미를 파악하기가 힘들 것이다.

1) 색의 이미지

만물은 언제나 변화의 연속에 있다. 만물이 변하는 것은 그 자체의 모습이 변하는 것이기도 하지만 그것을 바라보는 사람의 마음이 변하기 때문이기도 하다. 그러므로 사물은 순전히 사물 본연의 역할이나 의미로써만 존재할 뿐만 아니라 인간이 마음을 가지고 사물을 바라보고 느끼며 사물은 본래의 의미뿐 아니라 인간의 감정이 이입된 또 다른 의미를 함유하게 된다.

우리가 살아가는 세계는 빨, 주, 노, 초, 파, 남, 보 등과 같은 갖가지 색의 조화로 이루어져 있다. 사람들은 주변의 다양한 색을 접하며 색이 갖는 본연의 특성을 있는 그대로 느끼기도 하지만, 감정이나 이념을 색에 이입시켜 또 다른 의미를 부여함으로써 많은 상징의미를 갖는 것으로 색을 인식하기도 한다. 따라서 색은 시대나 문화를 초월한 공통의 의미를 나타내기도 하고, 하나의 색이 다양한 이미지를 내포하기도 하며, 시대나 문화에 따라 색마다 서로 다른 상징적 의미를 담고 있기도 한다.

여자아이는 분홍색, 남자아이는 파란색으로 구분하는 것은 동서고금을 통해 나타나는 공통의 현상이라면, 파란색은 '희망'과 '우울'의 이미지를 공유하고 붉은색은 '생명력'과 '금지'의 이미지를 모두 함유하고 있는 것은 색 본연이 가지는 다양성이다. 한국인이 '신성하다'는 뜻이 담긴 백설기를 아기 축하음식으로 만드는 것이나 붉은 태양을 숭배하는 일본인이 붉은 도미로 손님 대접을 하는 것, 중국인이 '돈이 불같이 일어나라'는 의미를 상징하여 붉은 봉투에 축의금을 주는 것 등은 서로 다른 문화 속에서 나타나는 색이 함유하는 상징적 의미의 차이를 잘 설명해주는 예이다.

고대 중국인은 음양오행설陰陽五行說을 기본으로 색을 인식한다. 혼돈의 우주는 음陰과 양陽으로 분리되고, 세계는 오행五行 즉, 목木, 화火, 토土, 금金, 수水로 구성된다. 방향과 계절과 색깔도 오행五行에 대응하여 인식한다. 오행에 대응되는 오색五色은 청靑, 적赤, 황黃, 백白, 흑黑이다. 고대부터 대표되는 이 다섯 가지 색은 어떤 이미지를 내포하고 있는지 중국어를 통해서 엿볼 수 있다.

노란색은 색수차가 없고 사물이 위치한 원거리와 망막에 인식되는 핀트가 일치하여 거리감이 정확하며, 색 중에서 망막의 확장을 가장 크게 느끼는 색이다. 그러므로 눈에 쉽게 띈다는 특색을 가지고 있어서 상대적으로 안전성을 확보할 수 있기 때문에 유치원차, 스쿨버스에 많이 사용되는 색이다.

중국 속담에 '夫妻一条心, 黄土变成金。부부가 한 마음이면 황토가 황금으로 변한다.'라는 말이 있다. 황토가 황금이 된다면 아마 우리들의 눈은 번쩍 뜨일 것이다. 황금이 노란색이기 때문이기도 하겠지만 이보다는 황금이 갖는 가치에 더욱 그러하다. 대지의 색이고 또 황금의 색인 황색은 한漢민족의 시조 중에 황제黃帝가 늘 황색의 옷과 면류관을 착용했다는 전설에서 유래하여 제왕의 색으로 여겨지며 고귀함과 존엄함의 의미를 상징하고 있다.

黄门 궁궐문, 관서
黄袍加身 황제가되다
黄道日 길일
黄金周 황금주일
黄金档 골든아워
黄金时间 황금시간
黄金时代 황금시대

사물에 대해 지니는 인간의 감정은 상황에 따라, 시대에 따라, 사람에 따라 다르게 나타날 수 있다. 중국 속담에 '天黄雨, 地黄晴; 山雾雨, 河雾晴。하늘라고 했다. 황색이 하늘에 나타날 때와 땅에 나타날 때 서로 다른 날씨를 가져오듯 황색에서 늘 좋은 이미지만을 그려내는 것은 아니다.

우리말에 '황'은 어떤 일을 이루는 데에 부합되지 않은 것을 의미하여 '그 사람은 말만 잘하지, 실력은 영 황이다.'라고 쓰이는데 중국어도 이와 같은 황색을 나타내는 '黃'자가 '일이 성사되지 않거나 계획이 실현되지 않다'는 의미를 가지고 있다.

> 因为借不到这么多钱, 女儿的这门亲事黄了。
> (그렇게 많은 돈을 빌리지 못해 딸의 이번 혼사는 깨졌다.)
> 那家私营企业办黄了, 老板夹包跑了。
> (그 개인 기업은 망하고 사장은 가방을 끼고 도망갔다.)
> 他希望这次欧洲旅游不会再黄了。
> (그는 이번 유럽여행이 또 다시 물 건너가지 않기를 바란다.)

혼사가 성사되지 않거나, 기업의 운영이 잘되지 않거나, 계획이 어그러지는 것 등을 구어체에서 '黃'으로 표현한다. 시들어가는 잎의 색처럼 누렇게 빛바래가는 노란색에서는 더 이상 고귀하고 존엄함을 상징하는 황색의 이미지를 느낄 수 없음에서 온 것은 아닐까 상상해본다.

서양에서 통속소설이나 잡지의 표지를 노란색으로 사용하면서부터 황색은 선정적이고 퇴폐적인 것을 지칭하는 것으로 사용되곤 한다. 중국이 서구와 접촉을 하면서 전해진 영향으로 황색이 '黃色刊物^{선정적인 출판물}', '黃色酒吧^{퇴폐적인 술집}', '黃色音乐^{선정적인 음악}',

黃貨 음란물
黃窝 음란물 제조·판매소
黃潮 음란물 범람 풍조
扫黃 음란물을 모두 제거하다
販黃 외설물을 불법 판매하다
制黃 음란물을 제작하다

'黃色小说외설적인 소설' 등과 같이 퇴폐적이고 외설적인 이미지를 상징하는 말로 쓰이는 것을 볼 수 있다. 그러나 중국의 동한東漢말기의 『황서黃書』나 당唐대의 『천금요방千金要方』의 내용이 선정적인 것과 관계된다하여 중국고대에서 黃은 성性과 관련 있는 의미로 사용되었다고 주장하기도 한다.

많은 사람들이 중국하면 떠올리는 것 중의 하나가 바로 붉은색이다. 붉은 색은 중국의 일상에서 또 특별한 행사에서 늘 사용되며, 중국의 위상을 드러내고 있는 듯 늘 중국국기의 붉은 물결이 넘실거리고 있기 때문이다. 사실 붉은 색은 피와 생명, 정열, 혁명, 박애 등을 의미하기 때문에 한 국가의 권위와 존엄을 상징하는 국기에 가장 많이 사용하는 색이기도 하다. 하지만 중국에서의 붉은 색은 그 의미가 각별하게 느껴진다.

갓 태어난 아이를 '赤子'라고 하는데 아이가 막 태어나면 붉은 색을 띄고 있고 생명이외에 아무 것도 없음을 의미하는 것이다. 이때의 붉은색은 '피'와 '생명'을 상징한다. 중국인은 아이를 낳으면 '吃红鸡蛋'이라 하여 붉게 물들인 달걀을 먹는 습관이 있다. 그리고 성인이 되어 결혼을 하게 되면 신부는 '红衣裙붉은 혼례복'에 '红盖头붉은 면사포'를 쓰고, 신랑은 '红绸带붉은 명주띠'를 두르고 '大红花큰 붉은 꽃'를 가슴에 단다. 대문에는 '红喜联붉은 결혼 축하 대련'을 붙이고 실내에는 '红囍字붉은 쌍희자'를 붙이고 저녁에는 '红烛붉은 초'를 켠다. 하객들은 '红豆包팥만두'를 먹으며 '红包붉은 봉투에 주는 축하금'를 주면서 축하한다. 이때의 붉은색은 '경사, 상서로움, 행복'등의 의미를 내포한다.

중국 곳곳에는 붉은 종이에 입춘대련을 쓴 것을 볼 수 있는데 이는 중국인들이 상서롭게 여기는 붉은 종이에 가정이 원만하기를 일상이 순조롭기를 사업이 불같이 일어나 번창하기를 염원하고 있는 것이다. 이때의 붉은 색은 '원만, 순조로움, 발달, 흥성, 왕성, 성공' 등의 의미를 함축하고 있다.

한국 속담에 '사촌이 땅을 사면 배가 아프다'하고 한다. 누군가 너무 잘 되는 것을 보면 공연스레 시기심이 올라오는 것은 인지상정일 것이다. 이럴 때에 나타나는 생리

紅 事	경사
紅喜事	결혼
紅 運	행운
紅 票	초대권
紅 利	순익, 상여금
紅 股	우선주
分 紅	이익을 분배하다
紅 火	번창하다
開門紅	시작부터 큰 성과를 이루다
滿堂紅	대성황을 이루다
大紅人	대스타
紅角儿	인기배우
紅 星	인기스타
走 紅	인기가 오르다
大紅大紫	운이 매우 좋다, 매우 인기가 있다

현상을 비유하여 중국의 특별한 의미인 붉은 색은 때로는 '紅眼 시샘하다, 질투하다', '紅臉 화가 나서 얼굴을 붉히다' 등과 같이 부정적 의미를 내포하기도 한다. '花无百日紅 꽃이 백일 동안 붉지는 않는다'라고 했다. 세상만사는 늘 변화 속에 있어 좋은 시절이 있으면 안 좋은 시절이 있고 안 좋은 시절을 견디면 다시 좋은 시절이 온다. 어느 하나도 영원한 것은 없다. 그러므로 그 좋은 紅도 영원하지만은 않다는 이치를 깨달아 '紅极一时 인기는 물거품이다' 등과 같은 말이 나온 것이리라 본다.

붉은 색 신호등이 켜지면 잠시 멈추어 선다. 그러다 푸른 신호등이 켜지면 다시 힘을 내어 앞으로 나아간다. 신호등의 의미가 세계 어느 곳에서나 공통적이듯 푸른색이 사람들에게 주는 싱그러움, 신선함, 희망, 젊음, 안전 등의 이미지는 중국인을 포함하여

누구나 공감하는 이미지라 하겠다. 중국의 대표적인 오색에서 푸른 색을 지칭하는 글자는 '青, 綠, 蓝'이 있고 이로 구성된 단어로는 '青椒피망', '綠豆녹두', '綠叶나뭇잎', '青年청년', '青春청춘', '青黃햇곡식과 묵은 곡식', '青优干部젊고 우수한 간부', '蓝衫수재', '綠色通道안전통로' 등이 있다. 요즘과 같이 환경이 중요한 이슈가 되는 시대에는 특히 친환경을 뜻하는 '綠化녹화', '綠色食品녹색식품'에 관심을 가질 수밖에 없다.

그러나 고대 중국에서 녹색은 천하고 불명예스러운 것을 상징하는 색이었다. 당唐대에 관직이 7품 이하의 사람은 '青衫'이라는 녹색복장을 입었고 이것을 때로는 '綠衫'이라고 칭하였으며, 송宋·원元대에는 '綠衣녹색옷'와 '綠巾녹색 두건'은 신분이 낮은 비천한 사람들의 복장이었고, 광대나 악공은 모두 녹색 옷을 입었다. 원元, 명明대는 기녀나 노래하고 춤추는 남자는 반드시 녹색 두건을 두르도록 했다. 명明대의 오吳지역에서는 부정한 아내의 남편을 '綠帽子'라 하여 근대에 '戴綠帽子'는 불명예스러움을 나타내는 말로써 바로 고대 중국에서부터 내려온 녹색의 이미지에서 근거한 유래한 것일 가능성이 크다고 하겠다.

얼굴색이 푸르다면 아무래도 보기가 좋지는 않다. 경극에서도 녹색은 흉악함을 나타내고 '青面獠牙시퍼런 얼굴로 이를 드러내다'는 흉악하고 험상궂은 모습을 형용하는 말이다.

검은색은 하夏나라와 진시황秦始皇이 숭상하던 색으로 황제가 제사를 지내거나 의식을 행할 때 입던 옷의 색상이다. 이는 검은색이 당당하고 카리스마가 있으며 장엄하고 엄숙하며 무게감이 있기 때문이었는데 이렇게 내부적으로는 힘을 과시할 수 있는 검은색이 외부적으로는 상대를 제압하는 힘으로 느껴져 위협과 공포의 이미지로 다가온다. 중국어에 나타나는 '黑'자의 단어는 대부분 어두움, 사망, 사악, 음험, 공포 등의 부정적 의미를 나타내고 있다. 예를 들면 '黑白^{어두움 밝음, 선악}', '黑暗^{어둡다. 부패한, 암담한}', '黑锅^{누명}', '黑点子^{사악한 생각}', '黑手^{검은 마수}', '黑心^{음흉한 마음}', '黑活儿^{불법적인 일}', '黑客^{해커}', '黑钱^{뇌물, 부정한 돈}', '黑哨^{불공정한 심판}', '黑心肠^{음흉한 놈}', '黑心利^{폭리}', '黑市^{암시장}', '黑社会^{조직폭력사회}', '黑交易^{암거래}', '黑货^{장물. 탈세품}', '黑车^{면허 없이 운행하는 차량}', '黑名单^{블랙리스트}', '黑窝^{소굴}', '黑云^{불행}', '黑运^{악운}' 등이 있다.

고대 중국은 흰 동물을 상서롭게 여겼는데 이는 흰 동물이 희귀했기 때문이다. 사실 온대나 아열대에 사는 동물은 먹이사슬 속에서 자신을 강자의 먹잇감이 되지 않기 위해서는, 주변 색채와 유사한 보호색을 하고 있어야 한다. 만약 흰색일 경우 눈에 금방 띄기 때문이다. 생태계의 법칙에서 온 자연적 현상에 대한 인간의 주관적 관념은 고대부터 무의식중에 전해져 남아있을 것이며, 또 흰 구름, 백옥 같은 얼굴, 밝은 대낮에서 볼 수 있는 깨끗하고 밝은 느낌은 흰색이 순결, 고결, 고상, 우아, 밝음, 상서로움 등의 이미지로 인식하게 만든다. 이와 같은 예로는 '白无邪^{깨끗하여 사악함이 없다}', '洁白如玉^{새하얀 것이 마치 옥과 같다}', '白璧无瑕^{백옥에 조금의 흠도 없다}' 등이 있다.

중국 고대에는 죄인의 사형집행을 주로 가을에 했다. 음양오행설로 보자면 가을은 서쪽이고 서쪽을 대표하는 색은 흰색이다. 그러므로 흰색을 중국에서는 상서롭지 못한 불길한 색이라 여긴다. 서쪽은 가을을 뜻하고 가을은 바로 모든 생물이 쇠락하는 계절이다. 그러므로 '白'자는 '白发红心^{늙어도 마음만은 젊다}', '白头偕老^{흰 머}

리가 될 때까지 함께 살다' 등과 같이 쇠락, 낙후, 죽음을 의미하거나, '白事_{애사}',
白裙子_{남편 운이 없는 여자}', '白费力气_{헛되이 힘만 쓰다}', '白忙_{쓸데없이 바쁘다}', '白跑了
一趟_{헛걸음을 하다}', '白吃_{거저 먹다}', '白送_{무료로 증정하다}', '白死_{헛되이 죽다}', '白手起
家_{맨손으로 집안을 일으키다}', '白条子_{가짜 영수증}', '白字_{오자, 틀리게 쓴 글자}', '白眼_{백안}'
등과 같이 운이 없음, 불행함, 헛수고, 공짜, 헛되다, 비다, 가짜,
무시 등의 부정적인 의미를 나타낸다.

현대에는 '白色'가 필로폰이나 환경을 파괴하는 일회용품을 지
칭하는 말로 쓰이기도 하는데 예를 들면, '白色恐怖_{마약의 공포}', '白色
垃圾_{일회용품 쓰레기}', '白色污染_{일회용품의 환경오염}' 등이 있다.

중국 속담에 '白布就怕入靛缸_{흰색 천이 쪽빛단지에 들어가면 바로 쪽빛이 된다.}'
라고 했다. 깨끗함은 더러움에 물들기 쉬워서인지 고결함의 대
명사인 흰색을 나타내는 '白'는 많은 부정적 이미지를 내포한다.

무채색을 모든 색의 근원이라 하기도 하고, 유채색이 색을 잃
은 모습이라고도 하는데 이는 무채색의 이중성을 설명하는 것이
다. 하나의 색이 긍정적인 의미와 부정적인 의미를 동시에 함유
하는 아이러니는 색에 대해 인간이 느끼는 오묘함이라 하겠다.

2) 오미_{五味}가 인생이다

'달콤한 인생', '손이 맵다', '쓴 맛을 보여줘야지', '매운 맛을
못 봤지' 등과 같이 우리말에서도 인생의 희로애락을 맛으로 표
현하곤 한다. 먹는 것은 삶을 유지하는데 가장 중요하며 살아가
면서 가장 많이 하는 행동중의 하나이다. 이렇게 음식과 생명은
불가분의 관계에 있다. 음식 없이는 살아갈 수 없는 인간이 혀끝

에서 느끼는 맛으로 삶의 갖가지 모습을 비유하는 것은 어쩌면 너무나 당연한 일인 것이다.

한국 사회에서도 사람들이 서로 만나면 '식사하셨어요?'라는 인사말로 안부를 묻곤 한다. 중국인들 역시 일상에서 '吃了没有? _{식사 하셨어요?}'는 가장 많이 사용하는 인사말 중의 하나이다. 중국 속 담에 '千里作官, 为了吃穿。_{천리 먼 곳에서 관리를 하는 것은 먹고 입기 위해서 이다}'이라는 말이 있다. 우리가 열심히 일하는 것은 다 살아나가기 위해서인데 살기위해서 먹는 것은 가장 중요한 일이 된다. 우리는 '말 한마디로 천 냥 빚을 갚다'라는 속담으로 말의 중요함을 표현하곤 하는데 '한 상 잘 차려진 음식은 원한도 풀게 한다'는 '一桌酒菜解冤仇'라는 속담을 보면 중국인에게 음식은 세상사를 풀어나가는 첫 번째 열쇠임을 엿볼 수 있다. 『맹자^{孟子}』의 '民以食为天_{백성은 음식을 하늘이라 여긴다}'라는 말에서도 이미 오래전부터 중국인에게 있어 먹는 일은 특별한 의미를 가지고 있음을 짐작할 수 있다. 현재까지도 중국인의 사회생활에서 함께 식사를 하는 일은 서로의 친밀도를 가름하는 대표적인 방식이며, 일의 성사여부를 결정하는데 관여하는 주요한 매개가 되기도 한다.

살기위해 그리고 사람들과 더불어 살아나가기 위해 음식을 먹는 것은 중요한 수단이 될 수밖에 없으므

※ **맛 또는 음식과 관련된 관용구**

餿主意 유치한 계책

半瓶醋 얼치기

老油子 닳고 닳은 자, 노회한 사람

铁饭碗 철밥통

炒鱿鱼 해고하다

砸饭碗 직업을 잃다

醋意大发 질투심이 크게 일어나다

吃大锅饭 한 솥 밥을 먹다

姜是老的辣 생강은 여문 것이 맵다

刀子嘴, 豆腐心 칼처럼 날카로운 말, 두부처럼 어진 마음

一条鱼腥了一锅汤 붕고기 한 마리가 온솥의 국물을 비리게 하다

로, 생명을 그 무엇보다도 중시하는 중국인의 음식에 대한 문화적 심리상태는 오미^{五味}로써 인생의 맛을 상징하는 많은 말을 탄생시킨다. 달콤함을 뜻하는 '甜', 쓴맛을 뜻하는 '苦', 매운맛을 뜻하는 '辣', 신맛을 뜻하는 '酸', 싱거운 맛을 뜻하는 '淡' 속에서 인생의 희로애락을 볼 수 있다.

'甜'은 달콤한 맛으로 '즐거움, 아름다움, 행복함'을 나타내어 '甜美_{달다. 즐겁다}', '睡得真甜_{잠을 정말 달게 자다}', '甜言蜜语_{감언이설}', '嘴甜心苦_{말은 달콤하나 속은 검다}', '嘴甜如蜜_{꿀처럼 말이 달콤하다}', '她笑得很甜_{그녀는 웃는 것이 매우 달콤하다}' 등과 같은 말이 있다.

고대에는 '甜'의 의미를 甘로 나타내어 '甘心愿意_{기꺼이 진심으로 원하다}', '同甘共苦_{동고동락하다}' 등과 같이 쓰인다. 달콤한 인생은 우리가 다 원하는 로망이지만 우리들의 삶은 늘 달콤할 수만은 없다. 때로는 눈물이 쏙 빠지게 괴롭고 힘들 때도 있는 것이다. 아이고 내 팔자야!라며 신세 한탄을 할 때는 중국어로 '我的命怎么这么苦!'_{내 팔자는 어쩜 이리도 나쁘단 말인가!}라고 하여 쓴 맛을 의미하는 苦로 표현한다. 이외에도 '受苦_{고통을 겪다}', '辛苦_{고생하다}', '艰苦_{고달프다}', '心苦如芪_{마음이 씁쓸하기가 황기와 같다}', '愁眉苦脸_{수심이 가득한 얼굴}', '埋头苦干_{정신을 집중하여 열심히 일하다}' 등이 있다. 만만디라 여기던 중국인이 예전과는 달리 이제 '吃苦_{고생하다}'를 마다하지 않는다니 중국의 발전이 어디까지 갈 것인지 만감이 교차한다.

매운 맛을 뜻하는 '辣'는 인체에 자극적이고 강렬한 맛이어서 주로 사납고 모진 성격이나 말을 매우 매섭고 각박하게 하는 것을 비유하여 '辣子_{독종}', '泼辣_{성질이 사납다}' 등이 있다. 또 사람이 악독하고, 악랄한 것을 비유하여 '辣手_{악랄한 수단}', '辛辣_{신랄하다}', '口甜心

辣^{말은 달콤하나 마음은 악독하다}', '心狠手辣^{마음이 독하고 하는 짓이 악랄하다}' 등처럼 쓰이기도 한다.

신맛을 뜻하는 '酸'은 인체의 어느 부분이 시큰거리며 아픈 것을 나타낸다. 예를 들면 '发酸^{시큰거리다}', '腰酸^{허리가 시큰거리다}', '鼻子酸^{콧날이 시큰거리다}' 등이 있다. '酸'은 또 마음의 비통한 감정을 나타내기도 하는데 '辛酸^{고되고 슬프다}', '悲酸^{슬프고 마음이 쓰리다}', '酸楚^{슬프고 괴롭다}' 등이 있다. 때로는 서생이 너무 학문이 깊은 척을 하여 봐주기가 힘들 때를 형용할 때, 문인이 진부하거나 가난에 쪼들려 영락한 모습을 풍자할 때는 '穷酸^{궁상맞으면서 아는 체만 한다}', '酸秀才^{진부한 선비}' 등과 같이 사용한다.

짠 맛을 나타내는 '咸'은 다른 글자와의 조합을 잘 하지 않아서 의미가 파생되어 쓰이는 예를 찾아보기 힘들다. '淡'은 '君子之交淡如水^{군자들의 사귐은 물과 같이 담담하다}'에서와 같이 담담하다는 뜻이거나 '淡然^{무심하다}'과 같이 무심하고 쌀쌀한 모양을 나타내거나 '态度很淡^{태도가 차갑다}'과 같이 냉담하고 성의가 없는 모습을 비유하여 사용된다.

3. 들으며 보며 상상한다

복숭아꽃이 필 무렵이면 중국 황하 상류에 있는 용문^{龍門}계곡에는 잉어들이 몰려든다. 용문에 올라 용이 되기 위해 거센 물살을 거슬러 오르는 잉어들처럼 사람들도 자신이 목적한 바를 이루기 위해서는 어려운 관문을 통과하고 어떠한 고난도 이겨내야 하는

약리도鯉鱼跳

것을 상기하기 위해 등용문登龍門을 책상 앞에 붙이고 과거시험을 준비하곤 했다한다.

중국어는 문구를 보면 바로 그 의미를 알 수 있는 직관성, 구체성, 비유라는 특징이 있기도 하지만 문화적 함의를 이해하여야만 의미를 정확하게 파악할 수 있다. 마치 아래 「약리도鯉鱼跳龙门」라는 그림을 보며 용이 되려는 잉어의 의지를 상상하듯 '鲤鱼跳龙门잉어가 용문에 오르다'라는 문구를 보며 그 내면의 의미를 연상하여 유추하듯이 말이다.

1) 말수수께끼謎语

우리는 주어진 내용을 통해 그것이 무엇을 뜻하는 것인지 연상하여 유추해낼 수 있다. 넌센스퀴즈는 사람들에게 연상과 유추를 통해 답을 구하게 하는 것이 많다. 다음의 내용은 어느 장소에서 일어나는 일이다.

당신이 사색하고 있는 동안 밖에서는 사색이 되어 있다.
네가 아무리 똑똑해도 내가 똑똑한 이상 네가 내 자리를 차지할 수 없다.

모두 짐작하고 있듯 답은 화장실이다.
다음의 내용은 어느 세 사람의 말이다.

신은 죽었다. --(㉠)

너 죽었어! --(㉡)

(㉠) (㉡)너희 둘 다 죽었어!!--(㉢)

이러한 말을 한 세 사람은 바로 ㉠은 니체, ㉡은 예수, ㉢은 청소부아줌마이다. 이와 같은 내용은 모두 사람들의 상식과 동음자와 상상력 등을 이용한 넌센스 퀴즈이다.

형상성을 가지고 있는 한자로 인하여 중국인들은 다양한 말놀이를 즐기고 한다. 그 중 한자의 구조적 특징, 동음자가 많은 특성 등으로 글자, 문장을 통해 또 다른 글자나 내용을 유추하게 하는 '말수수께끼謎语'라는 유희가 매우 발달하였다. 말수수께끼谜语는 '灯谜', 즉 '초롱에 말수수께끼를 써넣는 놀이'라고도 하는데 이 놀이가 사람들의 애호를 받은 까닭은 첫째, 사람들의 한자에 대한 애호와 존중을 반영하였기 때문이며, 둘째, 한자가 큐브 놀이처럼 기교를 여러 가지로 발휘함으로써 오묘하고 무궁해짐을 설명하고 있어서이다.

다음의 글들은 한 글자를 설명하고 있다.

千里相逢
一点不见
十二点
十三点

'千里相逢'은 '千里천리'가 서로 만난다는 의미이니 글자를 합하면 '重무겁다'라는 말을 가리키고 있는 것이고 '一点不见'은 점하나와 '不'와 '见'을 모두 합하니 '视^{보다}'가 된다. '十二点'은 '十'에 두 개의 점을 합하니 '斗^말'자가 되고 '十三点'은 '十'에 세 개의 점을 합하니 '汁^즙'이 된다.

> 十五天
> 二小姐
> 六十有余, 八十不足
> 太阳西边下, 月亮东边挂

'十五天'은 15일은 나타내므로 '月'와 '半'이 합쳐진 '胖'자를 유추 해낼 수 있고, '二小姐'는 둘째 아가씨라는 의미로 보면 '次'와 '女'로 구성된 '姿'자를 유추해낼 수 있으며, '六十有余, 八十不足'는 '六十' 는 남고 '八十'는 부족하다는 의미에서 '平'을 나타냄을 알 수 있으며, '太阳西边下, 月亮东边挂^{태양은 서쪽으로 지고, 달은 동쪽에 걸린다}'라는 것은 '太阳'과 '月亮'을 합하면 '明'자를 나타냄을 알 수 있다.

> 九千九百九十九
> 书蛀虫

위의 두 가지 예는 성어를 유추해내는 말수수께끼로써 '九千九百九十九^{9,999}'에서 '万无一失^{실패하거나 실수한 적이 전혀 없다}'라는 성어를 유추해 낼 수 있고, '书蛀虫^{책벌레}'에서 '咬文嚼字^{글자를 씹다}'를 유추할 수 있다.

> 重男轻女
> 金银铜铁

위의 두 예는 지명을 나타내고 있다. '**重男轻女**^{남자는 중시하고 여자는}
^{천시한다}'는 '**贵阳**'을 유추해낼 수 있고 '**金银铜铁**^{금은동철}'에서 주석이
없다는 의미의 '**无锡**'라는 지명을 유추할 수 있다.

    皇上平安
    想念孩子

위의 두 예에서는 인명을 유추해보자. '**皇上平安**^{황상이 평안하다}'에
서 '**王安**'이라는 이름을 그리고 '**想念孩子**^{아이를 그리워하다}'에서 '**子思**'
라는 이름을 유추할 수 있다.

2) 말 안 해도 통하는 중국어-헐후어

술을 좋아하는 한 할아버지가 있었다. 할아버지가 술 마시는
것을 무엇보다 싫어하는 할머니에게 할머니가 '**酒**'자를 말하지 않
으면 본인도 술을 마시지 않겠다고 맹세했다. 어느 날 아홉 명의
노인네들이 부추와 파를 들고 집을 방문하였으나 할아버지가 없
자 다음날인 9월 9일에 다시 와서 술을 마시고자 한다고 전하고
돌아갔다. 할아버지는 술을 마시고자 '**酒**'자와 발음이 같은 '**韭**'와
'**九**'자를 이용해 할머니가 '**jiǔ**' 발음을 하도록 유도한 것이나 결국
은 실패했다. 할아버지는 내심 할머니가 분명히 다음과 같이 말
할 것이라 기대하였다.

"九个老爹爹拿着韭菜和葱说，明天九月初九，请你同他们一
起去喝酒。
(아홉 명의 노인네들이 부추와 파를 들고 와서는 내일 9월9일에 함께 술
마시러 가자고 하더라구요.)"

그러나 할아버지의 의도를 간파한 할머니는 재치 있게도
다음과 같이 말하여 'jiǔ' 발음을 모두 피하였다.

"八个老头加一翁，手拿扁菜和小葱，重阳佳节去摆宴，请你前
去喝几盅。
(여덟 노인과 한 할아버지가 손에 납작한 채소와 파를 들고 와서는 중양절
에 연회를 베풀려고 하니 함께 가서 몇 잔 마시자네요.)"

다음의 헐후어는 해음현상으로 그 의미를 유추하는 상상
력을 발휘해야 한다.

深山里敲钟，鸣（名）声在外
小葱拌豆腐，一青（清）二白

'深山里敲钟，鸣声在外깊은 산에서 종을 치니 소리가 멀리 퍼진다'의 '鸣소리
가 나다'은 '名이름'과 동음자로 명성이 자자하다는 것을 나타내고,
'小葱拌豆腐，一青二白파로 두부를 비무리니 반은 파랗고 반은 하얗다'에서 '青'
은 '清'으로 '一清二白아주 깨끗하고 희다'를 가리키고 있다. 때로는 헐
후어의 뒷부분이 생략돼도 중국인은 뒤에 나오는 말이나 화자
가 나타내는 의미를 안다.

한다. 또 하나는 이 편액의 글자는 당대^{唐代}에 쓰였는데 당시는 인쇄술이 발달하지 못 하여 삐침이 있으면 규격을 벗어나버렸기 때문에 생략했다고 말하기도 한다.

그런데 이런 견해들보다 더욱 설득력 있게 민간에 전해지는 얘기가 하나 더 있다. 청대 말엽 린쩌쉬^{林則徐}가 아편전쟁^{鴉片戰爭}에서 영국군에게 패한 뒤에 관직을 잃고 신장^{新疆}으로 폄적되어 가는 중에 시안^{西安}을 지나다가 편액에 비림^{碑林}이라는 두 글자를 썼는데 당시의 울적한 심경을 반영하기 위하여 삐침 하나를 없애버렸다는 것이다. 삐침 하나로 울적한 심경을 상징하게 하는 이런 행위는 불길하거나 불쾌한 것을 피하여 말하지 않는 일종의 피휘^{避諱} 행위와도 같은 것으로서 곧 언어문자가 단순한 기호나 의미 표지가 아닌 영험한 주술적인 힘을 지니고 있다고 보는 중국인의 전통적인 관념과도 깊게 관련이 있다고 할 수 있다.

언어문자에 대한 주술적인 관념은 우리나라의 문화에서도 찾을 수 있기에 함께 소개해보고자 한다.

서울 남쪽에 있는 관악산은 멀리서 보면 활활 타오르는 불덩어리처럼 생겨서 풍수지리학적으로 불을 상징하는 산으로 여겨져 왔다. 조선 조정에서는 관악산의 화기를 막기 위해 도성 남쪽에 대문을 세우고 '崇禮門^{숭례문}'이라는 이름의 현판을 세로로 세웠는데, 그 이유는 과연 어디에 있을까?

전통 오행 관념에서 남쪽은 '화^火'

에 해당하며, 인간이 지켜야 할 다섯 가지 도리인 인의예지신^{仁義禮智}^信 중 '예'가 또한 '화'에 해당한다. 때문에 '화'를 상징하는 남쪽 대문의 이름에 역시 '화'에 해당하는 '예'자를 집어넣어 '숭례'라 이름 지었으니, '예를 숭상한다'는 말이 곧 '불을 숭상한다'는 뜻도 함께 지니게 한 것이다. 여기에다 다시 현판을 세로로 세워 마치 활활 타오르는 불꽃 형상이 되도록 하였다. 경복궁을 마주보고 있는 관악산의 강한 화기를 누르고자 불로써 불을 다스리는 이른바 이화치화^{以火治火}의 방법을 강구하였다고 볼 수 있다.

이처럼 '예'라는 글자가 '화'를 상징한다고 믿고서 이름으로 취하고, 다시 세로로 써서 불꽃 형상으로 만들었던 일들을 통해서 우리나라의 선현들 역시 언어문자를 단순한 의사소통의 수단으로 간주하는 데서 그치지 않고 어떤 특별한 힘을 지니고 있어서 인간에게 큰 영향을 미칠 수 있다고 믿고 있었음을 잘 알 수 있다.

그렇다면 중국인들은 평소 언어 행위를 통해서 주술적 관념들을 어떻게 드러내고 있는지 살펴보자. 먼저 새해를 축하하기 위해 신년 연하 엽서를 보낼 때 자주 쓰는 문장을 예로 들어보자.

天气预报: 2016年你将会遇到金钱雨幸运风爱情雾友情露幸运霞健康霜美满雷安全雹, 请注意它们将会缠绕着你一整年!
(일기예보: 2016년, 당신은 금전의 비, 행운의 바람, 애정의 안개, 우정의 이슬, 행운의 노을, 건강의 서리, 행복의 벼락, 안전의 우박을 맞게 될 것입니다. 그것들이 한 해 동안 내내 당신을 옭아매어 꼼짝 못하게 할 수 있으니 잘 알아 두세요.)
祝您春节一而再再而三事事如意五福临门六六大顺七彩生活八面玲珑久盛不衰十全十美百年好合千禧之际万贯家财慢慢享用!

(설날에는 거듭 거듭 되풀이하여 모든 일이 뜻대로 이루어지고, 오복이 집안에 이르고, 일들이 매우 순조롭게 이루어지고, 일곱 색깔 무지개처럼 생활이 빛나고, 팔방으로 찬란하듯 누구에게나 두루 잘하고, 오랫동안 약해지지 않고 성대하고, 완전무결하여 나무랄 데가 없고, 평생토록 부부 간에 화목하고, 수많은 기쁜 일들 속에서 만금의 재물을 천천히 누리시기를 기원합니다.)

첫 번째 문장은 일기예보 형식을 빌어 온갖 행복과 재물 및 건강이 엽서를 받는 사람에게 쏟아지기를 기원하고 있다. 두 번째 문장은 열 두 개의 숫자로 시작하는 숙어들을 나열하여 그 사람이 경사와 재물을 거듭거듭 계속 누릴 수 있기를 간절하게 소망하고 있다. 일기예보와 숫자 나열이라는 독특한 형식을 빌어서 부귀와 평안을 누리길 바라는 마음을 언어에 담은 강복 기원의 문장이라고 할 수 있다.

중국인들은 가장 현대적이고 과학적인 체육제전이라고 할 수 있는 올림픽까지도 복과 연결시키기도 하였다. 우리나라가 1988년 서울올림픽의 마스코트로 호돌이를 선정했던 것에 비해 중국은 2008년 베이징올림픽의 마스코트로 '福娃^{복인형}'를 선정했던 것이다. 마스코트의 이름에 '福^복'자를 붙인 것을 보면서 우리는 다시 한 번 복을 바라는 중국인의 강렬한 마음을 확인할 수 있었다.

신이나 종교처럼 알 수 없는 범주에 속하는 '복'을 현실생활 속에서 자주 말로 표현한다는 것은 그만큼 중국인들이 언어와 복이 서로 관련이 있다고 강하게 믿고 있는 것이 아닐까 생각된다.

마치 종교를 믿듯이 언어문자를 숭배하는 현상은 일찍이 각종 신에 대한 관념과 신화전설이 출현하면서 함께 나타나기 시작하였다. 언어문자가 인간과 신 사이에 소통과 교제를 담당하는 매개 수단이 될 수 있다고 보았기 때문이다.

언어문자로 신과 소통하는 처음 순간은 바로 신의 이름을 부르면서부터 시작된다. 신의 이름은 영험한 힘이 있어서 이름을 부르면 곧장 그를 우리 곁으로 불러들일 수 있다고 사람들은 믿는 것이다. '阿弥陀佛^{아미타불}'·'观世音菩萨^{관세음보살}' 등의 이름을 염송하면 극락세계에 있는 부처님이 감지하고 우리를 도와주러 올 수 있다고 믿는 것들이 그 좋은 예이다.

그런데 실상 언어문자를 통해 신들과 교감할 수 있다는 생각은 정도 차이는 있지만 다른 나라 문화권에서도 보편적으로 존재하고 있는 주술적인 관념이다. 그런데 중국은 신과 관련된 부분 외에도 여러 일상적 문화 민속 안에서도 이런 주술적인 언어관념을 강하게 보여주고 있다. 그렇다면 중국만의 독특한 주술적인 언어 관념이 형성된 이유는 어디에 있는 것일까? 우리는 여기서 중국의 문자로서 한자의 특징들을 살펴볼 필요가 있다.

한자의 주요 특징들은 대략 세 가지로 살펴볼 수 있다. 첫째, 서구의 알파벳이 단어를 구성하는 부분적인 요소에 불과한 데 비해, 한자는 글자마다 하나의 의미를 완전하게 표현할 수 있는 표의성을 지니고 있다. 둘째, 언어의 변화, 즉 시대가 변함에 따라 음운에도 변화가 일어나고 또한 지역마다 방언이 출현하는 것과 전혀 상관없이 문자로서 한자는 일정한 형체와 의미를 유지하고 있다. 셋째, 글자 자체의 겉모습이 미학적 가치와 장식적 기능을 함께 갖추고 있다.

이처럼 문자마다 완전한 뜻을 지니고 있고, 시대가 변해도 형체는 여전히 변함이 없으며, 게다가 외적인 아름다움까지 갖추고 있음으로 인해서 중국인들은 다른 나라 사람들에 비해 언어문자에 대한 더욱 특별한 생각을 갖게 되었다. 이런 생각은 언어문자의 힘을 빌면 복과 강녕을 추구하고 재난을 피할 수 있다는 믿음으로 발전하였다. 중국인들은 자주 '寿^{장수}', '福^복', '康^{건강}', '宁^{평안}' 등의 글자를 옷·보석·가구 등에 새겨 넣었다. 심지어 이름을 한자로 써 놓으면 그 사람의 역할을 대신할 수 있다고 믿기도 하였다. 그래서 제사 지낼 때 고인의 이름을 써 놓은 신위^{神位}를 모셔놓으면 그곳에 고인의 영혼이 다시 돌아온다고 믿었으며, 수호신의 이름을 써놓으면 악귀가 집안에 침투하는 것을 막아준다고 믿었다.

중국인들의 언어문자에 대한 주술적인 관념은 크게 사람 이름 부르기, 민간 풍속, 대인관계 숫자 쓰기 등을 통해서 구체적으로 살펴볼 수 있다.

2. 이름 피하여 부르기와 천한 이름 짓기

1) 이름의 종류

중국에서 성씨는 씨족에 대한 공통적인 호칭인 데 반해, 이름은 개인에 대한 특정한 호칭이다. 현대중국어에서 이름이란 뜻의 단어는 '名字' 하나이지만, 고대 중국어에서는 본래 '名'과 '字'가 각각 별개의 단어로 쓰였다. 고대 중국 귀족들은 흔히 '小名^{아명}', '名^{이름}', '字^자', '号^호' 등 네 종류의 이름을 갖고 있었던 것이다. 그러다가 훗날 이 가운데 '名'과 '字' 두 글자가 합쳐져 오늘날의 이름을 가리키게 되었다.

옛날에 아명은 흔히 귀여우면서 흔하며, 심지어는 천한 이름을 갖다 붙이기도 하였다. 민간 풍속에서 이름을 천하게 지을수록 몸을 잘 보존하여 오래 살 수 있다는 이른바 '贱名易养^{천명이양}'의 관념이 존재하였기 때문이다. 한漢나라의 작가 사마상여司馬相如의 아명은 '犬子^{강아지}', 진晉나라의 시인 도연명陶淵明의 아명은 '溪狗^{냇가의 개}'였다고 한다. 농촌에서도 아이들 이름을 '狗儿^{개새끼}'·'狗蛋^{개자식}'·'狗屎^{개똥}' 등의 이름으로 부르는 예가 적지 않았다.

이런 민속 관념은 현대 영화를 통해서도 자주 발견할 수 있다. 「현 위의 인생」에서 장님 악사인 어린 주인공의 이름이 '石头^돌'였고, 「패왕별희」에서 패왕 항우역을 맡은 아이의 아명이 또한 '石头^돌'였는데, 이처럼 어린 주인공의 이름자를 우리 주변에서 흔히 볼 수 있으면서도 단단한 물체인 '石^돌'자로 지어준 것 역시 이런 관념이 반영되어 있는 것이라고 볼 수 있겠다.

'名'은 아명과는 구별되는 정식 이름으로서 주周나라 때 귀족들은 출생한 지 백 일이 지난 뒤에 지었다. 이름은 모두 특별한 의미가 담겨 있기 마련이며 또한 지어질 당시 사회의 문화적 경향을 반영하기도 한다.

『예기禮記』에 따르면, 주나라에서 남자는 20세에 관을 쓰면서, 여자는 15세에 비녀를 꽂으면서 비로소 성년이 되는데 이 때 '字'를 지어 불렀다고 한다. '字'는 '名'의 의미와 관련이 있거나 보충해주는 말에서 취하였기 때문에 이름을 들으면 자를, 자를 들으면 이름을 대략 유추할 수 있었다. 공자孔子의 제자인 재여宰予는 자가 '子我^자

^아인데, 이름인 '予'와 자 중의 '我'는 모두 1인칭인 '나'를 뜻한다. 또한 전국시대 초^楚나라 대부이자 문학가인 굴원^{屈原}의 자는 '平^평'으로서 이름과 합쳐져 평원^{平原}의 뜻이 된다.

'号'는 일종의 별칭^{別稱}으로서 사대부^{士大夫} 계층에서 주로 지었다. 이름은 일종은 언어 기호에 불과할 뿐이어서 그 이름을 쓰는 사람과 필연적인 관계를 갖고 있는 것은 아니기 때문에 이름을 통해 그가 구체적으로 어떤 사람인지를 알 수는 없다. 그럼에도 불구하고 중국인들은 이름이 그 사람을 대표하는 배타적인 특징을 지니고 있다고 보았기 때문에 이름과 그 사람을 동일시할 정도로 중요시하였다. 나아가 체면을 중시하는 중국인들은 이름을 지키고 빛내는 것을 무엇보다 중요한 개인적인 명예로 간주해왔다. '名垂千古^{이름이 길이 남다}', '流芳百世^{훌륭한 명성이 후세에 오래도록 전해지다}', '靑史留名^{청사에 이름을 남기다}' 등의 성어는 모두 이름을 세상에 빛내도록 후인들을 격려하기 위해 옛 사람이 남겨놓은 교훈들이다.

우리나라 김춘수 시인의 명시 「꽃」에서 "내가 그의 이름을 불러 주기 전에는 그는 다만 하나의 몸짓에 지나지 않았다. 내가 그의 이름을 불러 주었을 때 그는 나에게로 와서 꽃이 되었다."는 구절은 지금까지 가장 많이 사랑 받고 있는 시구 중의 하나이다. 나에게 무의미한 존재라도 그의 이름을 알게 되는 순간 비로소 유의미한 존재로 변화된다는 믿음을 노래한 시다.

이런 이름의 역할에 대한 소박한 생각이 한 걸음 더 나아가면 이름이 상대방에 대한 지배력을 갖게 할 수도 있다는 믿음으로 발전하게 된다. 서양에서도 이름의 주술적 기능을 인정하는 생각이 존재하고 있는 것으로 보인다. 예를 들어 요정의 진짜 이름을 알면 그 요정을 지배할 수 있다든지, 이름을 써 넣은 인형에 해코지를 가하면 그 사람이 해를 당한다고 생각들이 바로 그것이다.

2) 이름 피하여 부르기

　중국인들은 이름에 특별한 의미를 부여하였기에 특히 제왕이나 성인, 조상, 손위 사람의 이름자를 직접 써서는 안 된다는 관념이 생겨났다. 이런 관념은 한漢나라 때에 이르러 본격화되기 시작하였으니 이를 '避讳피휘'라고 하여 엄격히 지켜야 할 사항으로 간주하였다. 삼국三國 시대부터는 이런 기피 범위가 더욱 넓어져 동일한 글자는 물론이요 발음이 같거나 비슷한 글자까지도 사람 이름이나 혹은 사물의 명칭으로 쓰는 걸 피하기 시작하였다.

　먼저 제왕의 이름자를 피한 예를 살펴보자.

　진秦나라 때 진시황秦始皇의 이름이 영정嬴政이라서 '政'자와 발음이 같은 '正'자를 피하기 위하여 '正月정월'을 '端月단월'이라고 하였다.

　한漢나라 때 유방劉邦의 '邦'자를 피하기 위하여 '国국'자로 대체하여 썼다.

　당唐나라 때는 태종太宗 이세민李世民의 '世'자를 피하기 위하여 가령 '一世'를 '一代'라고 바꿔 불렀으며, 또한 왕세충王世充을 '王充'이라고 표기하는 등 이름자를 쓰지 않고 비워두기도 하였다.

　송宋나라 때는 태조太祖 조광윤趙匡胤의 조부인 조경趙敬의 '敬경'자를 피하기 위하여 '敬'이라는 성을 '文문'씨로 바꾸기도 하였는데, '文彦博문언박'이 그 예이다.

　북송北宋 때부터는 피하는 글자의 범주가 크게 확대되기 시작하여 심지어는 황제와 관련된 글자인 '君군', '皇황', '圣성', '龙용', '天천', '玉옥', '帝제', '上상' 등의 글자도 기피 대상이 되어 함부로 쓸 수 없었다.

민국民國 초기에는 원세개袁世凱가 스스로 황제라고 칭할 적에 대보름에 먹는 '元宵원소'를 '汤圓탕원'으로 바꿔서 부르라고 명령하였다. '元宵'가 곧 '袁消원세개가 사라지다'와 동음어여서 황제 노릇을 하는데 불길하다고 여겼기 때문이다.

다음으로 성인이나 조상 또는 손위 사람의 이름을 피한 예를 살펴보자.

성인인 공자孔子의 이름을 부를 경우 '丘구'자 중에서 하나의 필획을 없애서 '丘'로 표기하였고, 성명이나 지명 등에서는 '丘구'자 대신에 모두 '邱구'자로 쓰기도 하였다. 필획을 줄이거나 더하는 방법으로 성인의 이름을 직접 부르게 되는 상황을 피한 예이다.

한나라 사마천司馬遷은 부친의 이름이 '司马谈사마담'이었기에 『사기史記』에 한 문제文帝의 환관인 '赵谈조담'을 기록할 적에 '赵同조동'으로 표기하기도 하였다.

당나라 시인 이하李賀는 아버지의 이름인 '晋肅진숙'의 '晋'이 벼슬이름인 '进士진사'의 '进'과 발음이 같았기에 벼슬자리로 나갈 수 없었을 정도로 피휘가 악용되는 사례도 있었다.

송나라 문인 소순蘇洵의 부친이자 소식蘇軾의 조부였던 이는 이름이 '序서'였기에 소순은 글의 서문을 쓸 적에 '序서'를 '引인'이라 하였고, 소식은 '敘'자로 대신 썼다고 한다.

이처럼 이름을 직접 부르길 피하고 다른 글자로 대신하였던 현상은 이름이 그 사람의 생명만큼 소중하며 심지어 운명을 대신할 수도 있다고 여겼던 주술적인 관념에서 비롯된 것이라고 볼 수 있다.

고대사회의 대인 관계에서도 상대방을 직접 불러야 할 때면 이름을 부르는 대신에 '阁下', '先生', '官人' 등의 존칭이나 직함

등의 호칭으로 대신하였던 것 역시 이름을 신비하게 여기는 중국인들의 관념이 반영된 현상이다.

현대에 이르러서도 옛날처럼 엄격하지는 않지만 일상생활 중에 부모와 웃어른의 이름은 여전히 기피의 대상이다. 집안에서나 공공장소에서 아이들은 부모님이나 손위 사람의 이름을 직접 부르지 않으며, 학생은 선생님의 이름을, 부하는 상사의 이름을 직접 부르지 않는 것을 예의 있는 것으로 여기고 있다.

3) 복 받는 이름

중국인들은 예로부터 내세가 아닌 자신들이 살고 있는 당대 현실에서 복을 받고 건강과 장수를 누리며 사업이 흥성하고 발달할 수 있기를 갈망해왔기에 이름을 지을 때도 대부분 이런 복이나 길상 등과 관련 있는 글자들을 선호하였다. 그런 이름자를 통해 복과 부귀를 얻을 수 있다는 주술적인 믿음이 반영된 결과이기도 하다.

'吉길', '祥상', '庆경', '福복', '禄록', '兴흥', '隆융', '昌창', '盛성', '旺왕', '发발', '达달', '太태', '平평', '健건', '康강', '安안', '寿수', '长장', '吉길', '利리', '永영', '鹤학', '松송', '玄현' 등의 글자는 자주 이름자로 취해진 대표적인 글자들이었다. 현대에 들어서도 일반적으로 남자는 용맹 · 건장하고 장래 목적이 뚜렷한 이름을, 여자는 우아 · 선량 · 온유하고 아름다운 이름을 짓는 것이 보통이다.

중국인들은 심지어 지명을 정할 때도 복과 길상을 뜻하는 글자를 선택하였다. 그래서 태평성세와 안녕을 희구하는 뜻을 지닌 '太

平', '永平', '永宁', '永和' 등의 단어가 들어간 지명이 많으니, '太平市', '永宁山', '永和市' 등이 그 예이다. 또 만수무강을 희구하여 '寿', '吉', '昌', '福' 등의 글자가 들어간 지명이 많으니 '万寿山', '吉安县', '昌平县' 등이 그 예이다.

중국인들은 가게 이름인 상호를 지을 때도 특히 부귀를 얻을 수 있는 길하고 고귀한 이름을 짓는 데 중점을 두었다. 상호를 잘 지으면 재물이 들어오고 가게가 번창할 수 있다고 믿었기 때문이다.

그런데 옛날의 상호에는 암호처럼 특정한 뜻을 가리키는 글자들이 사용되기도 하였다. 이렇게 암호로 쓰였던 글자들은 대략 '天^천', '地^지', '光^광', '时^시', '音^음', '律^율', '政^정', '宝^보', '畿^기', '重^중' 등으로 개괄할 수 있는데, 이 열 개의 글자는 각각 '一^일'에서 '十^십'까지의 숫자를 대신하여 가리켰다고 한다.

열 개의 글자가 어떻게 1에서 10까지의 숫자를 대신할 수 있었는가?

'天^천': 세상에서 가장 크기 때문에 당연히 '一'이 된다.

'地^지': 하늘 다음으로 크기 때문에 '二'가 된다.

'光^광': 해·달·별 세 가지의 빛을 가리키기 때문에 '三'이 된다.

'时^시': 봄·여름·가을·겨울 네 계절을 가리키기 때문에 '四'가 된다.

'音^음': 옛날 음계^{音階}는 궁^宫·상^商·각^角·치^徵·우^羽 다섯 개가 있었기 때문에 '五'가 된다.

'律^율': 황종^{黃鐘}·대주^{大簇}·고선^{姑洗}·유빈^{蕤賓}·이칙^{夷則}·무역^{無射} 등 여섯 종류의 음을 확정하는 악기를 가리키기 때문에 '六'이 된다.

'政^정': 음양과 오행, 곧 일^日·월^月·화^火·수^水·목^木·금^金·토^土 등을 가리키기 때문에 '七'이 된다.

'宝보': 경천과^{瓊天科} · 갈자초^{蝎子草} 등 여덟 종류의 다년생 초목을 팔보^{八寶}라고 통칭하기 때문에 '八'이 된다.

'幾기': 진^晉나라 때 행정 구역으로 왕기^{王畿} 외에 후기^{侯畿} · 전기^{甸畿} · 양기^{男畿} · 채기^{采畿} · 위기^{衛畿} · 만기^{蠻畿} · 이기^{夷畿} · 진기^{鎭畿} · 번기^{藩畿} 등 구기^{九畿}를 두었기 때문에 '九'가 된다.

'重중': '중복되었다'는 뜻으로 곧 일^一이 중복되고 구^九에 더해져서 완전 무결해졌기 때문에 '十'이 된다.

3. 민속에서 강복 축원과 금기

중국의 민속에서 언어문자를 통해 복을 기원하고 재앙을 피하고자 하는 풍습은 주로 복을 뜻하는 말과 발음이 같은 동음어를 빌려 쓰는 방식으로 이루어졌다. 중국인은 평소 언어를 함축적이고 완곡하게 쓰기를 좋아하기 때문에 에둘러 표현할 수 있는 동음어를 문학작품은 물론 심지어 일상생활에서도 자주 활용해왔는데, 이런 언어습관이 중국 고유의 민속이 형성되는 데도 중요한 역할을 하였다고 볼 수 있다.

중국 민속에서 행복과 평안을 희구하고 강복을 기원하는 동음어들을 살펴보자. 밤에 활동하는 '蝙蝠^{박쥐}'는 곧 '두루 복을 받다'는 뜻의 '遍福'과 발음이 같기에 사람들에게 복을 가져다줄 수 있는 존재로 여겨졌다. 그래서 민간에서는 그림이나 의복 도안에 으레 박쥐가 등장하였다. 박쥐 다섯 마리가 대문으로 날아드는 그림은 '五福临门오복이 집에 찾아오다'는 뜻을 가리키고, 박쥐가 하늘에서 날아 내려오는 그림은 '福从天降복이 하늘에서 강림하다'는 뜻을 가리키며, 박쥐 다섯 마리가 '寿'자를 둘러싸고 있는 그림은 '五福献寿오복이 장수를 바치며 축하하다'는 뜻을 가리킨다. '红蝠붉은 박쥐'의 그림은 '红홍'이 '洪크다'과 동음어여서 '洪福큰 복'의 뜻을 가리킨다.

옛날 우리나라 장롱에는 흔히 박쥐가 많이 장식되어 있었다. 또 중국 음식점에 갈 때면 커다란 붉은 박쥐가 그려져 있는 그림들을 보곤 한다.

박쥐는 날짐승과 들짐승의 중간적 형태를 취하고 있어서 순수하고 단일한 것을 좋아하는 우리나라 사람들은 이도저도 아닌 존재라고 여겨 일반적으로 싫어하는 동물이다. 그런데도 불구하고 장롱이나 그림을 통해 박쥐를 흔하게 볼 수 있는 이유는 어디에 있을까?

중국의 민속을 알게 되면 이 문제는 쉽게 풀린다. 주변에서 흔히 접하는 박쥐 장식이나 그림은 실상 우리나라 고유의 민속에서 비롯된 것이 아니라 순전히 중국에서 전해져온 민속이라는 사실에 주의할 필요가 있다. 중국에서는 '박쥐'를 뜻하는 말이 '복'이란 말과 동음어여서 복을 상징하는 동물로 인식하고 있기 때문에 그림이나 장식으로 옆에 놓고 보기를 즐겼던 것이다.

'喜雀(=喜鹊)까치'는 '喜'자가 있어서 기쁜 소식을 알리는 상서로운 새로 불렸다. 그래서 민간에는 '喜鹊叫, 喜事到까치가 지저귀면 좋은 일이 생긴다', '喜鹊叫, 贵客到까치가 지저귀면 귀한 손님이 온다'는 속담이 전해 내려온다. 새 해를 맞이하거나 결혼할 때는 항상 까치 두 마리를 그렸는데 곧 '双喜临门두 가지 기쁨이 집에 찾아온다'는 뜻을 취한 것이다. 창문을 장식하는 전지나 이불, 베개 등에는 왕왕 '喜鹊登梅枝까치가 매화나무 가지에

^{오르는}’ 그림을 수놓곤 하였는데, 곧 ‘梅’를 ‘眉^{눈썹}’의 동음어로 취하여 ‘喜上眉梢^{희색이 만면하다}’는 뜻을 취한 것이다.

또 표범 한 마리와 까치 한 마리를 그린 그림도 있는데, 표범을 뜻하는 ‘豹’가 ‘报’와 동음어여서 까치를 뜻하는 ‘喜鹊’의 ‘喜’와 함께 ‘报喜图^{기쁜 소식을 알리는 그림}’이라는 뜻을 가리킨다.

우리나라 민화에서는 ‘报喜图’를 ‘雀虎圖^{작호도}’로 잘못 받아들여 호랑이와 까치가 서로 희롱하는 그림으로 그렸다. 표범과 까치의 그림이 가리키는 본래 뜻을 이해하지 못 하였던 데다가 우리나라에는 표범이 살지 않아서 표범을 본 적이 없기 때문이었다. 그러면서 ‘작호도’를 자주 그린 이유가 우리나라는 예로부터 호랑이와 까치를 친근한 존재로 여겼기 때문이라고 해석하는데 이는 분명 잘못된 해석이라 할 수 있다.

1) 명절 풍속과 동음어

중국 민속에서는 설날 명절에 언어문자를 통해 복을 기원하는 풍속이 다수 존재한다.

설날에 대련을 대문 앞에 부치는 민속이 있는데 이를 춘련^春_聯이라고도 한다. 중국인들이 새해 첫날 대련을 부치는 이유는 새해를 맞이하여 ‘万事如意^{모든 일이 맘먹은 대로 이루어지길}’ 바라기 때문인데, 이로 보아 대련에는 언어의 주술적 힘을 믿는 미신적인 측면이 강하게 존재한다고 할 수 있다. 옛날에 대련을 ‘桃符^{복숭아나무로 만든}_{부적으로 문에 붙여 악귀를 쫓음}’라고 부른 것 역시 대련이 거기에 쓰인 언어

문자를 통해 영험한 힘을 지녔다고 믿었다는 사실을 입증해준다.

사람들은 흔히 '金玉满堂진귀한 것이 집 안에 가득하다', '财发万金재물이 모아져 만금이 되다', '人寿年丰사람마다 장수하고 해마다 풍년이다', '发福生财地, 推金积玉门복과 재물이 일어나는 곳. 금과 옥이 높이 쌓이는 문' 등의 복과 재물 및 장수를 기원하는 대련을 부쳐서 글귀대로 이루어질 바라는 간절한 소망을 대련에 담고 있다.

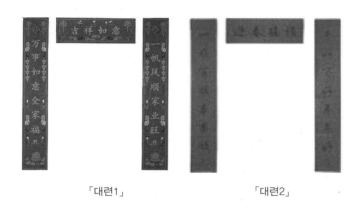

「대련1」   「대련2」

위 대련을 각각 오른쪽과 왼쪽의 대구 그리고 가운데 문구의 순서로 살펴보면 다음과 같다.

「대련1」一帆风顺家业旺, 万事如意全家福(순풍에 돛을 단 듯 일이 순조롭게 진행되고 가업이 흥성하며, 모든 일이 뜻대로 이루어지고 온 가족에 복이 깃들기를!) - 吉祥如意(길상함이 뜻대로 이루어지길!)
「대련2」千好万好年年好, 一顺百顺事事顺(천 가지 만 가지 다 좋고 해마다 좋으며, 한 가지 백 가지 다 순조롭고 모든 일이 순조롭기를!) - 迎春接福(봄을 맞이하여 복을 받기를!)

우리나라에서는 흔히 입춘立春에 대련을 부쳐서 한 해의 평안과 복을 기원하는데, 많이 쓰는 입춘첩의 문구로는 다음과 같은 것들이 있다.

'立春大吉 建阳多庆입춘대길 건양다경': '한해 시작인 입춘을 맞아 좋은 일이 많고, 봄의 따스한 기운이 감도니 경사로운 일이 많기를!'

'父母千年寿 子孙万代荣부모천년수 자손만대영': '부모님은 천년 장수하시고 자손들은 만대 영화를 누리기를!'

'寿如山 富如海수여산 부여해': '수명은 산처럼 오래 지속되고, 재물은 바다처럼 풍족하기를!'

'雨順风调 时和丰年우순풍조 시화풍년': '비와 바람이 순조로워서 태풍이나 폭우가 없이 순조롭고, 세상이 화합하고 풍년이 들어 세상살이가 여유롭고 평안하기를!'

북방에서는 설날을 맞이해서 집집마다 대문에 '福'자를 거꾸로 붙이는데, '거꾸로'라는 뜻의 '倒'자가 '왔다'는 뜻의 '到'자와 동음어여서 '福到복이 왔다'는 뜻을 가리키기 때문이다.

설날에는 '年糕설떡'를 먹기도 하는데 '年高'와 동음어여서 '年年高升해마다 높이 승진하다'의 뜻을 취한 것이다.

우리나라에서는 설날에 떡국을 먹는 풍습이 있다. 떡국을 먹어야만 비로소 한 살을 더 먹는다고 여기고, 심지어 나이 드는 게 싫은 사람들은 농담으로나마 떡국을 먹지 않으면 나이를 더 먹지 않을 것이니 떡국을 안 먹겠다는 사람들도 있다. 그런데 정작 왜 떡국을 먹어야 하는지에 대해서는 아무도 잘 모른다. 이 풍습 역시 중국에서 전래한 것으로 '年高해마다 벼슬이 높이 올라감'를 바라는 마음에서 먹은 '年糕설떡'에서 유래한 것이라고 볼 수 있다.

설날에 흔히 붙이는 민간 풍속화 중에는 물고기가 많이 그려져 있다. 이 물고기 그림은 일반적으로 물고기를 뜻하는 '鱼'와 동음어인 '余여', 곧 '넉넉하다'는 뜻을 취한 그림이다.

또 '鲇鱼메기'가 물에서 장난치는 그림은 '鲇메기'과 '年'이, '鱼'와 '余'가 동음어여서 '年年有余해마다 넉넉하길!'의 뜻을 취한 것이다.

'鲫鱼붕어'가 물에서 놀고 있는 그림도 있는데, '鲫'는 '吉'와 동음어여서 '吉庆有余진한 경사가 넘치기를!'의 뜻을 취한 것이다.

'鲤鱼잉어'가 '龙门용문'을 도약하는 그림도 있는데, '鲤'가 '利'와 음이 비슷하고, '龙门'은 '高升높이 오르다'는 뜻이기 때문에 '有利有余, 步步高升이익과 넉넉함이 있고, 관직도 한 걸음씩 높이 승진하길!'의 뜻을 취한 것이다.

또한 어항 가득 '金鱼금붕어'가 헤엄치고 있는 그림도 있는데, '鱼'가 '玉옥'와 발음이 비슷하여 '金玉满堂진귀한 것이 집안에 가득하다', 내지는 '金余满堂금이 넉넉하여 집에 가득하다'는 뜻을 취한 것이다.

　　그럼 위의 그림이 가리키고 있는 뜻은 무엇일까? 연꽃이 있으니 '蓮'과 발음이 비슷한 '年'의 뜻을, 물고기가 있으니 '鱼'와 동음어인 '余'의 뜻을 취하여 '年年有余'를 의미한다.

　　이처럼 중국에서 흔히 볼 수 있는 연꽃과 물고기 그림에 대한 해독이 끝났으면 이제 또 다른 암호를 한 번 더 풀어보자.

　　중국의 상점이나 식당에 가면 흔히 아래의 그림과 같은 복잡한 글자가 쓰여 있는 족자를 발견하곤 한다.

이 어려운 글자가 도대체 무슨 뜻인지 알려고 사전을 찾아보지만 큰 사전을 뒤적여도 나오지 않는다. 바로 '招財进宝', 곧 '재운財運을 불러오다'란 뜻의 네 글자를 하나의 단어처럼 합성하여 만든 신조어이기 때문이다. 이 글자 역시 돈을 많이 벌 수 있기를 바라는 염원에서 나온 것으로서 언어문자의 주술적인 힘을 믿는 중국 민속 가운데 하나라고 할 수 있겠다.

자, 그럼 지금까지 언어의 주술성과 관련된 중국의 민속들을 차례대로 살펴보았는데 이제 이와 관련된 지식을 모두 동원하여 또 다른 그림을 암호 풀듯이 한 번 풀어보자.

오른쪽 그림을 살펴보면 좌우에 물고기가 두 마리 있고, 가운데 윗부분에는 '福'자가 있고 그 아래 부분에는 옛날 동전이 있고 그 표면에 네 글자가 새겨져 있다. 동음어를 통해 상징적 의미를 찾아내야 하는 것은 당연히 밟아야 할 과정이다. 물고기 두 마리는 곧 '年年有余해마다 넉넉하다'를 가리킨다. 동전 표면에 새겨진 네 글자는 곧 '招財进宝재운을 불러오다'를 가리킨다. 이런 지식을 종합하여 위 도안을 한 문장으로 풀어본다면, 아마도 '해마다 물질적으로 넉넉하고, 항상 복을 받으며, 아울러 앞으로도 운수 대길하여 재물이 가득 들어오기를 바란다'는 뜻이 될 것이다. 강복降福을 기원하는 상징들의 종합세트인 셈이다.

한편 민속에는 명절에 복을 기원하는 풍속이 있는가 하면 그날 반드시 해서는 안 될 금기사항을 규정한 풍속들도 다수 존재한다.

설날에는 중과 만나는 걸 꺼렸는데 '初一遇到和尚, 穷得精光초하루에 중을 만나면 남은 것이 하나도 없을 정도로 가난해진다'고 보았기 때문이며, 또 비

구니를 만나는 것도 꺼렸는데 '碰到尼姑, 逢赌必输^{비구니를 만나면 노름에}
^{서 반드시 진다}'고 여겼기 때문이다.

설날인 정월 초하루에는 일반적으로 밥 짓는 것을 금하고 전
날인 섣달 그믐날 저녁에 미리 지어놓았는데, 섣달 그믐날의 밥
이 정월 초하루까지 남아 있는 것은 곧 '年年有余^{해마다 넉넉하다}'를 의
미한다고 보았기 때문이다.

정월에는 또한 말을 조심해야 하며, 특히 불길한 말을 절대 해
서는 안 된다. '喪^{잃다}'·'终^{끝내다}'·'完蛋^{끝장나다}'·'死^{죽다}'·'血^피'·'窮^고
^통'·'灾^{재난}'·'邪^{사악}'·'灾^{귀신}' 등의 불길한 말과 '病^{병나다}'·'穷^{가난하}
^다'·'倒霉^{재수 없다}' 등 순탄하지 못 한 생활을 가리키는 말은 결코 해
서는 안 된다.

2) 결혼풍속과 동음어

결혼은 동서고금을 막론하고 인생의 가장 중요한 일로 간주
되어 왔기 때문에 중국의 민속에도 결혼과 관련된 아주 많은 풍
속 습관들이 존재한다. 그 중에서도 언어의 주술성과 관련된 민
속들을 주로 살펴보자.

농촌에서 결혼할 때, 축하객들은 신혼부부에게 흔히 '红枣^대
^추'·'花生^{땅콩}'·'桂圆^{용안}'·'莲子^{연밥}' 등을 선사한다. 이 네 가지를 연
결하면 '早生贵子^{일찍 아들을 낳아라}'와 동음어이기 때문이다.

또한 연밥과 땅콩을 주기도 하는데 이는 '连生子^{연달아 아들을 낳아라}'
와 동음어이기 때문이고, 대추와 '栗子^밤'을 주기도 하는데 이는 '早
立子^{일찍 아들을 낳아라}'와 동음어이기 때문이다.

이밖에도 '龙眼^{용안}'은 '祥贵团圆^{상서롭게 온가족이 다시 모이다}'와, '核桃^{호두}'의 '核'은 '和美^{조화롭고 아름답다}'와, '百合^{백합}'은 '百年和好^{평생 화목하게 살다}'와 동음어여서 신혼부부에게 선물하기도 한다.

안후이^{安徽}성 허페이^{合肥}지역에서는 신부가 동방에 들어가기 전 반드시 자기 신발을 벗고 신랑의 신발을 신어야 하는데 왜냐하면 '夫妻同鞋^{부부가 같은 신발을 신다}'는 말은 '夫妻同偕^{부부가 같이 해로하다}'와 동음어이기 때문이다.

결혼할 때 신부는 '瓜^{오이}'를 먹는 것을 금하는데 '瓜'는 '寡^{과부}'와 동음어이기 때문이다.

한편 결혼할 때 선물해서는 안 되는 것들이 있다. '伞^{우산}'과 '钟^{괘종 · 탁상시계}'를 선물하는 것을 금기시하는 이유는 바로 '伞'은 '헤어지다'는 뜻인 '散'과, '送钟^{괘종 · 탁상시계를 선물하다}'는 '送终^{죽은 이를 보내다}'와 동음어이기 때문이다. 또 '手绢^{손수건}'을 선물해서는 안 되는데, 손수건의 용도 상 눈물 닦는 것을 연상시키기 쉬워서 신혼부부에게는 아무래도 불길한 조짐으로 생각될 수도 있기 때문이다. 또 '剪刀^{가위}'를 선물하지 않는데, 가위는 본래 마찰을 의미해서 부부 두 사람이 끊임없이 부딪칠 수도 있음을 암시해주는 물건이기 때문이다.

3) 음식문화 관련 동음어와 금기어

중국 민간에서는 일부 식품이나 과일에 대해서도 동음어를 활용한 상징적인 뜻을 부여하여 먹거나 선물할 때 항상 이 상징적인 의미를 염두에 두고 유의하고 있다.

사람들은 식품이나 과일을 선물로 보낼 때 흔히 '橘子', '福橘',

'汤圆', '桂圆', '发糕' 등을 주로 고르는데 그 이유는 이것들이 길상과 행복을 뜻하는 말들과 동음어이기 때문이다. '橘子^귤'은 '吉利^{길하고 이롭다}'와 발음이 비슷하고, '福橘^{푸젠성의 귤}'은 '幸福吉利^{행복하고 길하며 이롭다}'를 축약한 말과 발음이 비슷하고, '汤圆^{새알심}'은 '团圆^{온 가족이 다시 모이다}'과 발음이 비슷하고, '桂圆^{용안}'은 '贵圆'과 동음어여서 '祥贵圆满^{길하고 귀하며 원만하다}'는 뜻을 가리킨다. 한편 식품으로서 '发糕^{백설기}'는 '发高'와 동음어여서 '发家高升^{집안을 일으키고 높이 승진하다}'는 뜻을 가리킨다.

그런데 과일을 먹을 때 한 가지 주의할 점이 있다. 친구들과 '梨^배'를 먹을 때는 절대 여러 개로 쪼개서 나누어 먹어서는 안 되는데, '分梨'는 곧 '分离^{헤어지다}'와 동음어이기 때문이다.

유명한 경극 배우인 메이란팡^{梅蘭芳}은 집에 두 그루의 '柿子^감'와 한 그루의 '苹果^{사과나무}'를 심었다고 하는데 이는 곧 '事事平安^{모든 일마다 평안하길!}'이라는 동음어의 뜻을 취한 것이다.

지방의 음식관련 민속들 중에는 그 지방 방언과 동음어인 관계로 형성된 그 지방 특유의 민속들이 있다. 민난^{闽南} 지역에는 쌀독, 밥통, 곡식창고 등에 '春'자를 부치는 민속이 있는데, 민남 방언으로 '春'과 '넉넉하다'는 뜻의 '剩'은 똑같이 'tshun'으로 발음되기 때문에 양식이 항상 넉넉하길 기원하기 위함이었다.

음식문화에도 금기 사항은 다수 존재한다.

밥 먹을 때 소리 내어 음식을 씹는다든지, 많은 사람들 앞에서 뼈를 잡고 발라 먹는다든지, 자기가 좋아하는 요리만 먹는다든지, 밥 다 먹고서 입을 가리지도 않고 이빨을 쑤신다든지, 손에 묻은 것을 혀로 핥아먹는다든지 하는 것들은 우아하지 못 한 식사

태도로서 예로부터 지금까지 내려오는 금기사항들이다.

또 손님을 접대할 때 차를 가득 따르는 것은 예의 없는 행위로 간주되며 심지어 베이징 같은 곳에서는 손님에 대한 축객령을 뜻하기도 한다. 이에 반해 술은 가득 따르지 않으면 접대를 소홀히 하는 것으로 간주한다. 그래서 '茶要半, 酒要满_{차는 반만 따르고, 술은 가득 따라야 한다}'는 숙어가 전해지고 있다.

중국인들이 음식을 먹는 순서는 일반적으로 먼저 술을 마시고 난 다음에 밥을 먹는다. 때문에 밥을 다 먹고 난 뒤에는 손님에게 술을 더 권해서는 안 된다. 만약 밥을 다 먹었는데도 또 술을 마시면 '酒后饭上_{술을 뒤에 마시고, 밥을 먼저 먹다}'이 되고 이는 다시 '久后犯上_{오랜 시간 뒤에 윗사람에게 반항하다}'과 동음어가 되어 아주 무도하고 배은망덕한 뜻을 가리키는 것으로 여겨졌다. 심지어 때로는 벌을 받기도 하였기에 특히 나이 드신 분에게는 철저하게 지켜야 할 금기 사항이 되었다.

음식문화에서 금기사항은 특히 연해 지역 어촌에 많다.

어민들은 밥을 먹을 때, 젓가락을 '箸' 대신 '筷子'라고 불렀다. '箸'는 '住_{멈추다}'와 동음어여서 '停住抛锚_{배가 좌초되어 닻을 내리다}'는 뜻이 담겨 있는 데 반해, '筷'는 '快'와 동음어여서 '一帆风顺_{순풍에 돛을 올리다}'는 뜻을 가리키기 때문이다. 젓가락을 그릇 위에 올려놓는 것도 배가 좌초될 징조로 여겨 금기하였다. 또 생선을 구울 때나 먹을 때 모두 절대 뒤집어서는 안 되며 또 '把鱼翻过来_{생선을 뒤집어라}'라고 말해서도 안 되었으니 곧 배가 뒤집히는 것을 의미한다고 보았기 때문이다.

연해지역에 있는 또 다른 금기들을 살펴보면, '沉'이란 말의 사용을 금기하였다. '沉'^{빠집다}은 '沉船'^{배가 가라앉다}의 뜻을 연상시키기 때문인데, 그래서 사람들은 '沉'자 대신 '重'자를 썼다. 또한 배 위에서는 다리를 꼬고 앉아 있다든지 엎드려 자는 것을 금기로 여겼는데 사람들에게 죽음을 연상시키기 때문이었다.

한편 지방 방언으로 인해 형성된 금기사항도 있다. 상하이 지역에서는 병문안 갈 때 환자에게 '苹果'^{사과} 선물을 금기로 여겼는데, 상하이 방언으로 '苹果'의 발음이 '病故'^{병사하다}와 동음어이기 때문이다.

광저우^{廣州} 일대에서는 '舌'이란 말을 하는 걸 기피하여 '猪舌'^{돼지혀}를 '猪月利'로 부른다. 왜냐하면 '舌'이 '蚀'과 동음어여서 상인들은 '蚀本'^{본전을 까먹는다}이라고 생각하였기 때문이다.

4) 기타 민속과 주술적 언어

그밖에도 복이나 자식을 기원한다든지, 재앙을 피하기 위하여 언어의 주술적인 힘에 의지하는 여러 가지 민속들이 존재한다.

옛날 북방 농촌에서는 음력 12월 30일 새벽 5경 무렵이면 양을 기르던 사람들은 '羊来'^{양이 온다}라고 크게 소리쳤고, 자손이 없는 사람들은 '子孙来'^{자손들이 들어온다}라고 크게 소리쳤는데, 이런 행위는 자신의 새해 소망을 담은 말을 크게 외침으로써 소망이 이루어질 수 있다고 믿는 믿음에서 기원한 것이라고 볼 수 있다.

집안의 재앙을 다른 곳으로 옮겨 가도록 하기 위해서 민간에서는 갖가지 방법을 사용한다. 어떤 사람은 무당을 청해서 주문을 외워 사악함을 쫓아내도록 하였고, 어떤 사람은 재앙을 쫓는 글귀가 적힌 쪽지를 길가는 사람들이 집어가도록 해서 재앙이 자연스럽게 다른 곳으로 옮겨가게 하였다.

농촌에서는 잠을 안자고 우는 아이가 있으면 주문을 쪽지에 써서 큰길이나 골목에 부쳐놓고 행인들로 하여금 몇 번 읽게 한다. '天皇皇, 地皇皇, 我家有个夜哭郎, 路过行人念三遍, 一觉睡到大天亮。하느님. 따님. 우리 집에 밤에 우는 사내아이가 있는데. 지나가는 행인들이 세 번씩 읽어준다면 해가 환히 뜰 때까지 잘잘 것입니다.'와 같은 주문이 그 좋은 예이다.

민간에서는 젖니를 뽑으면 이를 쥐구멍에 던지며 기원하는 풍습이 있다. '大鼠小鼠, 接纳我低骨牙, 报给我以铜牙。큰 쥐야. 작은 쥐야! 내 젖니를 받거들랑 구리 같이 튼튼한 이로 되돌려 다오.'와 같은 기원이 그것이다.

위에서 얘기한 풍습들은 모두 언어문자의 주술적인 힘을 믿기 때문에 나온 민속들이라 생각된다.

젖니를 처리하는 풍습은 나라마다 다르다.

우리나라는 "까치야 까치야! 헌 이 줄 게 새 이 다오." 하며 지붕 위로 던진다. 중앙아시아에 있는 타지키스탄에선 빠진 이를 밭에 뿌린다. 그것이 자라서 용감한 병사가 될 거라고 믿는 풍습 때문이다.

그리스는 우리나라처럼 지붕 위로 아이의 젖니를 던지고, 덴마크에선 쥐구멍에 던진다고 한다. 그러면 이의 요정tooth fairy이 빠진 이를 가져가는 대신 선물을 준다는 신화가 있다. 영국에선 덴마크처럼 젖니를 쥐구멍에 던지기도 하지만 아이가 뺀 젖니를 가져가면 작은 천사 모양으로 조각해 주는 곳도 있다. 반면, 스웨덴에선 빠진 이를 물 컵에 넣어 둔 채 잠을 잔다. 그러면 다음 날 아침 그 자리에 빠진 이 대신 엄마가 동전을 넣어 두는 풍습이 있다.

농촌에서는 집을 지으면서 대들보를 올리거나 문을 달려고 할 때 붉은 종이쪽지를 붙여서 집안에 흉한 일을 피하고 길한 운이 찾아오길 기원하였다. '太公在此, 请神退位.^{액운을 막아주는 신인 강태공께서 여기 계시니 여러 귀신들은 물러나시오.}'와 같은 글귀가 바로 그것이다.

4. 대인관계에서 축복어와 금기

1) 恭禧发财

중국인들은 옛날부터 길상과 행복을 기원하는 말들을 자주 사용하면 할수록 재앙이나 흉액도 복이나 길한 것으로 변화된다고 믿어왔다. 그래서 설날·생일·장수를 축하할 때, 결혼하거나 아이를 낳았을 때, 승진하거나 학년이 올라갈 때, 이사하거나 개업하고 확장할 때면 항상 상대방에게 축복하거나 길상을 상징하는 말을 하곤 하였다. 이런 관념 역시 언어가 사람들에게 복이나 재물 등을 가져다줄 수 있다는 믿음에 바탕을 두고 있다고 할 수 있다.

중국인들이 일상생활 중에서 상대방을 축복하는 말들을 살펴보면 굉장히 범위가 넓고 상황들이 다양하다는 사실을 잘 알 수 있다. 그 중에서도 중국인들이 가장 많이 사용하는 말은 아마도 '恭禧发财^{돈 많이 버세요!}'란 말을 들 수 있겠는데, 현실에서 복 받기를 좋아하는 중국인들의 기본적인 심리가 그대로 반영된 아주 대표적인 말이라고 할 수 있다. 아래 예들은 모두 상황에 따라 상대를 축복하는 말들이다.

새해에 축복하는 말: '恭祝新年', '恭贺新禧', '新年快乐', '新年愉快', '新春
大吉'

설날에 축복하는 말: '恭贺春禧', '春节快乐', '恭喜发财', '金玉满堂'

생일 때 건강과 장수를 축원하는 말: '健康长寿', '万寿无疆', '寿比南山'

결혼을 축복하는 말: '龙凤呈祥', '鸾凤和鸣', '百年和好', '白头偕老'

승진을 축하하는 말: '乔迁之禧', '乔迁大吉', '平安大吉', '平安如意'

개업을 축하하는 말: '开张大吉', '恭贺开业', '开业大吉', '大展鸿图', '生意兴隆'

그밖에도 서신에서 상대방을 축복할 때 쓰는 말들이 있다. 먼저
자기보다 더 연배가 높은 어른에게 축복하는 말들은 다음과 같다.

일반적으로 존장에게 축복하는 말: '敬祝安康', '敬请钧安'

부모님께 축복하는 말: '敬请福安', '敬叩安康'

연장자인 여성에게 축복하는 말: '恭叩慈安', '敬请坤安'

그 다음으로 자기와 동년배인 친구나 동료에게 축복하는 말들
은 다음과 같다.

귀한 친구나 손님에게 비교적 정중하게 서면으로 축복하는 말: '敬颂台安',
'即颂近祺'

여성에게 축복하는 말: '敬候坤祺', '并颂淑安'

일반적인 친구에게 축복하는 말: '敬祝近安', '即颂安祺'

일반적인 동료에게 축복하는 말: '此致敬礼', '祝你健康', '祝你愉快'

연배가 낮은 사람이나 후배에게 축복하는 말: '祝你进步', '祝你成功', '祝
工作顺利', '祝鹏程万里'

여행자에게 축복하는 말: '敬请旅安', '顺请客安.

그밖에 계절별로 축복하는 말은 각각 다음과 같다.

봄　:‘敬颂春祺’
여름:‘即颂夏安’
가을:‘谨颂秋安’
겨울:‘敬请冬安’

또 전 가족에게 축복하는 말로는 ‘恭请阖府康福’, ‘祝全家安康幸福’ 등이 있고, 문병할 때 축원하는 말로는 ‘即颂康复’, ‘祝早日全安’ 등이 있으며, 문상할 때 위로하는 말로는 ‘敬请礼安’, ‘顺候孝安’ 등이 있다.

2) 일상생활 중 길상어와 금기어

옛날에 농경을 토대로 생활하였던 중국에서 살찐 것은 부귀와 후덕의 상징으로서 미덕이 되기에 충분하였다. 복을 좋아하는 중국인들에게 살찐 것도 역시 복을 받은 것이라 여겨서 ‘发福了 복을 받으셨구려!=봄이 좋아지셨구려!’라는 듣기 좋은 덕담을 하곤 하였다. 다이어트로 몸매 관리를 하려는 요즘 젊은이들이야 잘 쓰지 않는 말이 되었지만 그러나 나이 드신 분들은 지금도 여전히 즐겨 쓰는 표현 중의 하나이다. 살찐 것까지도 복과 연결시키는 중국인들은 어쩌면 복과 떼려야 뗄 수 없는 관계를 지닌 민족이라고 얘기할 수 있을 것 같다.

현실 기복적이기 때문에 당연히 불길한 말을 하기 싫어하는 관념도 함께 강하게 존재한다. 불길한 말이 인간의 운명에 영향을 주어 그런 말을 들으면 액운을 만나게 된다고 믿었기 때문이다. 그런데 이런 관념에도 역시 언어에 영험한 힘이 있다는 믿음이 반영되어 있다고 볼 수 있다.

중국인들이 일상생활 중에서 보편적으로 사용하길 꺼려하는 불길한 말들로는 '死죽다', '光조금도 남지 않다', '输지다', '完끝장나다', '离떠나다', '散흩어지다', '休쉬다', '灾재난', '祸화' 등이 있다.

이 가운데 특히 죽음은 상서롭지 못 한 일이라 여겼기에 죽음을 직접 지칭하는 '死'란 말 대신에 수많은 다른 말들을 만들어 죽음을 완곡하게 표현하려 하였다. 죽음을 완곡하게 표현하는 말들을 살펴보면 다음과 같다.

'故', '卒', '夭折', '谢世', '不讳', '长眠', '作古', '与世长辞', '命归黄泉', '上西天', '走了', '上路了', '没', '终', '丧事', '逝世', '下世', '归天', '去世', '故人', '去了', '羽化', '入寂', '坐化'

그밖에 '心脏停止了跳动심장이 뛰는 걸 멈추었다', '永远离开了我们영원히 우리에게서 떠났다'와 같이 문장으로 표현한 예도 있다. 또한 '去见马克思마르크스 만나러 갔다'처럼 사회주의 국가인 중국 사회의 특색을 반영한 매우 재미있는 표현도 존재한다.

우리나라에서도 죽음을 '돌아가셨다', '떠나셨다' 등 순수 우리말로 완곡하게 표현하는가 하면, 영면永眠, 영원히 잠들다, 타계他界, 역시 불가의 윤회 사상에서 나온 말로 다른 세계로 떠났다는 뜻, 별세別世, 윗사람이 세상을 떠났다는 뜻, 천붕天崩, 하늘이 무너졌다는 뜻으로 곧 친부의 죽음, 산화散花, 숭고한 목적을 위해 목숨을 바쳤다는 뜻와 같은 다양한 한자어로 달리 표현하기도 한다.

그런데 얼마 전 가톨릭의 김수환 추기경께서 돌아가시자 선종善終이란 독특한 표현을 썼는데, 이는 임종 때 성사를 받아 큰 죄가 없는 상태에서 사망한 것을 뜻하는 가톨릭 용어이다. 한편 불교계에서는 입적入寂, 기독교 개신교에서는 소천召天이라고 표현한다.

죽음과 관련된 사물들도 가급적 완곡하게 표현하였으니, 예를 들어 '寿木관', '长生木관', '寿衣수의', '长生衣수의', '太平间시신 보관실' 등이 그것이다.

불길한 말에 대한 사용을 금하는 민속 관념은 심지어 왕왕 그 말과 동음어들까지도 사용하지 못 하게 하였다. 그런데 봉건시대 통치자들은 이런 전통 민속 관념을 바탕으로 때때로 이 동음어의 범위를 제멋대로 확대 해석하여 자신을 반대하는 자들에게 갖가지 죄명을 뒤집어씌워 감옥에 가두는 이른바 문자옥文字獄의 수단으로 악용하기도 하였다.

명대明代 대주훈도臺州訓導였던 임운林雲이 지은 「사동궁사연전謝東宮賜宴箋」 가운데 '藻饰太平태평성세를 아름답게 꾸미다'는 구절이 있었는데, 주원장朱元璋은 '藻饰'이 '早失'과 동음어여서 '早失太平일찍 태평성세를 잃다'이라는 불길한 말을 적었다고 여기고 그를 주살하였다. 덕안부학훈도德安府學訓導였던 오헌吳憲은 그가 지은 「하립태손표賀立太孫表」 가운데 '天下有道천하에 도가 있다'구의 '有道'가 '有盜'와 동음어여서 '天下有盜천하에 도둑이 있다'라는 불길한 말을 적었다고 여겨져 역시 주살되었다.

이런 현상들은 모두 봉건시대 통치자들이 언어문자의 영험한 힘을 믿는 민간의 전통적 관념을 이용하여 통치 권위를 강화하는 한편으로 비판적인 지식인들을 탄압하는 수단으로 활용하면서 발생하였다고 할 수 있다.

이밖에도 중국어 중에는 주로 안 좋은 뜻으로 폄하할 때 사용하는 글자들이 있는데, 이런 말을 사용할 때는 매우 조심할 필요가 있다.

예를 들어 '老'자와 함께 쓰인 단어는 대부분 낡았다든지, 교활하다든지, 처세에 능하다든지 하는 식으로 폄하하는 뜻을 지녔다. '老朽^{늙은이}', '老调^{늘 하던 말}', '老头^{늙은이}', '老油条^{닳고 닳은 자}', '老古董^{고물}', '老脸皮^{철면피}', '老婆子^{할망구}' 등이 모두 그 예들이다.

중국인들은 심지어 다른 사람들의 연령이나 용모를 얘기할 때도 가급적 '老'자를 사용하길 꺼린다. 이 말은 체력이 약해졌다는 뜻 외에도 쓸모가 없어졌음을 뜻하기 때문이다. '你老了^{너 늙었구나}'라든지, '你显得有点老^{너 좀 늙어 보인다}'라는 식으로 말을 해서도 안 된다. 특히 '人老色衰^{사람은 늙고 얼굴빛도 쇠하다}', '人老珠黄^{사람은 늙고 구슬은 누렇게 퇴색하다}' 등의 말은 여성들이 가장 듣기 싫어하는 말들이다. 그밖에 '老气横秋^{무기력하다}'라든지, '老气^{노티}' 등은 젊은이들이 가장 듣기 꺼려하는 말들이다.

또 '狗'자를 수반하고 있는 단어나 성어들도 대부분 폄하하는 뜻을 지녔다. '走狗^{앞잡이}', '狗腿子^{앞잡이}', '狗仗人势^{상전을 등에 업고 남을 괴롭히다}', '狗眼看人低^{사람을 업신여기다}' 등이 있다.

개는 사회적으로 해악을 끼치는 쥐를 잘 잡기 때문에 사람들이 칭찬을 해야 마땅한데도 때로는 쓸데없이 고양이의 일에 끼어들었다고 간주하여 '多管闲事^{쓸데없는 일에 참견하다}'라고 깎아내리기도 하였다. 한편 사람들끼리 말다툼하면서 만약 '你这条狗^{너 이 개 같은 놈아}'라고 하면 필연적으로 큰 싸움을 야기하게 된다.

5. 숫자의 상징적인 의미

1) 중국인들의 독특한 숫자 관념

얼마 전 중국 주하이^{珠海}에서 열린 자동차 번호판 경매에서 C88888·C99999 등의 번호판이 각각 80만 위엔^元에 낙찰됐다고 한다. 중국인들의 자동차 번호판에 만약 8이나 9가 많다면 사실 대부분 부자라고 봐도 무방하다. 그만큼 비싼 가격에 구입하였을 것이기 때문이다. 한편 하이난^{海南}성 하이커우^{海口}시는 중국에서는 처음으로 승용차 번호판에 4자를 부여하지 않기로 했다고 한다.

아랍에미리트^{UAE}의 두바이에서도 자동차 번호판으로 차주의 신분을 짐작할 수 있다고 한다. 일반적으로 적은 자릿수의 번호판을 달고 다닐수록 특권층으로 인식된다고 한다. 번호는 1자리에서 5자리까지 있는데, 1~2자리는 로열패밀리, 3자리는 두바이귀족, 4자리는 두바이 토착민, 5자리는 외국인에게 부여되는 것으로 알려졌다.
얼마 전 이곳에서 열린 자동차 번호판 경매에서 '1'번 번호판이 1,420만 달러에 낙찰되었다고 한다.

이런 일들은 모두 중국인들의 숫자에 대한 독특한 관념을 반영한 것인데, 때문에 중국인들은 과연 숫자에 대해 구체적으로 어떤 상징적인 의미를 부여하고 있는지를 살펴볼 필요성이 있다.

중국인들은 주식을 살 때처럼 경제적이고 과학적인 판단이 필요한 때조차도 숫자에 대한 미신적 관념에 의지하는 경향이 있다. 숫자에 담긴 상징적인 의미를 신봉하는 것을 수비학數秘學이라고 하는데, 중국 주식투자자들의 주요 투자 전략 가운데 하나를 차지한다. 상하이의 종합 주가지수가 한때 4,000포인트를 돌파한 적이 있었는데, 4라는 숫자가 지닌 좋지 않은 이미지 때문에 주식 시장이 거품처럼 붕괴하는 것이 아니냐는 우려들을 하였다고 한다.

중국에서는 심지어 금리를 올릴 때도 숫자에 대한 미신이 적용되기도 한다. 다른 나라는 일반적으로 0.15, 0.20% 등 5를 단위로 하는데 반해, 중국에서는 9의 배수를 선호하여 0.18%, 0.27% 등으로 인상한다.

이 정도면 중국인들이 숫자가 지닌 의미에 대하여 과연 얼마나 비정상적인 믿음을 갖고 있는지를 대략 짐작해볼 수 있다. 일종의 숫자에 대한 미신으로서 숫자에 영험한 힘이 담겨 있다고 믿는 주술적 신앙의 일환이라고 보아야 하겠다.

2) 수사 '一' ~ '十'의 상징적 의미

이제 본격적으로 중국인들의 숫자에 대한 관념을 살펴보자.

숫자의 기본적인 기능은 사물의 수량을 표시하는 것이지만, 고대 중국에서 숫자는 이런 기본적인 기능 외에도 별도로 상징적인 의미를 부여받았으니, 이는 중국의 독특한 역사와 문화적 배경의 산물이라고 하겠다.

(1) '一' : 처음이자 으뜸

수사 '一'은 으뜸·처음과 같은 뜻으로 간주되었다.

『노자老子』에서 "도는 '一'을 낳고 '一'은 '二'를 낳고, '二'는 '三'을 낳고, '三'은 만물을 낳는다. 道生一, 一生二, 二生三, 三生萬物"고 하였듯이, '일'은 만물의 시작이자 만사의 근원이라 여겨지면서 중국인이 좋아하는 숫자 중의 하나가 되었다. 이렇듯 '一'을 숭배하는 중국인들의 관념은 중국어에도 다수 반영되어 『현대한어사전現代漢語詞典』에 보면 '一'로 시작하는 어휘가 263개나 될 정도로 아주 많다.

(2) '二' : 짝수의 기본, 대칭과 균형 상징

고대 중국인들은 10 이하의 수를 두 계열로 나누었다. 홀수인 기수奇數 1, 3, 5, 7, 9는 양陽으로 하늘·강함·남편이라는 상징적인 뜻을, 짝수인 우수偶數 2, 4, 6, 8, 10은 음陰으로 땅·부드러움·아내라는 상징적인 뜻을 지니고 있다고 생각하였다.

그 중에서 수사 '二'는 짝수의 처음을 상징한다.

중국의 원시 종교와 도교에서는 모두 짝수를 숭배하면서 크게 길하고 이로운 수라고 여겼다. 유가 경전인 『주역周易』에서는 우주 만물의 근원인 태극이 다시 음양으로 나뉘며, 음양이 합해져 우주 만물의 생성과 변화를 이룬다고 보았는데, 이처럼 음과 양의 대칭과 통일이라는 중용적이고 대칭적인 사상관념은 중국인들의 일상생활에 깊이 반영되었다. 고전 문학작품이나 대련에서는 대우를 중시하였고, 건축예술과 민간공예 등에서도 모두 대칭미와 균형미를 중시하였다. 이 점에 대해서는 3장 대칭적인 중국어에서 이미 자세히 살폈기 때문에 더 이상 논의하지 않는다.

중국인들은 현대로 들어오면서 더욱 짝수를 선호하였다. 그들은 본래 사물이 한 쌍으로 대칭과 균형을 이루는 것을 특별히 좋아하였기 때문이다. 그래서 결혼이나 개업 날짜를 선택한다든지, 축의금을 보낸다든지 할 때 항상 짝수를 취한다. 선물을 보낼 때도 '送双不送单', 곧 하나를 보내지 않고 두 개를 보낸다. 두 개가 한 짝으로 대칭과 조화를 이루어서 상서롭고 이롭게 되길 바라기 때문이다.

우리나라에서는 결혼 축의금을 낼 때 2만원이나 3만원을 내다가 요즈음은 5만원을 주로 내며 그 이상을 내는 사람들은 10만원을 내기도 한다. 이로 보아 우리는 홀수냐, 짝수냐에 그다지 얽매이지 않는 것으로 보이며 다만 4자를 선호하지 않는다는 것만은 확실한 것으로 보인다.

'二'·'两'·'双' 등으로 조합된 단어는 칭찬의 뜻을 포함한 단어들이 많지만 그 중에 '二'로 조합된 단어에는 간혹 부정적인 뜻이 담긴 말들도 있다.

'二把刀열치기', '二五眼열치기', '二赖子망나니', '二流子망나니', '二百五바보'

(3) '三' : 우주를 구성하는 기본 숫자

수사 '三'은 예로부터 '발생하다'·'상서롭다'는 뜻을 나타냈다. 중국인들은 우주 천지가 삼유三維로 구성되었으며, 이 삼유는 다시 천지인^{天地人} 삼재^{三才}를 가리킨다고 여겼다. 또한 『주역』에서 효^爻를 부를 때 쓰는 '六'과 '九'는 모두 '三'의 배수이다. 이리하여 '三'은 상서로움을 나타내는 숫자로서 사람들이 좋아하고 떠받드는 숫자 중 하나가 되었다.

예로부터 '三'으로 명명한 사물들이 아주 많았다. 천문·역법·법률·기물·궁전건축 등에서 '三'을 기준 법도로 삼지 않은 것이 없다. 종교에 '三教^{유교·도교·불교}'가 있고, 예교에 '三纲[군위신강^{君爲臣綱}·부위자강^{父爲子綱}·부위처강^{夫爲妻綱}]'이 있는 것이 그 예이다.

그런데 현대에 이르면서 수사 '三'은 '散^{흩어지다}'와 발음이 비슷하여 선호하지 않는 숫자로 간주되는 경우도 있다.

'三宝^{노동·기술·사상}', '三才[천^天·지^地·인시]', '三昧^{삼매경}', '三友[시^詩·주酒·금琴/송松·죽竹·매梅]', '三国[위^魏·촉蜀·오吳]', '三礼[주례^{周礼}·의례^{仪礼}·예기^{禮记}]', '三纲[군신^{君臣}·부자^{父子}·부부^{夫妇}의 도리]', '三顾茅庐^{예를 극진히 하여 초빙하다}'

'三'과 '两'이 결합된 단어는 소수임을 표시한다.

'三三两两^{둘씩 셋씩}', '三言两语^{두세 마디 말}', '三冬两夏^{2·3년간}'

'三'과 '五' 또는 '六'으로 구성된 단어는 다수, 또는 여러 차례임을 표시한다.

'三令五申^{몇 번이고 되풀이하여 경계하다}', '三番五次^{여러 번}', '三年五载^{수 년간}', '三三五五^{삼삼오오}', '三头六臂^{삼두 육비, 초인적인 능력을 가진 사람}'

'三'과 '四'로 구성된 단어는 부정적인 뜻을 많이 표시한다.

'不三不四^{인품 등이 볼품없다}', '低三下四^{굽실거리다}', '朝三暮四^{간사한 꾀로 남을 속여 희롱하다}'

(4) '四' : 죽음을 상징, 매우 싫어하는 숫자

수사 '四'는 본래 고대에는 상서로운 숫자로 간주되었었다. 그래서 중국인들은 많은 사물에 '四'를 짝지어서 말하곤 하였다. '四大江河[창강^{長江}·황허^{黃河}·헤이룽장^{黑龍江}·주장^{珠江}]', '四大湖泊[둥팅후^{洞庭湖}·포양후^{鄱陽湖}·칭하이^{青海}·타이후^{太湖}]', '四大佛山[우타이산^{五臺山}·푸퉈산^{普陀山}·주화산^{九華山}·어메이산^{峨眉山}]' 등이 그 예이다. 또한 민속 예법에서는 '四平八稳^{매사를 온당하게 하는 모양}'을 중시하였기에, 선물을 보낼 때는 '四样^{네 가지}'를 보내고, 손님을 초대하여 식사할 때는 '四盘八蹀^{쟁반 네 개와 접시 여덟 개의 요리}'을 내놓는 것을 중시하였다.

그런데 현대에 이르면서 일부 방언 지역에서 '四'가 '死^{죽다}'와 발음이 비슷하고, '十四'가 '实死^{진짜 죽다}'와 동음어여서 불길하다고 싫어하게 되었다. 특히 월^粤 방언을 쓰는 광둥성과 민^閩 방언을 쓰는 푸젠성 등지의 지역에서는 병원에 4호실 병실을 두지 않고, 시내버스는 4번 버스를 두지 않으며, 차 번호판은 4가 없고, 빌딩 층에는 4층이나 14층이 없다.

이와 같은 '四'에 대한 일부 지역의 독특한 관념이 현대에 이르러 갈수록 보편화되면서 이제는 전체 중국인들이 널리 싫어하는 숫자가 된 것이다. 그리하여 이제는 선물을 보낼 때도 네 종류를 보내는 것을 꺼리게 되었다. 왜냐하면 네 종류를 뜻하는 '四种'은 곧 '死终^{죽다}'과 발음이 비슷하기 때문이다.

'四'로 조합된 단어 중에 자주 쓰이는 것들을 보면 다음과 같다.

'四方동서남북', '四面사면', '四边사방', '四周사방', '四海세계', '四通八达사통팔달', '四面埋伏사방에서 매복하다', '四邻八舍사방 이웃나라, 이웃', '四山五岳방방곡곡', '四面楚歌사면초가', '四分五裂사분오열'

(5) '五' : 만물을 생성

'五' 역시 중국인들이 상서롭게 여기는 숫자 가운데 하나이다. 고대에 오행五行설이 성행하였는데, 곧 '木목·火화·土토·金금·水수' 다섯 개의 기본 원소가 상생과 상극을 반복하며 자연 만물을 생성하고 변화시킨다고 본 관점이다. 이 오행 관념이 확대되면서 오행이 다섯 개의 방위나 색채 등과도 각각 짝을 이루는 것으로 간주되었고, 한걸음 더 나아가 '五'의 범주에는 포함되지 않는 것이 없다는 관념까지 출현하면서 '五'는 사람들이 떠받드는 숫자가 되었다.

중국인들은 '五'를 좋아하여 사물들을 개괄할 때 다섯 개씩 짝 짓는 경우가 많았다. 방위에 '五方', 하늘에 '五星', 땅에 '五材', 옛날 제왕 중에 '五帝', 산 중에 '五岳', 인륜 중에 '五常'·'五伦', 복 중에 '五福', 경전 중에 '五经', 음악 중에 '五音', 곡식 중에 '五谷', 맛 중에 '五味', 색깔 중에 '五色' 등이 그 예이다.

현대에 이르러서도 지난 2005년 자동차 번호판 경매에서 'C55555'가 81만 위엔元에 팔린 기록도 있을 만큼 숫자 '五'는 여전히 신비로운 힘을 지닌 숫자로 여겨지고 있다.

그러나 어떤 방언 지역에서는 수사 '五'가 '无없어지다'와 발음이 비슷한 관계로 싫어하기도 한다.

'五'를 포함하고 있는 성어를 보자.

'五光十色색채가 화려하고 아름답다', '五花八门여러 가지 모양', '五湖四海전국 각지', '五体投地오체투지, 불교 경례 방법의 하나', '五世同堂온 집안이 평화롭고 흥성하다', '五味俱全온갖 맛이 다 갖추어지다', '五十步笑百步겁 묻은 개가 똥 묻은 개를 나무란다.'

(6) '六' : 순조롭고 길함, 매우 선호하는 숫자

수사 '六' 역시 중국인들이 아주 좋아하는 짝수 중의 하나이다. '六'은 '二'와 '三'의 배수로서 상서로움을 상징한다고 여겼기에, '六'으로 개괄한 단어들이 많이 존재한다. 인간에게 '六亲[부父·모母·형兄·제弟·처妻·자子]', 경전에 '六经[시诗·서书·예礼·악乐·역易·춘추春秋]', 학업에 '六艺[예礼·악乐·사射·어御·서书·수数]' 등이 그 예이다.

그런데 정확히 언제부터인지는 모르지만 현대에 이르면서 수사 '六'은 '流'와 발음이 비슷한 관계로 '流'의 뜻 가운데 하나인 '顺利순조롭다, 막힘이 없다'의 뜻까지 포함한다고 생각하게 되었다. 그래서 현대 중국인들은 '六'을 '六六大顺순조롭고 또 순조로우니 크게 순조롭다'이라고 여기면서 더욱 좋아하게 되었다. 젊은이들은 6이 들어간 날짜, 곧 6일, 16일, 26일 등을 결혼날짜로 선택하길 좋아하는데, 6이 들어간 날은 '万事如意, 一切顺利모든 일이 뜻대로 순조롭게 이루어지다'라는 뜻을 상징한다고 믿기 때문이다. 만약 음력과 양력 모두 6을 지닌 날짜, 일테면 양력 6월 6일이면서 음력 5월 16일이라면 이날은 특별히 '大吉大利크게 길하다'한 날이라 여겼다.

'六'과 짝을 이루어 사물들을 개괄한 단어의 예를 보자.

자연에는 '六气[음陰 · 양陽 · 풍风 · 우雨 · 회晦 · 명明]', 우주에는 '六合[천天 · 지地 · 사방四方]', 인간에게는 '六欲[생生 · 사死 · 이耳 · 목目 · 구口 · 비鼻]'과 '六情[희喜 · 노怒 · 애哀 · 락乐 · 애爱 · 오恶]', 철학사상에는 '六家[음양가陰阳家 · 유가儒家 · 묵가墨家 · 명가名家 · 법가法家 · 도덕가道德家]', 한자 조자법造字法에는 '六书[상형象形 · 지사指事 · 회의会意 · 형성形声 · 가차假借 · 전주转注]', 또 근대 법률에는 '六法[헌법宪法 · 민법民法 · 상법商法 · 형법刑法 · 민사소송법民事诉讼法 · 형사소송법刑事诉讼法] 등이 있다.

(7) '七': 무한한 우주

수사 '七'은 비록 홀수지만 중국인들에 의해 상서로운 숫자로 간주되었다. 중국인들은 '七日칠일'을 천도가 순환하며 왕복 운행하는 주기에 해당하는 수라고 여겼다. 그래서 '七'이란 유한한 숫자가 무한한 시간과 무궁한 우주를 상징하는 매우 상서로운 숫자로 간주하게 되었던 것이다.

고대에 '七'은 상사丧事와도 관련이 있는 것으로 간주되었다. 그래서 사람이 죽은 뒤 칠일 째 되는 날마다 제사를 한 차례씩 지냈으며 '七七四十九日사십구일'에 이르러 멈췄다.

중국인들은 만물이 '七'이란 숫자와 불가분의 관계를 가졌다고 여겨 사물을 개괄할 때도 즐겨 사용하였다. 문학작품 중에 매승枚乘의 '『七发칠발』', 동한东汉 말엽에 '建安七子건안칠자', 시가 문체인 '七律칠언율시', 음악에 '七音[칠음; 궁宫 · 상商 · 각角 · 치微 · 우羽 · 변궁變宫 · 변치變徵]', 가정생활에 필수 불가결한 '七件事[일곱 가지 일, 시柴 · 미米 · 유油 · 염盐 · 장酱 · 초醋 · 차茶] 등이 그 예이다. 명절로는 '七夕7월 7일'이 있으니 중국 고대의 '情人节발렌타인 데이'이자 '妇女

节^{여성의 날}'이었다고 할 수 있다. '七'은 또한 자주 '八'과 짝을 이루어 성어를 구성하기도 하는데 그 뜻은 '뒤섞여 어지럽다'는 비판적인 뜻이 포함되어 있다. 현대에 이르러서도 수사 '七'은 '起^{일어나다}'와 발음이 비슷한 관계로 선호하는 숫자 중의 하나로 분류되고 있다.

'七'과 '八'이 짝이 되어 성어를 구성한 예를 살펴보자.
'七零八落^{이리저리 흩어지다}', '七零八散^{뿔뿔이 흩어지다}', '七零八碎^{산산이 부서지다}', '七长八短^{길고 짧음이 고르지 않다}', '七大八小^{크기가 고르지 않다}', '乱七八糟^{엉망진창이다}', '七修八改^{이리저리 수정하다}', '七言八语^{제각기 떠들어대다}'

(8) '八' : '发财', 가장 좋아하는 숫자

수사 '八'은 '二'와 '四'의 배수로 대칭을 이루는 짝수였기에 예로부터 상서롭고 경사스러운 숫자고 간주되었다. 그래서 민간에서는 결혼이나 경사를 축하할 때 자주 '八八^{여덟 접시와 여덟 그릇의 요리}'의 잔치자리를 마련하였다.

사물을 개괄할 때도 '八'자를 즐겨 사용하였다. 일테면 '八'로 구성된 단어 가운데 방위를 가리키는 '八方[팔방; 동^东·서^西·남^南·북^北·동북^{东北}·동남^{东南}·서북^{西北}·서남^{西南}]', 절기를 가리키는 '八节[여덟 절기; 입춘^{立春}·춘분^{春分}·입하^{立夏}·하지^{夏至}·입추^{立秋}·추분^{秋分}·입동^{立冬}·동지^{冬至}]' 등이 그 예이다.

'八'로 구성된 단어들을 살펴보자.

점복 중 '八卦[팔괘; 건乾·태兌·리离·진震·손巽·감坎·간艮·곤坤]', 전설상 신선 중 '八仙[팔선; 한종리汉鐘离·장과로张果老·한상자韩湘子·이철괴李铁拐·조국구曹国舅·여동빈呂洞宾·남채화藍採和·하선고何仙姑]', 불교의 '八宝수가 많음을 나타냄', 문장 중 '八股팔고문', 음악 중 '八音[팔음; 금金·석石·사丝·죽竹·포匏·토土·혁革·목木]' 등이 있다.

성어에는 '八面玲珑팔방 미인', '八面威风위풍이 당당하다', '八面埋伏팔방에서 매복하다' 등이 있다.

그런데 '八'은 광둥어로 '发'과 발음이 같아 이 지역 사람들은 '八'에 '发财돈을 벌다'의 뜻이 담긴 것으로 간주하고 좋아하였다. 1970년대 말, 개혁 개방이 이루어지고 먼저 부를 차지한 광둥 지역 사람들이 중국인들에게 지위가 높은 사람들로 흠모의 대상이 되면서 자연히 '八'이란 숫자는 전국적으로 좋아하는 숫자가 되기 시작하였다. 이제 중국인들은 너나없이 돈을 많이 벌길 바라는 현실적인 이유에서 이 '八'자를 숫자 중에서 가장 좋아하고 있다. 그래서 번지수, 호실수, 자동차 번호판, 전화번호 등에서도 모두 '八'이란 숫자를 선호한다.

홍콩, 마카오, 타이완臺灣 등지에서는 1988년 8월 8일을 성대하게 경축하였다. 네 개의 '八'은 곧 '发·发·发·发'와 동음어여서 '大大发财크게 돈을 벌다'의 뜻을 지니고 있기 때문이었다.

충칭重慶에서는 이동전화번호 '908888'의 경매가 있었다. 이 번호는 가장 상서롭고 기억하기 쉬운 번호였기 때문에 사람들이 서로 얻으려고 치열한 각축전을 벌였는데 익명을 요구하는 사람에 의해 5만 위안元에 팔렸다고 한다.

자동차 번호판에 '~168'이란 번호는 '一路发내내 발전하다'를, 또 '~518'은 '我要发나는 발전하려고 한다'를 뜻하기 때문에 좋은 숫자로 여겨져 서로 차지하려고 다투기도 한다.

상하이上海에서는 매달 8일, 18일, 28일에는 신문에 개업 광고를 내는 지면이 평상시보다 배로 늘어난다고 한다. 심지어 어떤 회사는 개업식을 8일 아침 8시 8분에 한다고 한다. 한편 이 시간이 너무 일러서 축하객들이 적게 올까 걱정하는 사람들은 또한 8시 88분, 즉 9시 28분에 개업식 행사를 한다고도 한다.

그런데 아주 일부 지역이긴 하지만 '八'의 사전적인 의미에 근거하여 '分別떼어지다'의 뜻이 있다고 여겨 싫어하는 지역도 있다. 허베이河北성의 노인들은 특히 '八'이 들어간 나이를 말하지 않는 경향이 있다고 하며, 장시江西성 이창宜昌시의 노인들도 '八'을 꺼려서 숫자 '八'이 들어간 선물을 하는 것을 금기로 여기고 있다고 한다.

(9) '九' : 장수, 아주 좋아하는 숫자

수사 '九'는 '十' 이하 기본 숫자 중에 가장 높은 숫자로서 가장 높고, 깊고, 크고, 넓은 사물의 극한을 상징한다. 게다가 '九'는 '久'와 동음어이기 때문에 '長久장수하다'의 뜻을 지닌 것으로 간주되기도 하였다.

이 때문에 옛날 제왕들은 자신과 왕조가 영원하기를 바라는 측면에서 '九'를 지극히 높고 신성한 황권을 상징하는 숫자로 간주하였다. 황제를 '九重天구중천'이라 불러 지고무상의 존귀한 천자를 뜻하게 하였고, 황제들이 입는 옷을 오래도록 평안하게 국가를 통치할 수 있기를 바라는 측면에서 '九龙袍^{구룡포}'로 불렸고, 국가의 통치권을 전해주는 전설상의 보물을 '九鼎^{구정}'으로 불렀으며, 중국의 옛 이름을 '九州^{구주}'로 부른 것 등은 모두 '九'에서 존엄한 황권이란 뜻과 오래도록 잘 다스려 평안하다는 뜻을 취한 것이다. 수사 '九'는 현대에 이르러서도 '久^{장수하다}'와 발음이 비슷한 관계로 중국인들이 여전히 매우 선호하고 있는 숫자 중의 하나이다.

'九'로 이루어진 단어들도 많지만, '九'의 배수인 '十八', '三十六' 등의 숫자로 조합된 단어도 많이 있다. '十八层地狱^{가장 고통스러운 최하층의 지옥}', '十八罗汉^{십팔 나한}', '三十六计, 走为上计^{삼십육계에 줄행랑이 상책이다}' 등이 그 예이다.

'九'로 이루어진 단어들을 살펴보자.

'九流^{전국시대 아홉 학파}', '九族^{구족}', '九泉^{황천}', '九品^{구품}', '九牛一毛^{많은 가운데 극히 적은 부분}', '九死一生^{구사일생}', '九九重阳节^{음력 구월 구일 중양절}'

(10) '十' : 완전무결, 되돌아감

수사 '十'은 많고 가득 차 있음을 뜻하기 때문에 완미함과 원만함을 상징하는 숫자로 간주되었다. 그래서 중국인들은 예로부터 '十'을 선호하였다. '十'자로 이루어진 단어들도 많이 존재하는데, 예를 들어 '十全十美'와 같은 단어는 '완전무결하여 나무랄 데가 없다'는 뜻으로 쓰인다.

그런데 우리 삶에는 '物极必反^{사물이 극한에 이르면 반드시 되돌아간다}'의 이치가 존재하듯이, '十'은 한편으로 '사물의 극한'이어서 더 이상 나갈 곳이 없는, 어떤 면에서 보면 좋지 않은 뜻을 상징하고 있는 것으로도 여겨졌다. 그래서 노인들은 생일을 보낼 때 '十'으로 끝나는 나이의 생일은 쇠지 않는 민간풍습이 있다. 일테면 60세, 70세가 될 때는 생일을 쇠지 않지만 59세, 69세 때는 성대하게 경축을 하는 것이 그 좋은 예이다.

> '十'으로 구성된 단어들을 살펴보자.
> '十分^{대단히}', '十足^{완전무결하다}', '十方[십방: 동東·서西·남南·북北·동남東南·서남西南·동북東北·서북西北·상上·하下]', '十国^{오대 십국}', '十哲^{공자의 열 제자}', '十面埋伏^{희곡 작품명 「십면 매복」/겹겹이 매복 포위하다}', '十大弟子^{불교의 십대 제자}', '十大名山^{십대 명산}', '十大悲劇^{십대 비극}'

3) 기타 숫자의 상징적 관념

기타 숫자들에 대한 중국인들의 관념을 살펴보자.

'百'은 '十'의 10배로서 수량의 많음을 표시한다. '百方^{각종 방법}' 등의 단어가 있다.

'千'은 '十'의 100배이다. '千'은 많음을 표시하면서 상서로움을 표시하기도 하는 숫자이다. '千秋^{천 년이라는 긴 세월}' 등의 단어가 있다.

'万'은 '十'의 천 배이다. '万'과 결합된 단어는 지극히 많음을 표시한다. '万古^{오랜 세월}' 등이 그 예이다.

'百', '千', '万'으로 구성된 단어들을 차례대로 살펴보자.

'百年大计_{백 년 대계}', '百科全书_{백과사전}', '百家争鸣_{백가쟁명}', '百闻不如一见_{백 번 듣는 것이 한 번 보는 것만 못 하다}', '百艺不如一艺长_{이것저것 아는 것보다 한 가지에 정통하는 것이 낫다}'

'千古_{아주 오랜 옛날}', '千里马_{천리마}', '千篇一律_{천편일률}', '千虑一失_{많은 생각 중에는 간혹 실수도 있을 수 있다}', '千里迢迢_{길이 아주 멀다}', '千里鹅毛_{선물은 비록 보잘 것 없으나 정의는 두텁다}', '千载难逢_{좀처럼 얻기 힘든 좋은 기회}'

'万福_{많은 복}', '万岁_{영구한 세월}', '万里长城_{만리장성}', '万事亨通_{만사형통}', '万事如意_{온갖 일이 뜻과 같이 되다}', '万事大吉_{모든 일이 다 순조롭다}', '万里鹏程_{전도가 양양하다}', '万夫莫当_{만 명의 사람도 당해내지 못 할 정도로 용감무쌍하다}'

자금성의 방은 9,999개라고 한다. 갓 태어난 아기가 하루에 한 방씩 자고 나면 27세가 된다는 이야기가 있다. 1만 개의 방을 만들 수 있었지만 '万'이라는 것은 신을 의미하기 때문에 신을 능가하지 않기 위해 9,999개를 만들었다고 한다.

숫자 '零'의 본래 뜻은 '비와 이슬이 내린다'는 뜻인데, 여기에서 다시 조락하고 시든다는 뜻이 파생되어 나왔다. 그래서 많은 경우 부정적인 의미를 포함한다. '零丁_{의지할 곳이 없다}', '零落_{시들다}', '凋零_{시들어 떨어지다}', '飘零_{우수수 떨어지다}' 등의 단어가 있다.

숫자 '十三'에 대해 상하이 사람들은 좋지 않은 숫자로 여긴다. 만약 상하이 사람들이 '某人是十三点。_{아무개는 바보다}'라고 했다면, 그 뜻은 이 사람은 사리분별을 할 줄 몰라 일 처리가 정확하지 않다는 것으로 '바보'의 뜻을 가리킨다. '十三'이 이런 뜻을 지니게 된 까닭은 '十二'란 숫자와 밀접한 관련이 있다. 명리학에서 '十二'는 완미함과 원만함을 상징하는 길한 숫자로 여기고 있는데, 1년 12개월, 12개의 띠 등에서 연유한 것으로 보인다. 그래서 완미한 '

기적이고 자기중심적인 중국인의 모습으로 보이기도 하며, 때로는 강한 생존 본능을 지닌 현실적인 중국인의 모습으로 해석되기도 한다.

---

* 중국어는 문법이 없다?

지금 중국어를 공부하는 많은 사람들이 들으면 고개가 갸우뚱해질 말이지만 80년대 90년대에는 중국어를 접하던 많은 사람들이 하던 이야기이다. 그러나 어떠한 언어도 문법이 없는 언어는 없다. 문법이란 말이 형성되는 규칙이므로 형식이나 방식이 다르더라도 모든 언어는 각각의 문법이 존재한다.

80년대 이전에는 중국과 이데올로기로 대립되어 있는 정세에서 중국어는 대만과의 관계 속에서만 존재하였던 언어로 일반인에게 보급률은 매우 낮은 상태였다. 당시에는 언어 자체 보다는 언어로 표현된 문학작품에 대한 특히 고전에 대한 연구가 주요하게 이루어지고 있었기 때문에 중국어에 대한 이해는 아주 초보적인 수준에 불과하였다. 80년대는 중국관련 학과가 많이 개설되면서 중국어에 대한 관심이 급격하게 일기 시작하였는데 이때에도 중국어에 대한 이해는 문법이 없는 언어, 그냥 많이 보고 읽고 외우면 되는 언어라는 개념이 팽배하여 중국어 공부는 읽으면서 해석하는 방법이 전부였다. 그러나 90년대 중국과 수교를 맺은 이후 중국어의 수요가 급격하게 증가하면서 중국어를 체계적으로 이해하려는 노력이 시작되고 중국어는 우리가 늘 접하던 서구 언어와 같은 형태변화 위주의 문법형식이 아닌 중국어만의 언어체계가 형성하는 문법이 있음을 인지하면서 중국어 문법에 대한 연구가 많이 진행된다.

하지만 이런 중국인의 특징을 한마디로 총괄하면 주변상황을 중시하는 '상황적 중국인'이라고 할 수 있다. 중국인은 주변 상

황 속에서의 자신의 위치, 주변과 나와의 관계가 매우 중요하다. 그리고 이처럼 상황이 중시되는 현상은 중국 언어 습관에서도 엿볼 수 있다.

1. 중국어 문장구조의 상황성

중국어는 한국어와는 다른 언어체계를 가지고 있다. 한국어는 주로 어미의 변화나 조사를 통해서 문장의 기능이나 의미가 구분됨으로써 상대적으로 어순은 자유롭다. 반면 중국어는 단어와 단어의 조합으로 문장이 이루어지므로 어순이라든가 허사의 기능이 중요한 문법적 역할을 하고 있다. 그러나 중국어는 이러한 문법적 특징마저도 고정적이기보다는 상황에 따라 가변성이 매우 크다. 상황적인 중국어의 특징을 알아보기 전에 우선 중국어의 기본 언어체계를 이해하기 위하여 중국어 문장구조의 특징을 알아보도록 하겠다.

첫째, 중국어는 어순이 중요하다. 중국어의 어순은 가장 중요한 문법특징으로 어순이 변화함에 따라 중국어는 의미도 달라지고 문장구조도 변화한다.

我们理解(우리는 이해한다) ------ 理解我们(우리를 이해한다)

鲁迅研究(노신이 연구한다) ------- 研究鲁迅(노신을 연구한다)

猫捉老鼠(고양이가 쥐를 잡다) ----- 老鼠捉猫(쥐가 고양이를 잡다)

위의 첫 번째, 두 번째는 모두 주어와 술어로 구성되어 있으나 단어의 순서를 바꾸면 '理解我们'과 '研究鲁迅'이 되어 모두 술어와 목적어 구조로 바뀌게 된다. 세 번째 문장의 猫와 老鼠의 위치를 바꾸면 동작의 주체자가 고양이에서 쥐로 바뀌게 된다.

衣服干净(옷이 깨끗하다) ———— 干净衣服(깨끗한 옷)
房子漂亮(집이 아름답다) ———— 漂亮房子(아름다운 집)

위의 두 예는 주어와 술어로 구성된 구조의 순서를 바꾸면 형용사가 명사를 꾸며주는 수식구조가 된다.

紧握(꽉 잡아) ————————— 握紧(꽉 잡다)
多吃(많이 먹어) ————————— 吃多(많이 먹다)
快走(빨리 가/ 걸어) —————— 走快(빨리 걷다)

동사 앞에서 동사를 수식하고 있는 형용사를 동사 뒤로 보내면 '동사＋형용사'로 술어와 보어의 구조를 이룬다.
부사의 위치에 따라 문장의 의미가 달라지는 경우도 종종 있다.

我们班不都是韩国人。(우리 반은 모두 한국인인 것은 아니다.)
我们班都不是韩国人。(우리 반은 모두 한국인이 아니다.)
我身体不太好。(나는 몸이 그다지 좋지 않다.)
我身体太不好。(나는 몸이 아주 안 좋다.)

부정부사 不가 또 다른 부사의 앞뒤에 오면서 문장의 의미가 완전히 달라지는데 '都'나 '太'의 앞에 오면 부분부정의 의미가 되고 '都'나 '太'의 뒤에 오면 완전부정의 의미가 된다.

중국어 문장에서 주체와 대상이 특정적인지 여부에 따라 주어의 위치에 올지, 아니면 목적어의 위치에 올지가 달라지기도 한다. 주어 위치에 오는 사람은 말하는 사람과 듣는 사람이 모두 알고 있는 사람으로 누구를 지칭하는지 대부분 명확하게 알고 있다. 만약 목적어의 위치에 오는 사람이면 이는 새로운 정보가 되어 그 대상이 누구인지 명확하게 알지 못하는 경우가 대부분이다. 예를 들면,

客人来了。---- 来了客人。(손님이 오셨다.)

한국어로 해석하면 모두 '손님이 오셨다'가 되어 별 구분이 가지 않지만, 중국어에서 '客人来了'라고 하면 이 '客人'은 모두가 알고 있는 사람이거나 기다리고 있던 손님이 된다. '来了客人'의 '客人'은 예상하지 못한 손님으로 대부분 '不速之客' 즉, 불청객을 뜻하기 쉽다.

十八岁才结婚。(열여덟 살에 겨우 결혼했다.)
结婚才十八岁。(결혼할 때 겨우 열여덟 살이었다.)

나이가 앞에 오느냐 뒤에 오느냐에 따라 나타내는 의미는 완전히 다른 뉘앙스를 나타내는데 '十八岁才结婚'은 열여덟 살에 결

혼한 것은 너무 늦었다는 것을 의미하고 '结婚才十八岁'는 열여덟 살에 결혼 한 것은 너무 이르다는 의미로 이보다는 좀 더 늦게 했어야한다는 의미를 내포하고 있다.

　둘째, 허사가 중요하다. 허사라 하면 주로 실질적인 의미를 가지고 있는 단어가 아니고 주로 문법적 기능의 역할을 하는 단어들로 전치사, 조사, 접속사, 감탄사 등이 있다.

　서구 언어와 같은 형태변화가 거의 없는 중국어는 많은 허사가 각각 고유의 문법적 특징을 가지고 문장에서 중요한 역할을 하고 있다.

　　爸爸妈妈(아빠 엄마) ―――― 爸爸的妈妈(아버지의 어머니)

　'的'는 명사성 성분을 꾸며 주는 역할을 하는 구조조사로서 '爸爸妈妈'라 하면 '아버지, 어머니'라는 병렬구조이지만 '爸爸的妈妈'라 하면 '아버지의 어머니'와 같이 수식구조가 되어 '할머니'를 뜻한다.

　　鲁迅先生(노신 선생) ―――― 鲁迅的先生(노신의 선생님)

　'鲁迅先生'은 '先生'이 '鲁迅'과 동급으로 호칭을 나타내나 '鲁迅的先生'에서는 '的'가 소유를 나타내는 구조조사의 역할을 하여 '노신의 선생님'이 된다.

解决问题(문제를 해결하다) ———— 解决的问题(해결한 문제)

修改初稿(초고를 수정하다) ———— 修改的初稿(수정한 초고)

　'解决问题'와 '修改初稿'는 동사+명사'의 구조로 술어와 목적어 관계인데 이 사이에 '的'를 삽입하여 동사가 명사를 수식하는 역할을 하게 하여 수식구조로 된다.

学习的学生(공부하는 학생)

认真地学习(열심히 공부하다)

学习得很好(공부를 잘 한다)

　'学习的学生'의 '的'는 명사성성분을 수식하는 역할을 하는 구조조사이고 '认真地学习'의 '地'는 동사성성분을 수식하는 구조조사이며 '学习得很好'의 '得'는 술어 뒤에 보어가 따르게 됨을 나타내는 구조조사이다.

我看了一本书。(나는 책 한 권을 봤다.)

他听着音乐看书。(그는 음악을 들으며 책을 본다.)

我看过中国电影。(나는 중국영화를 본 적이 있다.)

　'了'는 동사 뒤에서 동작이 완료가 됐음을 나타내는 시태조사이고 '着'는 동사 뒤에서 동작이 진행되거나 상태가 지속됨을 나타내는 시태조사이며 '过'는 과거의 경험을 나타내는 시태조사이다.

你是学生吗?(너는 학생이냐?)

你是学生吧?(너 학생이지?)

문장 맨 뒤에 오는 어기조사에 따라서 문장의 어조가 달라지는데 '吗'가 오면 어떠한 정보를 알기위해 질문을 할 때 사용하는 의문어기조사인데, 만약 '吧'를 사용하여 질문을 하면 화자가 질문하는 내용을 어느 정도 그러할 것이라고 단정을 지으면서 물을 때 사용하는 어기조사이다. '我们走吧!^{우리 갑시다.}'와 같이 '吧'는 또한 '~하자'라는 어조를 나타내는 청유형 어기조사로 많이 사용된다.

셋째, 단어, 구, 문장의 구조가 일치한다. 다시 말하여 단어를 구성하는 원칙과 구를 구성하는 원칙, 문장을 구성하는 원칙이 기본적으로 같다는 말이다. 우선 예를 보면,

병렬구조: 兄弟 ---- 哥哥弟弟 ---- 我是老师，你是学生。

(형제 ---- 오빠 남동생 -- 나는 선생님이고, 너는 학생이다.)

수식구조: 皮鞋 ---- 牛皮鞋子 ---- 因为天气不好，所以我不去旅游

(가죽신 - 소가죽 신발 -- 날씨가 좋지 않아서, 나는 여행을 안 갔다.)

술목구조: 管家 ---- 管理家务 ---- 我买了一斤苹果。

(집을 관리하다 -- 가사 일을 관리하다 -- 나는 사과 한 근을 샀다.)

술보구조: 说明 ---- 说得明白 ---- 他汉语说得很流利。

(설명하다 --분명하게 말하다 -- 그는 중국어를 유창하게 한다.)

주술구조: 国营 ---- 国家经营 ---- 这件衣服很漂亮。

(국영 ---- 국가가 경영하다 --- 이 옷은 예쁘다.)

한국어와 중국어는 서로 언어체계가 달라서 한국어로 해석을 하면 위의 특징이 분명하게 드러나지는 않지만 위의 예를 통하여 중국어의 단어, 구, 문장이 형성되는 구조는 기본적으로 같음을 알 수 있다. 이 몇 가지의 기본구조를 중심으로 구성되는 중국어의 문장

은 매우 다양한 구조와 형태로 이루어지곤 하면서 상황에 따라 쓰임과 의미가 다채로워진다. 가령 위의 예에서 '我是老师, 你是学生。'은 병렬구조이지만 때로는 '내가 선생님이니까 너는 학생이야^{因为我是老师, 所以你是学生。}'이 될 수도 있다. '因为天气不好, 所以我不去旅游了。'는 접속사를 사용하지 않고 '天气不好, 我不去旅游了。'라고 하여도 의미가 같을 수는 있지만 이럴 경우에는 수식구조라고 보기는 힘들며 또 '날씨가 안 좋으면 나는 여행 안가겠다.'라는 의미를 나타낼 수도 있다. 이렇듯 중국어 문장은 원칙 속에서 자유스럽게 다양해지는 융통성을 발휘하는 언어적 특성을 내포하고 있다.

넷째, 품사와 문장성분이 반드시 일치하는 것은 아니다.

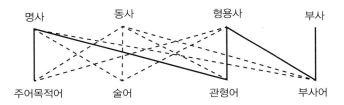

문장을 구성하는 성분으로 크게 주어, 술어, 목적어, 관형어, 부사어, 보어 6가지가 있다. 문장은 단어들로 구성되며 이 단어들은 특성에 따라 품사를 나누고 각각 품사들은 문장에서의 역할에 따라 문장성분으로 분석된다. 국어나 영어를 생각하면서 일반적으로 명사는 주어나 목적어가 되며 동사는 술어가 되며 형용사는 관형어가 되며 부사는 부사어가 된다는 규칙을 떠올리곤 하는데 대부분 중국어의 품사는 문장에서의 역할이 일대일로 대응되지 않고 있다. 중국어의 품사는 대략 명사, 수사, 양사, 동사, 형

용사, 부사, 대사, 전치사, 조사, 접속사, 감탄사 등으로 나뉘는데 중국어의 품사가 문장에서 맡고 있는 다양한 역할은 다음과 같다.

명사는 일반적으로 주어와 목적어가 되나 관형어가 되기도 하고 술어가 될 수도 있다.

那本书在桌子上。(그 책은 탁자 위에 있다.)
我买了一本汉语书。(나는 중국어 책 한 권을 샀다.)
苹果一斤五块钱。(사과는 한 근에 오원이다.)

'那本书在桌子上。'에서 '书'는 주어가 되고 '桌子'는 목적어의 역할을 하고 있으며 '我买了一本汉语书。'에서 '汉语'는 '书'를 수식하는 관형어의 역할을 하고 있고 '苹果一斤五块钱。'에서 '五块钱'은 술어의 역할을 하고 있다.

다섯째, 음절이 단어 구성이나 문장구조에 영향을 준다. 예를 들면 일반적으로 2음절 형용사가 1음절 명사를 수식하면 구조조사 的를 사용하다. '漂亮书'라고 하기보다는 '漂亮的书'라고 말하는 것이 더욱 자연스러우며 '漂亮衣服'라고 하는 것은 형용사 명사 모두 2음절로 구성되어 있어 자연스러우나 '很漂亮衣服'라 하여 정도부사 很이 부가되면 명사를 수식하는 형용사 부분이 3음절이 되므로 이에 맞추어 중간에 구조조사 '的'를 사용하여 '很漂亮的衣服'라고 하는 것이 훨씬 자연스럽게 된다.

이렇게 중국어는 설사 동일한 문장일지라도 앞 뒤 문맥과 어순에 따라 의미가 달라질 수도 있고, 허사 하나로 전체 문장의 의미나 어조에 영향을 줄 뿐만 아니라, 형용사가 술어가 되기도 하고 부사어가 되기도 하며 때에 주어나 목적어의 역할을 할 수 있는 것처럼 품사 또한 문장에서 고정된 위치에 놓여 고정된 문장성분이 되는 것이 아니라 상황에 따라 다양한 역할을 하기도 하며, 또 의미와 상관없이 음절에 의해서 문장의 구조가 달라지기도 한다. 그러므로 중국어의 문장은 앞뒤 어순을 잘 살피고, 허사와 품사, 음절 하나하나가 전체 문맥 속에서 어떤 역할을 하고 있는지 잘 파악해야 의미가 분명해진다. 이 같은 중국어의 특징은 바로 늘 자신을 둘러싼 주변 상황을 살피고 자신의 위치를 파악하고 그에 따라 행동하고자 하는 중국인의 속성과 일치함을 알 수 있다. 그리고 이런 특징은 오랜 세월을 거쳐 중국인의 몸속에 유전되어 온 것이지 최근에 갑자기 등장한 것이 아니다.

2. 고립어 한자의 상황성

한자는 각 낱말 형태가 일반적으로 하나의 형태소morpheme로 이루어진 고립어이다. 어형 변화나 접사 따위가 없고, 단어의 의미가 문장 속에서의 위치에 의하여 결정되는 언어이다. 상형문자에서 유래한 중국어는 글자 하나 마다 각각 독립된 의미를 가지고 있고, 또 가지고 있는 의미도 매우 광범위할 뿐만 아니라, 품사도 고정되어 있지 않아 문장 구성상의 역할도 제한을 받지 않는다. 그러므로 중국어는 한 글자의 의미와 쓰임을 정확히 알려면 앞뒤 문장을 주의해서 봐야 한다.

이런 현상은 특히 고대 중국에서 두드러진다. 예를 들면 당^唐대 한유^{韓愈}의 명문인 「잡설^{雜說}」중에 다음과 같은 구절이 있다.

> 龙乘是气, 茫洋穷乎玄间, 薄日月, 伏光景, 感震电, 神变化,
> 水下土, 汩陵谷。
>
> (용은 이 구름을 타고 저 망망한 하늘 끝까지 날아가, 해와 달에 다가가서
> 빛을 가리고, 천둥과 번개를 치게 하고, 변화를 신기롭게 하여, 아래 땅으
> 로 비가 내리고 골짜기에 물이 넘쳐흐르도록 한다.)

3글자로 이루어진 '薄日月', '伏光景', '感震电', '神变化', '水下土', '汩陵谷' 구절은 어떤 것이 동사인지 명사인지 분간하기 어려워 해석하기가 쉽지 않다. 하지만 자세히 글자의 관계를 분석해 보면 모두 '술어+목적어'구조로 되어 있음을 알 수 있다. 그러므로 '薄', '伏', '感', '神', '水', '汩'가 모두 '다가가다', '가리다', '흔들다', '신기하게 하다', '비가 내리다', '물이 흐르다'는 뜻의 동사인 것이다. 특히 일반적으로 '엷다'는 형용사로 많이 쓰였던 '薄'자가 여기서는 '다가가다'라는 동사로 쓰이고, 주로 '물'이라는 명사로 쓰이던 '水'자가 여기서는 '물이 흐르다, 비가 내리다'라는 뜻으로 사용되었다. 또 '火于秦, 黃老于汉^{한유 「원도(原道)」}'란 문장 역시 '火'자를 동사로 보아 '불태워지다'라고 풀이하고, '黃老'자 역시 '황로사상이 일어나다'라고 풀이하여 '진나라 때 유가의 책이 불태워지고, 한나라 때 황로사상이 일어났다'라고 해석된다.

이렇게 한 글자의 품사가 고정되지 않아 문장 구성 성분의 제한을 받지 않는 현상은 고대 중국어에서 흔히 볼 수 있는데, 예를

들면 '君君, 臣臣, 父父, 子子'「논어(论语)안연(颜渊)」와 같은 문장은 '임금은 임금다워야 하고 신하는 신하다워야 하며 아버지는 아버지다워야 하고 자식은 자식다워야 한다.'라는 뜻으로, 앞에 쓰인 '君, 臣, 父, 子'는 각각 '임금, 신하, 아버지, 자식'이라는 주어가 되고, 뒤에 쓰인 '君, 臣, 父, 子'는 각각 '임금답다, 신하답다, 아버지답다, 자식답다'라는 술어가 된다. 『맹자孟子』의 '親親'「진심(盡心)하」이라는 말도 '친한 이를 친하게 여긴다.'라고 술목구조로 해석해야 하며, 『대학大學』첫 구절에 나오는 '明明德'이란 말도 앞의 '明'자는 '밝히다'라는 동사로, 뒤의 '明'자는 '밝은'이라는 형용사로 해석하여 '밝은 덕을 밝히다.'라고 해석해야 한다. 이 같은 특성은 현대 중국어도 마찬가지이다. 다음 두 문장을 해석해보자.

上下齐心。 – 위아래가 마음을 합하다.
上下很方便。 – 오르내리기가 매우 편리하다.

첫 번째 '上下'는 '위아래'라는 명사인데, 두 번째 '上下'는 '오르내리다'라는 동사이다. 이처럼 똑같은 '上下'라는 단어지만, 뒤에 어떤 술어가 쓰였는지에 따라 해석이 완전히 달라진 것이다.

같은 글자가 문장에서 위치와 기능에 따라 품사가 다르게 사용되는 예를 중국어에서는 많이 볼 수 있다.

上网(인터넷을 하다)
网上(인터넷상에서)

'上网'의 '上'은 동사로 쓰여 '인터넷을 하다'라는 뜻이지만 '网上'의 '上'은 방위를 나타내는 방위사로 쓰여 '인터넷상에서'라는 의미이다.

> 人朝上走，水朝下流。(사람은 위를 향해 걷고 물은 아래를 향해 흐른다.)
> 大家都向山上走上去。(모두 산 위로 걸어 올라간다.)
> 我在火车上遇上了小王。(나는 기차에서 샤오왕을 만났다.)

'朝上'의 '上'은 명사로 쓰여 '위'라는 의미이고, '向山上'과 '在火车上'의 '上'은 방위사로 쓰여 '~위'라는 의미이다. '走上去'의 '上'은 방향보어로서 동작의 방향이 위로 향하고 있음을 가리키며, '遇上'의 '上'은 결과보어로서 동작이 도달하고자 하는 바의 실현을 나타낸다.

'回来'는 '돌아오다'라는 의미로 동사로 쓰이나, 두 글자의 위치를 바꾼 '来回'는 '왕복하다'라는 동사나 '왕복'이라는 명사로 사용된다.

> 回来(돌아오다)
> 来回(왕복하다/왕복)
> 第二天傍晚，同伴回来告诉他一个不幸的消息。
> (다음날 저녁 무렵 동료는 돌아와 그에게 불행한 소식을 알렸다.)
> 划子很小，一次只坐四个人，来回要三趟。
> (거룻배는 너무 작아서 한번에 네사람만이 탈수 있어서 세차례 왕복을 해야 한다.)
> 有一次，为了看他一眼，她竟然在村街里一连走了三个来回。
> (한번은 그를 한번 보기위해 그녀는 뜻밖에 마을 거리를 연속하여 세번이나 왕복하여 걸었다.)

我昨天买的这本书。(나는 어제 이 책을 샀다.)

我昨天买的这本书很有意思。(내가 어제 산 이 책은 매우 재미있다.)

똑같은 구조인 '我昨天买的这本书'에서의 '的'는 상황에 따라 역할이 다르다. 위의 문장에서의 '的'는 '是～的'의 강조구문에서의 '的'로 이미 발생한 일을 나타내는 의미로 사용되고 있으며 아래 문장의 '的'는 명사성 성분을 수식하는 구조조사로 사용되고 있다.

我给他一本书。(나는 그에게 책 한 권을 준다.)

我给他打电话。(나는 그에게 전화한다.)

위 문장의 '给'는 동사로 쓰여 '주다'라는 의미이고, 아래 문장의 '给'는 전치사로 쓰여 동사의 대상을 나타낸다.

우리말과는 달리 중국어는 또 상황에 따라 다른 구조의 말을 사용해야 하는 경우도 종종 있다. 중국어는 술어와 관련된 문장 성분으로 부사어와 보어가 있다. 부사어는 술어 앞에 위치하고 보어는 술어 뒤에 위치하는데 이럴 경우 술어가 문장의 맨 뒤에 위치하는 우리말로 해석하면 중국어의 부사어와 보어는 모두 부사어가 되므로 구별하기 힘든 경우가 종종 발생한다. 예를 들면, '천천히 말해'는 '말하는 속도를 느리게 하라'는 의미일 수도 있고, '말을 조금 있다가 늦게 시작하라'는 의미가 될 수도 있다. 이를 중국어로 표현하면 '请慢点儿说!'라 할 수도 있고 '请说慢点儿!'이라고도 할 수 있다. '请慢点儿说!'는 '지금 진행하고 있는 일의 속도를 조금 늦게 하라'라는 의미를 가지고 있으며, 또 '동작의 진행을 좀 늦게 착수하라'라는 의미를 하나 더 내포한다. 그러나 '请说慢点儿!'이라고 하면 '지금 진행하고 있는 일의 속도를 조금 늦게 하라'라는 의미만을 나타낸다.

다시 우리말 '빨리 가'에 해당하는 중국어 표현을 살펴보자.

快走!(빨리 가.)
走快点儿!(빨리 걸어.)

단음절 형용사 '快', '慢'이 단독으로 부사어가 되어 명령문이 될 경우는 명령, 재촉, 권고 등의 의미를 나타내는데 이러한 형용사가 보어가 될 때는 뒤에 '点儿', '些' 등이 함께 쓰여야 한다. 위의 두 예는 모두 속도를 빠르게 하라는 공통적인 의미를 내포하고 있어 '빨리 걸어'라는 의미 인데, 그 중 전자의 예는 '동작의 진행을 빨리 착수하라'라는 의미를 하나 더 가지고 있어 '빨리 떠나가'라는 의미도 될 수 있다.

你刚才那段话多说了。(너 방금 그 단락은 많이 얘기했어.)
你刚才那段话说多了。(너 방금 그 단락은 많이 얘기했어.)

두 예는 모두 어떤 기준에 부합되지 않음을 나타내는 것은 같으나 두 문장의 표현의미에는 약간의 차이를 보인다. 위 문장의 예인 부사어 '多'는 '그 단락은 근본적으로 말 할 필요가 없었다'는 것을 의미한다. 다시 말해서 안 해도 되는 말을 하는 경우, 본인의 논지에 별 도움이 안 되는 말을 한 경우, 말을 했으나 결국 그 부분은 필요 없는 내용으로 사족이 되는 경우가 해당된다. 아래문장의 예인 보어 '多'는 '그 단락은 말을 너무 많이 해서 장황했다'는 것을 의미한다. 이야기한 내용은 없어서는 안 될 부분이긴 하나 적절한 정도를 넘어서 예를 지나치게 많이 들어 지루했다거나 같은 말을 하고 또 하여 듣는 사람으로 하여금 좀 간단하게 이야기해도 될 것으로 느낄 때 할 수 있는 말이다.

他在桌子上跳。(그는 탁자에서 뛴다.)

他跳在桌子上。(그는 탁자로 뛰었다.)

위 예와 같이 장소를 나타내는 '在+명사' 전치사구조가 동사 앞에 부사어가 될 경우는 동작 '跳'가 진행되고 있는 장소를 나타내고, 아래의 예에서처럼 보어로 올 경우는 주어가 동작 '跳'를 통해 이동한 후의 장소를 나타낸다.

중국어에는 동의자^{同義字}가 많은데 단어나 구를 조합하면서 뜻이 비록 같다 할지라도 상황에 따라 선택하는 글자가 다른 경우가 종종 있다.

外事: 内务 (외교사무: 내무)

海事: 港务 (해사: 항만사무)

供电: 给水 (전력을 공급하다: 급수하다)

保母: 护士 (보모: 간호사)

똑같은 일인데도 외교적인 일이나 바다에서의 일을 나타내는 단어에는 '事'를 사용하고, 내무적인 일이거나 항만과 관련된 일일 경우는 '务'를 사용한다. '공급하다'라는 의미의 단어인 '供给'

은 상황에 따라 두 글자를 나누어 각각 사용하는데 전력을 의미하는 '电'에는 '供'을 사용하고 물을 의미라는 '水'에는 '给'를 사용하며, 보호하다라는 의미의 '保护' 역시 상황에 따라 '보모'일 경우에는 '保'를 사용하고 '간호사'일 경우에는 '护'를 사용한다. 게다가 같은 뜻을 지닌 동의자라고 할지라도 조합된 단어의 상황에 따라 의미가 달라진다.

亲嘴: 亲口 (입 맞추다: 자기 입으로/친히)
豁嘴: 豁口 (언청이: 틈)

'입'을 나타내는 말로는 '嘴'와 '口'가 있는데 각각 '亲'과 '豁'와 결합하면서 '亲嘴'과 '豁嘴'의 경우와 같이 '嘴'는 원래의 의미를 가지고 있고, '亲口'과 '豁口'에서의 '口'는 원래의 의미는 사라지고 또 다른 의미로 파생되는 현상을 볼 수 있다.

또한 중국어는 끊어 읽기를 어떻게 하느냐, 한 글자의 의미를 어떻게 해석하느냐에 따라 전체 문장의 의미가 달라지는 경우도 있다.

男人没有女人就活不了了。
我跟他学英语，你跟小李学法语。
我们这里，有的是大学生。

위와 같은 세 문장은 끊어 읽기에 따라서 의미가 달리 표현될 수 있다. 즉, '男人没有女人就活不了了。'라는 문구는 어떻게 나누어 읽느냐에 따라 행위의 주체자가 달라질 수 있다.

男人没有，女人就活不了了。(남자가 없으면 여자는 살 수가 없다.)

男人没有女人，就活不了了。(남자는 여자가 없으면 살 수가 없다.)

위의 문구는 '男人没有'에서 문장을 끊음으로써 '没有'의 주어는 '男人이 되고 '活不了'의 주어는 '女人'이 된다. 아래의 문구는 '男人没有女人'에서 문장을 끊음으로써 '没有'나 '活不了'의 주어는 모두 '男人'이 된다.

두 번째 문장은 '跟'의 문장에서의 역할이 달라 의미가 달라지게 되는 것으로 끊어 읽기도 이에 따라 달라진다.

我跟他/学英语，你跟小李/学法语。

(나와 그는 영어를 배우고 너와 샤오리는 불어를 배운다.)

我/跟他学英语，你/跟小李学法语。

(나는 그에게 영어를 배우고 너는 샤오리에게 불어를 배운다.)

위의 예문은 '跟'이 접속사의 역할을 하고 있어 '我'와 '他', '你'와 '小李'가 모두 주어가 되고 있는 반면 아래 예문의 '跟'은 전치사로 '我'는 '他'를 배우는 사람인 주어가 되고 '他'는 '我'를 가르쳐주는 사람이 되며, '你'는 '小李'를 배우는 사람인 주어가 되고 '小李'는 '你'를 가르쳐주는 사람이 된다.

세 번째 문장은 단어와 고정격식의 하나인 숙어의 차이에서 오는 것으로 '有的'는 사람이나 사물의 한 부분을 뜻하는 것이고, '有的是'는 고정격식으로 극히 많음을 뜻한다.

我们这里，有的/是大学生。(우리 여기는 어떤 사람은 대학생이다.)
我们这里，有的是/大学生。(우리 여기는 있는 것이 대학생이다.)

윗 예문은 여기에 있는 사람 중 일부가 대학생인 반면 아래 예문은 여기의 있는 사람 중 대학생이 굉장히 많음을 나타낸다.

다음 '下雨天留客天留我不留.'라는 글귀는 어떻게 이해할 수 있을까? 명대 문인 서위가 어느 날 친구를 방문하였는데 비가 내려 며칠을 친구 집에 묵었다. 친구의 아내는 남편을 종용하여 서위의 머리맡에 '下雨天留客天留我不留'라는 글을 놓아 두게 하였다. 서위는 글을 보고 친구가 손님을 내쫓으려는 의도인지는 알았지만 즉시 떠나는 것이 창피스러워 이 글을 큰소리로 읽으며 덧붙이기를 "친구가 이렇게 정성스레 원하니 너무 빨리 돌아가는 것도 예의가 아니니, 며칠 더 묵어가겠네."라고 하였다. 사실 친구의 아내는 이 문장을 5언시로 쓴 것이나 서위는 끊어 읽기를 달리하여 전혀 다른 뜻으로 해석했다. '下雨天留客天留我不留'라는 문구의 끊어 읽기를 보면,

下雨，天留客。天留，我不留。
(비가 내리니 날씨가 손님을 머물게 하네. 날씨는 머물게 하나 나는 머물게 하지 않겠네.)
下雨天，留客天。留我不?留。
(비가 내리는 날은 손님을 머물게 하는 날. 나를 머무르게 할 것 이죠? 머무시오.)

즉 위의 문구는 서위의 친구 아내가 생각한 문구고 아래문구
는 서위가 생각한 문구이다.

'빌리다'와 '빌려주다'는 빌리는 사람과 빌려주는 사람이 엄연
히 달라 혼동될 경우 큰 문제가 발생할 수도 있는 단어임에도 불
구하고 중국어에서는 하나의 단어가 이 두 의미를 내포하고 있는
재미있는 현상이 있다. 즉 '租'와 '借'라는 단어는 '임차하다'와 '임
대하다'의 의미를 동시에 가지고 있다. 이러한 단어는 주위의 언어
환경을 보고 상황에 따라 의미를 취사선택하게 된다. 예를 들어 '买
房比租房合算'은 '집을 사는 것이 집을 빌리는 것보다 더 수지가 맞
다'의 해석이 적합하고, '卖房比租房合算'은 '집을 파는 것이 집을
세놓는 것보다 더 수지가 맞다'로 해석하는 것이 적합하다. 상황
에 따라 '租房'의 의미를 눈치 있게 파악하여 사용하면 큰 문제에
봉착하지는 않을 것 같다.

이렇게 상황에 따라 문장해석이 달라지는 경우는 고대문장에
서도 종종 발견되는데, 중국 고대 시는 함축성과 간결한 표현을
중시했으므로 더욱 이런 특성이 강했다. 따라서 때로는 시인의
의도와 상관없이 독자의 해석이 더욱 중요한 의미를 갖기도 한
다. 하지만 정확성을 중시하는 산문에서도 문맥에 따라 한 글자
의 의미가 완전히 달라지는 경우가 허다했다.

『논어論語 · 이인里仁』편에 나오는 '朝闻道, 夕死可矣'란 문장이
바로 그렇다. 이는 공자의 유명한 문장이지만, 논란의 여지 또한
많다. 지금은 대체로 '아침에 도를 들으면 저녁에 죽어도 좋다.'
란 해석으로 통하는데, 이 말은 곧 '자기 스스로 도를 깨달았으
면 죽음이 순식간에 다가와 오늘 저녁에 죽어도 좋다'라는 말로,

철학적, 도덕적 의미가 강하다. 여기서 '도'란 '사물의 당연한 이치', 혹은 '우주자연의 이치'를 뜻한다.

그런데 이와 같은 주자^{朱子} 해설이 유행하기 이전만 해도 '아침에 천하에 도가 있다는 말을 들으면, 저녁에 죽어도 좋다'라는 해석이 지배적이었다. 공자가 '어찌 아직 도가 들리지 않느냐?^{豈尚未聞道者?}'라고 하며, '세상에 도가 있다는 말을 듣는다면 저녁에 죽어도 여한이 없다.^{苟聞天下之有道, 則死亦無遺恨.}「示儿」'라고 천하를 걱정했다는 송^宋 대 손혁^{孫奕}의 주장을 근거로 한 해석이다. 여기에서 '도'란 바로 '제세^{濟世}' 즉, '세상을 잘 다스려 백성을 구제하는 것'이다.

이처럼 같은 문장이지만 시대에 따라 학자들의 견해에 따라 문맥이 완전히 다른 의미로 전달되고 수용된다. 공자의 한 마디가 엄숙한 도학자의 말로 해석되기도 하고, 나라를 걱정하는 정치인의 한 마디로 해석되기도 한다.

그런데 어떤 사람들은 이 말을 "아침에 도를 들어야 저녁에 죽을 수 있다", 다시 말해서 "아침에 도를 듣지 못 하면 저녁에 죽을 수도 없다"는 식으로 장난스럽게 풀면서 도에 대한 깨달음의 중요성을 강한 어조로 강조하기도 한다.

또 『논어』 중 「향당^{鄕黨}」편에는 '廐焚, 子退朝, 伤人乎, 不问马。'란 구절이 있는데, 보통은 '마구간에 불이 나자 선생님께서 퇴근하고 오셔서 사람이 다쳤느냐고 물으시고는 말은 묻지 않으셨다.'라고 해석하여, 공자의 인도주의 정신을 엿볼 수 있는 대표적인 문장으로 이해한다. 하지만 일부 학자들은 공자가 말과 같은 생명체를 경시할 리가 없다고 여기고, '마구간에 불이 나자 선생님께서 퇴근하고 오셔서 사람이 다쳤느냐고 물으시고는 다시 말에 대해 물으셨다. 厩焚. 子退朝. 傷人乎不? 问马.'라고 새로운 해석을 시도하기도 했다. 그런데 '말에 대해 물었다'는 데 대해 공자가 현실의 물질적인 상황에 초연하지 못 하고 재산 가치를 지닌 '말'이 어떻게 됐는지를 궁금해 한 것이라고 해석하는 사람도 있다.

이처럼 중국어는 전체 문맥에 따라 다양한 해석이 존재할 수밖에 없었으므로, 내용 전달의 정확성이 가장 큰 난제였다. 이런 문제점을 해결하기 위해, 당송고문가들은 문장법을 연구하고 허사를 활용하는 등 문장 전달능력을 개선하기 위해 광범위한 노력을 했다. 오늘날 '당송팔대가'가 유명하게 된 이유가 바로 당송 문장가들의 이런 노력 덕분이었다.

또한 중국인들이 전통적으로 낭독이라는 학습법을 가지고 있는 것도, 바로 이런 문제점을 해결하기 위한 노력의 일환이었다. 가장 보편적이고 정확한 문장을 지으려면 모범이 되는 문장을 낭독하여 문리를 터득하고 기법을 익히는 것이 가장 빠르고 현실적인 방법이었다. 또 중국인들이 중시하는 문장의 운율까지 익히려면, 소리 내어 읽는 것이 가장 효율적인 학습방법이었던 것이다. 하지만 중국어가 가지고 있는 기본적인 특성 즉, 다의성, 상황성, 함축성 등으로 인해 내용의 정확한 전달에는 여전히 한계를 노출하기도 한다.

중국인이 이처럼 전체적인 문맥을 중시한 것은 바로 한자라는 상형문자를 수천 년 동안 사용해온 민족이기 때문이다. 한자라는 그림이 주는 직관과 종합적 정보로 인해 중국인은 사물이든 사건이든 우선 전체적인 상황을 보려는 성향이 발달했다. 언어 역시 어휘의 정확한 의미나 어법을 분석하기 보다는, 전체적인 문맥과 상황에 맞추어 사용하는 것이 중시되었다. 그러므로 중국어에 있어서 '搭配' 즉, 단어 간의 조합은 문법만큼이나 매우 중요하다.

중국어는 동사의 성격에 따라서 목적어의 특성이 결정된다. 우리말로 '내가 너한테 갈게'라든가 '네가 나한테 와'라는 문장을 중국어로 번역할 경우 다음과 같다.

我去你那儿。(내가 너한테 갈게.)
你来我这儿。(네가 나한테 와라.)

동사 '去가다'와 '来오다'의 목적어는 일반적으로 장소를 나타내는 말이 와야 한다. 그러므로 한국어의 '너한테', '나한테'를 중국어로 표현할 때는 '你'와 '我' 뒤에 '那儿'과 '这儿'을 붙여서 장소를 만들어 주어야 한다.

'그는 중국어를 유창하게 한다.'를 중국어로는 '他汉语说得很流利。'라고 한다. 이 문장에서 우리말의 '유창하다'는 말의 의미는 '말을 하거나 글을 읽는 것이 물 흐르듯이 거침이 없다'인데 이 상황에 부합하는 중국어는 바로 '流利'이다. 물론 중국어에는 우리 한자음으로 '유창'이라고 읽히는 '流畅'이라는 단어도 있다. 두 단어의 의미는 '언어가 원활하고 막힘이 없다'는 공통점을 가지고 있으면서도 '流利'는 '말이 명쾌하고 막힘이 없다'라는 의미가 좀 더 강조되고 사용되고 '流畅'은 '자연스럽게 잘 이어진다'는 의미가 좀 더 강조되어 사용된다. 예를 들어보면,

他能用中文交流，说得很流利，写得也很清楚。
(그는 중국어로 교류할 수 있는데 말을 유창하게 하고 글도 정확하게 잘 쓴다.)

他的作品大量使用民间口语、俚语，既富有生活气息，又简明流畅。

(그의 작품은 대량으로 민간의 구어와 속어를 사용하여 풍부한 생활의 숨

결을 느낄 수 있고 간단명료하면서도 거침이 없다.)

윗 문장에 사용된 '流利'는 '언어실력이 좋다'는 의미의 유창이

고, 아래 예문에 사용된 '流畅'은 '언어사용이 과감하게 거침없이 술

술 풀어나간다'는 의미의 유창이다. 이런 '流畅'은 '流利'와는 달리

또 음악이나 연주와 관련된 분야에 쓰이기도 하는데 다음과 같다.

圆润和谐的音色， 优美流畅的旋律， 明快欢跃的节奏， 深深
地感染着观众。

(부드럽고 매끄러우며 조화로운 음색, 아름답고 막힘없는 선율, 명쾌하고

환희에 찬 리듬은 매우 깊게 관중을 감동시킨다.)

他们把这首小巧精致， 轻快活泼的乐曲演奏得和谐流畅， 赢得
了全场观众的热烈掌声。

(그들은 이 깜찍하고 정교하며 경쾌하고 활기찬 악곡을 조화롭고 막힘없

이 연주하여 전체 관중의 열렬한 박수소리를 얻었다.)

유지하다를 중국어로 표현하자면 '维持', '保持'가 있다. 이 두

단어는 모두 '원래의 상황을 유지하여 변하지 않게 한다'라는 의미

를 가지고 있으나 '保持'는 '사물이 시간이 지남에 따라 손상을 입

지 않게 한다'라는 의미에 더욱 치중하여 함께 출현하는 단어는 주

로 '环境'환경, '水土'수분과 토양. 자연환경과 기후, '水平'수준, '荣誉'명예, '作风'기

풍. 태도. 풍격, '传统'전통, '习惯'습관, '姿势'자세와 함께 쓰인다. 예를 들면,

大多数藏族群众都依然保持着藏族服饰·饮食·住房的传统风格。

(대부분의 티베트족은 여전히 티베트족의 복식, 음식, 주거에 대한 전통적 풍격을 유지하고 있다.)

今年的失业率可能仍保持在去年8.8%的水平。

(올해의 실업률은 아마도 여전히 작년의 8.8%의 수준을 유지할 것이다.)

'维持'는 '일정한 노력을 통해 원래의 상황을 계속 존재하도록 한다'는 의미에 치중하고 있어 주로 '现状'^{현상}, '生活'^{생활}, '生命'^{생명}, '秩序'^{질서}, '纪律'^{기율} 등의 단어와 함께 쓰인다. 예를 들면,

体育老师在场内忙碌着，来参观的老师也帮着维持秩序。
(체육선생님이 장내에서 바쁘시니 참관하러 오신 선생님 역시 질서유지를 돕고 계신다.)

我倒是没有很高的要求，只要可以维持稳定的生活，照顾到家庭就可以了。
(나는 별로 대단한 요구는 없고 단지 안정된 생활을 유지하고 가정을 돌볼 수만 있으면 된다.)

중국어는 의미의 좋고 나쁨에 따라 문장 구조가 달라지는 경우가 있다. '有'를 사용하는 비교구문에서는 술어가 되는 형용사의 의미가 좋은 의미인가 나쁜 의미인가, 긍정적인 의미인가 부정적인 의미인가에 따라서 구조의 차이가 나타난다.

他有她聪明。(그는 그녀만큼 총명하다.)
他有她那么聪明。(그는 그녀만큼 그렇게 총명하다.)
*他有她笨。(그는 그녀만큼 어리석다.)
他有她那么笨。(그는 그녀만큼 그렇게 어리석다.)

'聪明'은 긍정적인 의미로 첫 번째와 두 번째의 구문이 모두 사용될 수 있으나, '笨'과 같이 부정적인 의미일 경우는 '这么'나 '那么'를 함께 사용하여야만 된다.

이와 같은 예는 '一点儿, 有点儿'을 사용하는 구문에서도 볼 수 있다.

汉语有点儿难。(중국어는 조금 어렵다.)
*天气有点儿好。(날씨가 좀 좋다.)
天气好一点儿了。(날씨가 좀 좋아졌다.)

'好'와 같이 형용사의 의미가 긍정적일 경우는 '有点儿'을 사용할 수 없다.

'被'를 사용하는 피동문은 대부분 발생한 일이 부정적인 의미를 나타내는 문장에 사용되어 술어로 사용되는 동사가 좋은 의미 즉 긍정적인 의미일 때는 잘 사용하지 않거나 제한적으로 사용된다.

*每天她被老师表扬了好长时间。
(매일 그녀는 선생님께 장시간 칭찬받는다.)
我的钱包被小偷儿偷走了。
(나의 지갑은 소매치기에게 소매치기 당했다.)

칭찬을 받는 것은 좋은 일이므로 '表扬'은 일반적으로 '被'자를 사용한 피동문으로 사용하지 않는다. 소매치기 당하는 일은 누구나 발생하기를 원하지 않는 부정적인 일이므로 '被'자의 피동문으로 사용하기 적합하다.

'가지고 있다', '소유하고 있다'는 의미의 단어는 '有', '具有', '拥有'가 있다. '有'는 목적어의 형식이 비교적 자유스러운데 '具有'는 주로 추상적인 의미의 목적어를 취한다. '拥有'는 토지나 인구 등을 대량으로 소유하는 경우에 많이 사용된다. 예를 들면,

我有一本书。 (나는 책 한권이 있다.)

他很有钱。 (그는 돈이 많다.)

这个人非常有学问。 (이 사람은 학문이 매우 깊다.)

这个建筑具有古典的风格。 (이 건물은 고전적인 분위기를 가지고 있다.)

我国拥有960平方公里的土地。 (우리나라는 960 평방킬로미터의 영토를 가지고 있다.)

중국어의 어휘는 동의어가 많은데 그 중 의미가 같더라도 좀 가벼운 느낌을 주거나 또는 무거운 느낌을 주는 차이가 있는 단어가 있어서 화자가 나타내려는 의도의 경중에 따라 어휘를 선택하여야 한다.

希望 < 盼望 < 渴望 (희망하다 < 몹시 바라다 < 갈망하다)

失望 < 绝望 (실망하다 < 절망하다)

阻止 < 制止 (막다 < 강력하게 막다)

爱好 < 嗜好 (기호, 좋아하다 < 특수한 기호, 특이하게 좋아하다)

努力 < 竭力 (노력하다 < 진력하다)

批评 < 批判 (꾸짖다 < 비판하다)

称赞 < 赞美 (칭찬하다 < 찬미하다)

研究 < 钻研 (연구하다 < 깊이 연구하다)

准确 < 精确 (정확하다, 틀림없다 < 세밀하고 정확하다)

가령 이러한 단어들이 문장에서 출현하는 예를 보면 다음과 같다.

我希望四年后能再参加奥运会。

(나는 4년 후에 올림픽에 다시 참가할 수 있기를 바란다.)

奥运会时我盼望着金牌, 但与奖牌无缘。

(올림픽에서 나는 금메달을 간절히 바랐으나 메달과는 인연이 없었다.)

奥运会时他渴望金牌和世界纪录。

(올림픽에서 그는 금메달과 세계기록을 갈망한다.)

문장에서 '希望'으로 표현된다면 일반적인 바람이 되지만, '盼望'이 쓰였다면 눈이 빠지도록 간절히 바라는 감정이 들어가 있다. 가령 올림픽 수영경기에서 금메달을 획득한 후 세계수영선수권대회에서도 역시 금메달을 따기를 온 국민이 원하는 마음을 표현한다면 적어도 '盼望'을 써야 의미가 확실하게 전달된다. 바라는 마음을 목이 타게 바란다는 의미의 '渴望'으로 표현한다면 훨씬 절실함이 느껴질 것이다.

이처럼 중국어는 앞뒤 문장의 위치에 따라 쓰임과 의미가 달라지는데, 중국인 역시 자신이 처한 상황과 위치에 따라 자신의 모습과 역할을 바꾸는데 능하다. 나를 둘러싼 주변 상황을 이해하고 그에 따라 자신의 역할과 모습을 판단하는 중국인의 몸속에는 상황이 중시되는 중국어 특징의 유전인자가 흐르고 있다고 할 수 있다. 중국인은 그가 정치가이든 사업가이든 일반 시민이든 아무런 표정도 읽을 수 없는 얼굴로 있을지라도 이미 자기 눈앞에 있는 상대방에 대한 파악을 하고 있다. 이런 중국인의 겉모습에 방심한 상대방은 결정적인 순간에 허를 찔리게 되는데, 이런 천부적인 재능이 중국인으로 하여금 뛰어난 상인이 되게 한 것이다. 만만디 중국인의 얼굴 뒤에는 이런 역사가 흐르고 있다.

3. 움직이는 진리, 그때그때 달라지는 중국인

중국인들은 전통적으로 철학서와 역사서를 중시했다. 중국에서 본격적으로 저술이 나오기 시작하는 춘추전국시대만 놓고 봐도 그렇다. 『주역周易』, 『논어論語』, 『맹자孟子』, 『노자老子』, 『장자莊子』, 『순자荀子』 등이 모두 사상서이고, 『상서尙書』, 『춘추春秋』, 『좌전左傳』, 『국어國語』, 『전국책戰國策』 등이 모두 역사기록이다. 중국 문인들은 경전해설서를 저술하고, 역사서를 편찬하는 것을 문인의 사명으로 알았고 최고의 명예로 생각했다. 고대 중국에서 흔히 학문이라 하면 바로 '경사經史' 즉 경학과 사학을 가리켰다.

경학과 사학은 표면적으로는 서로 특징을 달리 하는 학문이다. 경학은 불변의 진리나 원리를 추구하는 학문이고, 사학이란 변화무쌍한 한 시대의 기록이다. 하지만 중국인에게 있어 이 두 학문은 동전의 앞뒤 면처럼 한 몸이다. 경학은 진리의 기준을 재는 '저울추'이며, 사학은 저울무게에 따라 옮겨지는 '저울눈'이다. 저울추는 영원불변한 원칙에 의해 진리의 경중을 재고, 그 경중에 따라 가리키는 저울 눈금은 수시로 바뀐다. 저울추의 무게 기준은 변함없지만, 그 위치는 매번 옮겨진다. 이는 마치 병명은 동일하지만, 환자마다 치료를 다르게 하는 것과 같으며, 헌법과 법률은 움직일 수 없는 것이지만, 재판은 판례에 따라야 하는 것과 같다. 저울추인 경학은 병 진단서이자 법전이며, 저울눈인 사학은 처방전이자 판례집인 것이다. 중국학자들이 자신의 의견을 피력할 때 주로 역사적 사실을 논거로 들어 입증하고자 하는 것은, 바로 판사가 법적 진실을 판례에 의거해 판단하고자 한 것이요, 의사가 병의 치료를 환자의 처방전에 따라 하고자 한 것이다.

중국에서는 전통적으로 모든 관료와 학자들이 이 두 학문에 정통하고자 노력했다. 경학으로는 저울추처럼 불변의 원리원칙을 세우고, 역사서로는 저울눈처럼 시대마다 변화해온 운용의 법칙을 살피고자 했다. 경학만을 중시하면 시대에 뒤떨어진 원칙을 고수하기 쉽고, 사학만 중시하면 원칙을 잃기 쉽다. 그러므로 중국인들은 '경경위사經經緯史'라 하여 경학을 날줄로 삼고, 사학을 씨줄 삼고자 했다. 즉, 경학을 바탕으로 하여 사학을 활용하는 방법을 가장 이상적인 학문태도로 여겼다. 경학에서 터득한 원칙을 시대적 환경에 맞추어 적용시키기 위한 방법을 사학에서 찾고자 했던 것이다. 중국인들은 역사속의 수많은 변수와 대응법칙을 찾아내어 시대적 당면문제를 해결하고자 하였다.

저울대와 저울추

중국의 유학 발달과정을 보면 중국인의 이런 특성을 잘 알 수 있다. 유학은 본래 공자의 인仁 사상과 맹자孟子의 왕도정치로 대표되는 원시유가에서 출발하여, 한漢 대에 통치이념으로 자리 잡으면서 유가 경전을 연구하는 훈고학이 발달했다.

그 뒤 불교, 도교의 형이상학적 교리에 영향을 받으면서 유학이 인간 본성을 탐구하는 철학적 성격을 띠게 되는데, 바로 송대 성리학性理學과 명대 양명학陽明學으로 대표되는 이학理學이다. 그리고 다시 청대에 관념론적인 이학이 퇴조하고 실사구시의 정신으로 경학을 다시 연구하는 고증학이 발달했다. 유학이라는 날줄은 한, 당, 송, 명, 청으로 이어져 오지만, 시대마다 씨줄을 어떻게 엮느냐에 따라 한대 훈고학, 당송 성리학, 명대 양명학, 청대 고증학과 같은 다양한 무늬가 드러난다. 유학은 영원불변의 진리이지만, 시대적 변화에 적응하면서 다양한 이름을 갖게 된 것이다.

중국인의 이런 경사經史 관념은 실제 일상생활에서 그대로 발휘된다. 중국인들은 자신만의 저울추를 가지고 원칙을 세워 행동하지만, 끊임없이 경중을 재어 저울추를 옮기는 저울눈도 가지고 있다. 자신이 세운 원칙이 상황에 의해 저울눈처럼 옮겨지는 것이

베를 짜는 모습 　　　　　　　　　씨실과 날실

다. 그러므로 중국인의 행동이 자기중심적이며 무원칙하게 보이는 것이다. 그러나 중국인들은 자신의 행동에 원칙이 없다고 생각하지 않는다. 원칙이 바뀐 것이 아니라, 단지 상황이 바뀌어 원칙이 자리를 이동한 것뿐이라고 생각한다. 이런 중국인의 상황 논리가 외국인의 눈에는 뻔뻔한 이기주의로, 때로는 '중화사상'의 표현으로 보이는 것이다.

중국인들은 이런 관념에 따라 원리 원칙을 중시하면서도, 실천으로 옮기는 각론에 있어서는 현실적이고 실용적인 사고를 중시한다. 심지어 원칙이 지켜졌다는 명분만 확인하면 실제에선 곧바로 융통성을 발휘하기도 한다. 원칙을 고수한 공식문서라 할지라도 실제 상황에서는 행간의 의미를 읽어야 하는 경우가 많다. 겉으로는 확고한 원칙주의자의 모습을 보이고 있지만, 실제 행동에 있어서는 유연한 현실주의자의 모습을 보인다.

중국인들은 항상 도(道)나 인(仁)과 같은 진리를 강조하지만, 일상생활에서는 현실지향적인 태도를 숨김없이 드러내 보인다. 실속 없이 착하기만 한 사람을 비웃는 송양지인(宋襄之仁) 고사는 바로 중국인의 현실적인 관념을 엿볼 수 있게 한다. 착하기만 해서 쓸데

> 춘추시대 송(宋) 양공(襄公)이 초(楚)나라가 공격해 들어오자 홍수(泓水)에서 격파하기로 했다. 그러나 초나라 군사가 강을 다 건너오도록 양공이 공격을 하지 않자 재상 목이(目夷)가 "적은 많고 아군은 적사오니 적이 전열을 갖추기 전에 쳐야 하옵니다."라고 간언했다. 하지만 양공은 "군자는 어떤 경우든 남의 약점을 노리는 비겁한 짓은 하지 않는 법이오."라고 하며 초나라가 전열을 갖춘 다음에야 공격 명령을 내렸다. 그 결과 열세한 송나라 군사는 참패했고, 양공 자신도 부상을 입어 죽고 말았다.
>
> 『십팔사략(十八史略)』

없이 인정을 베풀었다가 끝내 죽고 말았던 양공의 인(仁)을 어리석다고 비웃는 이 고사는 바로 중국인의 현실 지향적 태도를 그대로 보여주고 있다. 또한 우직하게 자신의 신념을 지킨 자를 비웃는 '미생지신(尾生之信)'이란 고사 성어 역시 융통성을 중시하는 중국인의 관념을 엿볼 수 있다. 다리 밑에서 끝까지 여자를 기다리다 목숨을 잃는다는 이 고사는 사실 첫사랑의 순정을 중시하는 한국인에겐 우직한 순애보로 받아들여지기 쉽다. 하지만 중국인들은 강물이 불어나 상황이 바뀌었는데도 적절히 대처하지 못한 미생을 융통성이 없는 어리석은 자라고 비판하고 있다.

뿐만 아니라 『삼국지(三國志)』에서 덕장인 유비(劉備)보다는 지략가 제갈량(諸葛亮)이 훨씬 더 중국인들에게 인기가 있는 것은 우리와 관점 상 분명한 차이가 존재한다. 변화무쌍하게 전술전략을 구사하는 제갈량의 지혜로움이 유비의 변함없는 인자한 덕성보다는 훨씬 낫다고 생각하기 때문이다.

중국인은 실제 생활 속에서 늘 나와 현실을 기준으로 균형을 잡고 있어, 현실 상황이 변하면 자신도 그에 따라 변화한다. 자신이 처한 상황을 중심으로 주변을 판단하는 것, 그리고 상대

> 노(魯)나라에 미고(尾高)라는 이가 있었다. 미고는 벼슬을 하지 못했기 때문에 당시 나라의 풍습에 따라 이름자 대신 생(生)을 넣어 미생이라 불렀다. 그는 일단 남과 약속을 하면 어떤 일이 있어도 지키는 성격의 소유자였다. 어느 날, 여자와 다리 아래에서 만나기로 약속하였는데, 여자는 그 시간에 나타나질 않았다. '조금 더 조금 더'하고 기다리고 있던 중 소나기가 쏟아져 큰 개울물이 갑자기 불어났다. 그러나 미생은 '이 다리에서 만나기로 약속하였으니, 이 자리를 떠날 수는 없다.' 생각하고 그 자리에서 교각을 붙잡고 버텼으나 급류에 휩쓸려 떠내려가고 말았다.
>
> 『사기(史記)·소진전(蘇秦傳)』

방에 따라 자신의 행동과 태도를 바꾸는 것이 중국인들에게는 모순이 아니라 당연한 것이다.

이처럼 하나의 원칙을 기준으로 하면서도 자신의 처지에 따라 유연하게 주변상황을 판단하는 중국인의 특성처럼 중국어에서도 상황에 따라 의미를 달리 해석해야 하는 경우가 종종 있다.

脸红了(얼굴이 붉어지다)

眼红了(눈이 빨개지다)

没红过脸(얼굴을 붉힌 적이 없다.)

'脸红了'는 수줍거나 춥거나 하여 얼굴이 붉어질 때 사용하며, '眼红了'는 눈이 빨개지는 신체반응을 나타내는 것에서 질투를 하는 것을 의미하기도 한다. '没红过脸'의 '红脸'은 '얼굴이 붉어지다'라는 뜻에서 '성이 나다'는 의미로 파생되어 사용된다.

'天不变, 道亦不变하늘은 변치 않으며, 도도 변치 않는다'이란 말이 있듯이 중국인은 아무리 변해도 본질은 달라지지 않는다고 말하곤 한다. 하지만 실제상황에서 중국인은 변화에 가장 능하다. 영화 '인생活着'의 주인공 푸꿰이福貴처럼 국민당을 위해 일하다 하루아침에 다시 공산당을 위해 일을 한다. 1900년대 격변기에 중국인들은 혁명이 일어나면 혁명을 욕하다가 순식간에 변발을 잘라버리고, 필요하면 청나라기를 걸었다, 중화민국기를 걸었다, 심지어 일장기를 걸기도 한다. 살아남기 위해 변하기로 작정하면 순식간에 변한다. 이것이 중국인의 생존방법이며 임기응변이다. 임기응변으로 몸을 굽혀서라도 우선적으로 살아남는 것이다.

중국인의 변화에 대한 빠른 적응력은 잘 알려져 있다. 세계 어디에서도 그 지역의 환경과 풍토에 잘 적응하여 차이나타운을 형성하고 결국 살아남는다. 주변 상황 속에서 자신의 자리를 빨리 파악할 줄 아는 중국인은, 상대방에 대한 판단도 본능적으로 빨라 어떤 상황에 맞닥뜨리든 어떤 상대를 만나든 적절한 대응책을 금방 내놓는다. 그러므로 우리는 중국인을 임기응변에 능하다고 평가한다.

다음은 허우바오린侯宝林의 '샹성相聲'의 한 단락이다. '샹성'은 우리의 '만담' 혹은 '스탠딩 토크코미디'와 같은 공연예술로 중국인들에게 매우 인기가 많다.

甲: 我再考你一个: 李字去了木。
(내가 한 문제 더 내도록 하지. 李자에서 木을 제거했어.)

乙: 这字念 '子'啊!(이 글자는 子구만.)

甲: 不对了, 念 '一'。(틀렸네. 一일세.)

乙: 怎么念 '一'呀?这个李字不是一个木字, 底下一个子字吗?
你把那个木字去了, 不 就念 '子'吗?
(어떻게 一인가? 이 李자는 木자 하나에 아래 子자가 있지 않은가?
자네가 그 木자를 제거하랬으니 子 아닌가?)

甲: 念 '一', 我说李字去了木, 是去了那 '了'和上边那个 '木',
可不就剩一道了吗?
(一일세. 내가 李자에서 了木을 제거하라고 했지, 바로 그 了와 위의
그 木을 제거하면 一 한 줄만 남지 않나?)

‘去’의 의미가 ‘간다’가 아니고 ‘제거하다’로 사용된 것은 뒷부분 목적어가 장소가 아님에서 우리는 쉽게 알 수 있다. 그런데 목적어가 하나인가 둘인가의 문제에서 의미의 해석이 달라진다. 乙은 ‘了’를 ‘去’라는 동사의 시태조사로 보아 ‘去’의 목적어로 ‘木’만을 생각했으나 甲은 병렬구조를 나타내는 접속사를 생략한 채 ‘了’와 ‘木’을 나란히 말하여 상대에게 일반적인 중국어 구조인 것처럼 오해하도록 유도하면서 사실은 ‘去’의 목적어로서 ‘了’와 ‘木’ 두 개의 단어를 취하고 있다. 그러나 아마 상대가 답을 ‘一’라 하였다면 아마도 ‘子’가 정답이라 우겼을지도 모른다. 이 같은 문자유희는 중국 만담의 단골소재이지만, 임기응변에 능한 한 중국인의 특징을 잘 드러내고 있다.

　고대에 가장 임기응변에 능한 사람은 공자였다. 공자孔子가 제자들이 ‘인仁’이라는 진리에 대해 물었을 때, 각제자마다 다르게 대답한 사실은 매우 유명하다. 안연顔淵이 ‘인仁’에 대해 물었을 때는 공자는 다음과 같이 대답했다.

　　극기복례가 인이다.(克己復礼为仁)

　　　　　　　　　　　　　　　　『논어論語 · 안연顔淵』

　‘극기복례’ 즉, 자기를 눌러 극복하고 예로 돌아가는 것이 바로 ‘인仁’이다. 공자는 학식이 깊고 수제자로서 기대가 컸던 안연의 ‘인’에 대한 질문에 내면의 수양을 강조하는 매우 진지하고 철학적 깊이가 있는 말로 대답을 했다. 하지만 중궁仲弓이 ‘인’에 대해 물었을 때 공자는 다음과 같이 대답했다.

문 밖에 나가면 사람을 큰 손님을 만난 듯 공손히 대하라. 백성을 부림에는 큰 제사를 모시듯 공평하게 하고, 자기가 하고 싶지 않은 일을 남에게 시키지 말라. 이렇게 하면 나라에서도 원망이 없고, 집에서도 원망이 없다.

(出门如见大宾, 使民如承大祭, 己所不欲, 勿施于人. 在邦无怨, 在家无怨)

『논어論語 · 안연顔淵』

공자는 중궁이 뛰어난 정치를 베풀 수 있는 임금의 재목이라 칭찬한 적이 있는데, 때문에 그가 좀 더 백성을 사랑하는 마음을 갖길 원했을 것이다. 그러므로 중궁의 질문에 공자는 모든 백성들을 공경하는 마음, 백성들을 관대하게 대하는 마음이 바로 인이라고 대답했다. 안연의 질문에 내면의 수양을 강조했던, 공자가 중궁의 같은 질문에 윤리도덕과 정치에 초점을 맞추어 대답을 한 것이다.

공자의 마부였던 번지樊遲는 세 번이나 공자에게 인仁에 대해 물었는데, 물을 때 마다 공자는 모두 다르게 대답했다.

사람을 사랑하는 것이다.(愛人)

『논어論語 · 안연顔淵』

일상생활에 공손하며 일을 함에 신중하고 남에게 충실해야 한다.

(居处恭 执事敬, 与人忠)

『논어論語 · 자로子路』

인이란 어려운 일은 남보다 앞서고, 이득은 남보다 뒤로 하는 것이다.

(仁者 先难而后获)

『논어論語 · 옹야雍也』

학식이 부족했던 번지가 '인'에 대해 묻자, 공자는 인간의 가장 기본적인 실천덕목인 '남을 사랑하는 것'이라고 간단하게 대답했다. 훗날 다시 '인'에 대해 묻자 좀 더 구체적으로 일상생활에서 쉽게 실천할 수 있는 도덕규범을 제시했던 것이다. 또 제자중 평소 경박하다고 생각했던 사마우司馬牛가 '인'에 대해 묻자 공자는

인이란 말을 아끼는 것이다.(仁者, 其言也訒)

『논어論語 · 안연顔淵』

라고 대답했다. 이처럼 공자는 제자들의 성격과 능력을 파악하고, '인'이 무엇이냐고 묻는 제자들에게 각기 처한 상황과 위치에 따라 다르게 대답을 한 것이다. 이런 대답이야 말로 공자의 뛰어난 임기응변 능력을 보여주고 있는 것이다.

하지만 여기에서 우리는 중국인들이 진리를 다양하고 넓은 스펙트럼으로 보려는 경향을 엿볼 수 있다. 노자나 공자 같은 중국의 사상가들은 자신이 터득한 진리를 주장할 때, 분석적인 논법을 사용하지 않고, 일상생활 체험에서 얻은 구체적인 비유를 들거나 역사적 근거를 들어 설명했다. 예를 들면 맹자가 고자告子와 '성性'에 관해 논쟁을 벌일 때, 고자가 "타고난 것을 성품이라고 합니다.生之謂性"라고 한 말에 맹자는 다음과 같이 반박했다.

하얀 깃털의 하얀 것과 하얀 눈의 하얀 것이 같으며, 하얀 눈의 하얀 것과 하얀 옥의 하얀 것이 같단 말입니까?(白羽之白也, 猶白雪之白: 白雪之白, 猶白玉之白歟?)

고자(告子)가 인간의 '성(性)'이란 본래 착한 것도 악한 것도 없는 그저 타고난 본능 같은 것이라고 말하자, 인간의 성선설을 주장했던 맹자는 다 같은 하얀 색이라도 흰 깃털의 속성과 흰 눈의 속성이 다르고, 또 흰 눈의 속성과 흰 옥의 속성은 다른 것이라고 반박했다. 그는 짐승의 타고난 성품과 인간의 타고난 성품이 같을 수 없다는 주장을 하고 있는데, '성(性)'이라는 추상적 개념에 대해 논리적인 분석을 전개하기 보다는 눈에 보이는 구체적인 사물을 들어 비유적인 반박을 하고 있다. 후대 문인들도 자신의 주장을 피력할 때 역사적 사실이나 경험을 나열하면서 입증하려는 방법을 즐겨 사용했는데, 이런 논술법을 극도로 발전시킨 것이 명청시대의 '팔고문(八股文)'이다. 비유와 근거를 들어 논제를 입증해가는 서술방식이 국가 공인 논술 답안지 형식이 된 것이다.

중국인처럼 이렇게 지식의 영역을 확대해가는 사고방식을 릴리 아베크(Lily Abegg)는 '원주형' 사고방식이라고 했는데, 얕은 지식에서 심오한 영역까지 파고 들어가는 서양인의 '직선형' 사고방식과는 차이가 있다. 상형문자는 실물을 담고 있어서 분석할 필요 없이 보기만 하면 순간적으로 의미를 터득할 수 있다. 그렇기 때문에, 한자라는 상형문자를 사용하는 중국인은 심오하게 파고들어가는 직선형사고방식 보다는, 의미를 풍부하게 확장하여 종합적 판단을 유도하는 원주형 사고방식이 적합한 것이다. 마치 공자가 인(仁)이라는 진리를 제자와의 문답을 통해 의미를 확장해가는 것처럼, 하나의 진리를 다양한 각도로 관찰하여 종합적 판단을 내리고자 한 것이다.

이처럼 하나의 사물을 다양한 스펙트럼으로 이해하고자 하는 중국인의 성향은 세계화를 지향하는 현재의 추세와 잘 맞아 떨어진다. 다양성을 인정하고 그에 빠르게 적응하는 중국인은 세계 도처에서 차이나타운을 형성하며 강한 생존 능력을 보여주고 있지만, 또 외부에서 유입되는 새로운 문화도 잘 수용하여 중국문화를 풍부하게 한다. 아무리 놀랄 만한 상황이 눈앞에 벌어져도 그저 중국인들은 "地大人多！땅도 넓고 사람도 많으니까!"라고 대수롭지 않게 여긴다. 실제 중국이 광활한 국토를 소유하고 다양한 민족들이 섞여 사는 나라이므로, 사물을 바라보는 중국인들의 시각은 다양할 수밖에 없을 것이다.

이처럼 임기응변에 뛰어나고, 또 앞뒤 문맥과 상황에 따라 적절한 언어를 활용하기를 즐겨하는 중국인이라고 할지라도, 때로는 자신의 말이 지닌 상황성 또는 다의성 때문에 도리어 사람들로부터 오해를 사는 경우도 있다. 아래 일화는 이런 상황을 유머러스하게 전해주고 있다.

王甲常常因为说话欠考虑得罪人。有一次，他请四位客人到家里来吃饭。约定的时间已经过了，有一位客人还没有到。王甲急得埋怨了一句："该来的还不来。"旁边一位客人听到他说的这句话，心里觉得不对劲儿："他为什么说'该来的还不来'呢？看来我是不该来的来了。"于是，不等那位客人来，便起身告辞了。王甲见这位客人没吃饭就走了，着急地嘀咕了一句："你看，不该走的又走了。"另一位客人听了，心里琢磨："'不该走的又走了'？听他这话的意思，好像我是该走的没走。"于是也离开了他家。王甲急得朝着离去的客人大喊："你别误会！我不是说你！"留下的客人一听，心想："不是说他，那一定是说我了？"于是，他也站起身来走了。

(왕지아는 종종 말을 할 때 다른 사람을 고려하지 않아서 미움을 샀다. 한 번은 손님 네 명을 식사초대를 했는데 약속한 시간이 이미 지나도 손님 한 사람이 오지 않았다. 왕지아는 조급하여 원망스럽게 "와야 할 사람이 아직 안 왔네." 했다. 옆에 있던 한 손님이 그의 말을 듣고 마음속으로 뭔가 이상하다 여기며 "그는 왜 '와야 할 사람이 아직 안 왔네'라고 했지? 보아하니 나는 오지 말아야 할 사람이 온 거군." 하며 그 손님을 기다리지 않고 가버렸다. 왕지아는 이 손님이 식사도 안하고 가버리는 것을 보고 다급해하며 "이거 봐, 가지 말아야 할 사람이 또 가버렸네"라고 중얼거렸다. 또 다른 손님 한 사람이 듣고는 마음속으로 "'가지 말아야 할 사람이 또 가버렸네'? 그의 이 말은 아마도 내가 가야할 사람인데 아직 안 갔다는 의미인거로군."하며 그의 집을 떠나갔다. 왕지아는 조급해져서는 떠나가는 손님을 향해 큰 소리로 "오해하지마. 내가 당신한테 그런 게 아냐!"라 하자 남아있던 손님이 듣고 "그 사람한테 한 말이 아니라고? 그러면 분명히 나잖아?"라 생각하고 몸을 일으켜 가버렸다.)

  파티에서 주인이 나타나 둘러보고는 몇몇 손님 앞에서 "该来的还不来。와야 할 사람이 안 왔네."라고 하면 주인의 뜻은 그렇지 않더라도 듣는 손님은 "나는 와야 할 사람이 아니었구나!"로 받아들여 가버린다. 이 말을 듣고 가는 손님을 보고 주인은 다시 "不该走的又走了。가지 말아야 할 사람이 갔네" 라 하면 듣고 있던 또 다른 손님이 "아아까 그 말이 나보고 한 말이구나!"하곤 얼른 파티장을 빠져나간다. 이 손님을 보고 주인은 다시 "아차!"하는 심정으로 "我不是说你。당신에게 뭐라 하는 게 아닌데."라 하자 옆에서 듣던 남은 한 손님이 얼굴을 붉히며 냉큼 파티장을 빠져나가서 결국 아무도 남지 않았다는 일화를 위 글은 우스개처럼 전하고 있는데 말의 의미가 상황에 따라 서로 달리 이해될 수 있다는 것을 잘 보여주고 있다.

중국어는 이처럼 화자와 청자의 이해에 따라 달리되는 것 이외에도 글자나 문장구조에서 달리 해석되는 경우가 많다. 같은 구문이라도 앞뒤 상황에 따라 이해를 달리해야 하는 문장을 볼 수 있다.

你去，我不去。	你去，而我不去。(너는 가지만 나는 안 간다) 你去，我就不必去。(네가 가면 나는 갈 필요 없다.) 如果你去，我就不去。(네가 가면 나는 안 간다.) 因为你去，所以我不去。(네가 가니 나는 안 가.) 你去吧，我不想去。(너는 가, 나는 안 갈래.)
你写，我不写。	你写，而我不写。(너는 쓰지만 나는 안 쓴다.) 你写，我就不必写。(네가 쓰면 나는 쓸 필요 없다.) 如果你写，我就不写。(네가 쓰면 나는 안 쓰겠다.) 因为你写，所以我不写。(네가 쓰니까 나는 안 쓴다.) 你写吧，我不想写。(너는 써라, 난 쓰고 싶지 않아.)

'你去，我不去。'라는 문장은 너는 가고 나는 안 간다는 단순한 진술일 수도 있지만, 두 사람 중에 한 사람만 가면 된다는 의미로 사용 될 수도 있고, 상대와 함께 가는 것이 싫어서 안 간다는 의미로 사용되기도 하며, 자신은 가고 싶지 않을 때 상대에게 권유하기만 하는 의미로 사용되기도 한다. '你写，我不写' 역시 마찬가지이다.

한국어로 '모자를 벽에 건다'라는 말을 중국어로 표현한다면 '帽子挂在墙上'을 생각할 수 있는데 이의 표현은 다음과 같이 두 가지 문장형식이 형성될 수 있다.

爸爸把帽子挂在墙上。(아버지께서 모자를 벽에 거신다.)
爸爸挂帽子挂在墙上。(아버지께서는 모자를 벽에 거신다.)

이 두 문장은 표면적으로 해석되는 의미가 같지만 '帽子'가 조금 다르다. 즉 위의 문장 '把帽子'에서의 모자는 특정한 어느 하나의 모자를 나타내어 아버지께서 그 모자를 벽에 걸었다는 의미이다. 아래 문장 '把帽子'에서의 모자는 임의의 어떤 모자로 아버지께서는 일반적으로 모자를 벽에 걸어두신다는 의미를 내포한다.

4. 문어발 중국인

주변상황에 따라 자신의 행동을 바꾸어야 한다고 생각하는 중국인에게 두 가지의 극단적인 태도는 모순이 아니라 조화이다. 이런 태도를 우리는 중국인의 이중성, 뻔뻔스러움으로 이해한다. 그러나 중국인에게 문어발식 사고는 자연스러운 것이다.

达则 兼善天下 穷则 独善其身。　　『맹자孟子 · 진심장盡心장』
영달하면 나가서 널리 천하를 구제하고, 곤궁해지면 물러나 자신을 잘
다스린다.

맹자의 이 말은 역대 중국 지식인의 가장 이상적인 처세법이 되었다. 출세하여 관직을 얻게 되면 자신의 철학에 따라 정치를 하고, 관직에 나가지 못하면 다음을 기다리며 자신의 심신을 수

양하는 것 이것이 과거 지식인들의 삶이었다. 역시 상황에 따라 자신의 삶의 방식이 달라지는 것이다.

또 과거 지식인들은 현실적인 부분은 유교사상을 따르고, 내면적인 부분은 불교와 도교를 따르는 것이 매우 자연스러웠다. 사회에 나가서는 유교사상을 원칙으로 현실 문제를 처리하고, 유교 예의범절에 따라 자신의 행동거지를 결정했다. 집에 돌아와서는 불교와 도교에 심취하여 명상에 잠기고 마음을 수양하며 속세로부터 탈피하고자 했다. 유교의 현실주의와 불교, 도교의 탈속주의가 한 개인에게 균형적으로 조화되어 있는 것이다. 물론 당대 이후 중화사상이 확립되면서, 이질적인 불교를 배척하고자 하는 움직임도 있었지만 '효'와 '마음'이라는 코드로 유교와 불교를 합치시키고자 하는 주장이 더 환영을 받았다. 심지어 척불론을 가장 강력히 주장했던 한유 역시 개인적으로는 승려들과는 매우 친밀한 관계를 유지했다.

근대에 와서도 중국인은 중국의 유가사상을 본체로 삼고 서양의 과학기술을 활용한다는 '중체서용中體西用'론을 주장했다. 중국의 전통적인 가치체계를 근간으로 하면서 서양의 문물을 받아들여 둘 사이의 모순을 극복하고 부국강병을 꾀하고자 했다. 현대에도 중국 정부가 주장하는 중국식 사회주의라는 것도 사실 공산주의 정치와 자본주의 경제의 결합일 뿐이다. 사회주의식 시장경제라는 것도 계획경제와 시장경제를 적절히 조화시키는 것이다. 또한 중국이 내세우는 '하나의 중국론'도 결국 사회주의 중국과 자본주의 대만의 '일국양제一國兩制'를 실현하고자 한 것이다. 그리고 한국과 북한 사이에서 정치적으로는 북한과 관계를 긴밀히 하고, 경제적으로는 한국과 관계를 긴밀히 하는 것도 문어발 중국인의 속성을 그대로 드러낸 것이라 하겠다.

　하지만 중국인은 상대의 문어발식 행동은 꺼려한다. 중국은 우리와 수교하면서 '하나의 중국론'을 내세워 우리에게 대만과 단교할 것을 요구한 것, 그리고 중국 국내법과 저촉됨을 들어 우리의 조선족 재외동포법 제정에는 반대하면서, 자신들은 화상^{華商}을 끌어들이기 위해 이중국적을 부여하는 등 화교우대정책을 펴는 것 등이 그것이다. 중국인의 문어발사고 방식은 자기중심적 성격이 다분하여 바퀴축과 바퀴살처럼 자기를 중심으로 주변을 제압하는 힘의 논리에 의한 패도^{覇道}로 발전할 위험성이 존재하는 것이다.

　이렇게 중국인의 문어발 근성은 중국어구조에서도 많이 나타난다. 예를 들면 '咬死了猎人的狗'라는 구조는 '咬死了+猎人的狗_{사냥꾼의 개를 물어죽이다}'와 '咬死了猎人的+狗_{사냥꾼을 물어죽인 개}'로 이해할 수 있다. 이와 같이 중국어에는, 문장을 보면서 앞뒤 상황을 잘 살펴서 의미를 정확하게 이해해야 하는 예가 많다.

　어떠한 문구들은 동작을 하는 주체자로 보느냐 아니면 동작을 받는 대상자로 보느냐에 따라 해석이 달라진다. 예를 들어, '鸡不吃了'는 일반적으로는 '鸡'를 행동의 대상자로 보아 '닭고기를 안 먹겠다'는 의미로 이해하지만, '鸡'를 행동의 주체자로 보아 '닭이 모이를 먹지 않는다'의 의미를 나타낼 수도 있다. '母亲的回忆'는 '母亲'을 주체자로 보느냐, 대상자로 보느냐에 따라 '어머니가 한 추억'과 '어머니에 대한 추억'과 으로 이해될 수 있다. '反对的是他' 역시 '反对的'가 '반대하는 사람'과 '반대를 당하는 사람'으로 해석될 수 있고, '你别砍坏了'에서 '你'는 '砍坏의 주체자인지 대상자인지에 따라 '너는 도끼질해서 다른 것을 상하게 하지 마라'와 '너는 남의 도끼질에 의해 다치지 마라'로 다르게 해석될 수 있다. '小杨保证一定来'에서도 '小杨'은 틀림없이 오는 사람이 될 수도 있고 누군가가 틀림없이 올 것이라고 확신하는 사람이 될 수도 있다.

鸡不吃了。 (닭 안 먹어.)	대상자	닭고기 안 먹는다.
	주체자	닭이 (모이를) 안 먹는다.
母亲的回忆 (어머니의 추억)	대상자	어머니에 대한 추억
	주체자	어머니가 하는/가지고 있는 추억
反对的是他。 (반대하는 것은 그야.)	주체자	(어떤 일에 대해)반대를 하는 사람이 그다. → 그가 반대한다.
	대상자	(누군가가) 반대하는 사람이 그다. → 그를 반대한다.
你别砍坏了。 (너 도끼질로 상하게 하지 마.)	주체자	너 도끼질하며 (어떤 물건을) 상하게 하지 마라.
	주체자(砍) +대상자(坏)	너 도끼질하며 자신을 다치게 하지 마라.
你等一等, 小杨保证一 定来。 (좀 기다려, 샤오양이 반드시 올 거라 확신해.)	주체자 (保证)	좀 기다려, 샤오양이 반드시 (누군가가) 올 것 이라 확신한다.
	대상자 (保证)+주체자(来)	좀 기다려, (누군가가) 샤오양이 반드시 올 것 이라 확신한다.

'의문사+都/也'나 '连~都/也'는 완전긍정 또는 완정부정을 나타내는데 이 구조의 문장에서도 행동의 주체자와 대상자가 동시에 표현되기도 한다.

她谁都认识。(그녀는 누구나 다 안다.)

他连我都想打。(그는 나도 때리고 싶다. / 그는 나도 때리고 싶어 한다.)

这个人谁都不信。(이 사람은 누구도 믿지 않는다.)

他们一个也不要。(그들 한 사람도 원하지 않는다)

'她谁都认识'에서 '谁'는 그녀가 아는 사람이 될 수도 있고 그녀를 아는 사람이 될 수도 있다. '他连我都想打'에서의 '我'는 그가 때리고 싶은 사람이 되기도 하고 그를 때리고 싶은 사람이 될 수도 있다. '这个人谁都不信'에서의 '谁'는 이 사람이 믿는 사람이 될 수도 있고 이 사람을 믿는 사람이 되기도 하며 '他们一个也不要'의 '一个'는 그들 중의 한 사람이 될 수도 있고 그들이 원하는 하나의 사물이 될 수도 있다.

他在火车上写字。(그는 기차에서 글씨를 쓴다.)

'在火车上'의 '上'은 위를 나타내는 방위사이지만 안과 표면을 나타내기도 한다. 그 의미가 파생하여 기차 안을 나타낼 수도 있고, 기차 위를 나타낼 수 도 있으며, 기차 표면을 나타낼 수도 있는 등 세 가지 의미로 파악할 수 있다. '两架飞机上89名乘客和机组人员全部遇难。두 대 비행기의 89명 승객과 승무원 모두 조난당했다.'에서의 '上'은 안을 나타낸다. '桌子上有一本书。책상위에는 책 한 권이 있다.'에서의 '上'은 위를 나타내고 '画在墙上挂着。그림은 벽에 걸려있다.'에서의 '上'은 표면을 나타내고 있음에서 上의 의미가 각각 달리 쓰이고 있음이 좀 더 명확하게 드러나고 있다.

我没有做不好的事情。(나는 잘하지 못하는 일이 없다. / 나는 좋지 않은 일은 하지 않았다.)
我想起来了。(나는 생각났다. / 나는 일어나고 싶다.)
我们不需要进口设备。(우리는 수입한 설비가 필요 없다. / 우리는 설비를 수입할 필요 없다.)

세 문장은 모두 문장의 어느 부분에서 끊어 읽느냐에 따라 구조가 달라져서 나타내는 의미 또한 달라지는 구문으로 '我没有做不好的事情.'은 '我没有＋做不好的事情'라고 나누면 '没有'가 술어가 되고 '做不好'는 가능보어구조로 '事情'을 수식하고 있고 '我没有做＋不好的事情'로 분석하면 '没有'는 '做'를 수식하는 부정부사이고 做가 술어이며 '不好'가 '事情'을 수식하고 있는 구조가 된다.

'我想起来了'는 '我＋想起来了'라고 나누면 '我'는 술어가 되고 '起来'는 보어가 되지만, '我想＋起来了'라 하면 '我'는 조동사로 술보 구조인 '起来'를 수식하고 있는 구조가 된다.

'我们不需要进口设备.'는 '我们不需要＋进口设备'로 분석하면 需要는 술어가 되고 '进口'는 '设备'를 수식하는 관형어로 사용된 것이고, '我们不需要进口＋设备'로 분석하면 '需要'는 술어로 동사 '进口'를 목적어로 취하고 있는 구조가 된다.

三个人读一本书。(세 사람이 책 한 권을 읽는다.)

'一本书'는 세 사람이 함께 읽는 책으로 한 권의 책 일수도 있고, 세 사람이 각각 한 권씩 읽는다는 의미로 세 권의 책 일수도 있다.

没有东西装了。(담을 물건이 없다.)

'东西'는 물건을 담는 큰 가방이나 보자기 같은 물건일 수도 있고 가방이나 보자기에 넣을 물건이 될 수도 있다.

이처럼 중국어는 같은 말이지만 상황을 어떻게 보느냐에 따라 해석이 여러 가지로 달라질 수 있다. 이 같은 언어습관 역시 주변의 상황을 미리 파악하여 그에 상응하는 대응책을 강구하고자 하는 중국인의 의식의 반영이라 할 수 있다. 그리고 중국인의 이런 의식이 주변상황에 재빨리 적응할 수 있는 임기응변에 강한 중국인을 만들어내었다.

小金: 你去哪儿?(너 어디 가니?)

小李: 我去图书...(나 도서관에...)

小金: 有空来玩。(시간 있으면 놀러 와.)

　　길 가다 만난 김*군이 어디 가느냐고 묻자 나는 열심히 대답
을 하려고 했지만 김군은 자전거를 쌩 하니 끌고 가면서 놀러오
라 외치며 가버린다. 나는 김군의 말에 대답을 하고자 한 것인데
이렇게 되니 참 기분이 묘해진다. '뭐야? 왜 묻는 거야?' 내지는
'혹시 내가 뭘 잘못한 것은 아닌가? 저 사람의 기분을 안 좋게 했
나?' 하는 의기소침한 마음이 들었던 경험을 다들 한 번쯤은 겪었
을 것이다. 그런데 이것이 바로 중국인의 인사법이다.

小金 : 老吴，钓鱼啊？(오 씨, 낚시 하나요?)

老吴 : 哦，是小金，散步啊？(아, 김 군이구나. 산보해요?)

小林 : (手拿鱼竿走来)嗨，小金，你也来了？

　　　　(손에 낚싯대를 들고 걸어온다) (아, 김 군! 너도 왔어?)

小金 : 我是随便走走。(저는 편하게 걸어 다니고 있어요.)

　중국인의 인사말은 "你好！", "早！", "你身体好吗？", "家里都好吧？"와 같은 문안과 관련된 말 이외에 친한 사람끼리는 "出去啊？", "吃早点哪？", "工作忙吧？"와 같이 식사나 일이나 행위 등에 대해 묻곤 하는데 이에 대해 대답을 하긴 하지만 대개 대답을 듣고자 하는 목적이 있는 것이 아니라 그저 상대방에게 하는 의례적인 인사말뿐이므로 그때그때 상황에 맞게 대처하면 된다. 중국인은 대답을 하지 않고 다른 화제로 이야기를 하는 경우도 있고 심지어 이상의 대화처럼 동문서답하듯 서로 묻기만 하는 경우도 종종 드러내고 있기 때문이다.

식사하는 것과 관련된 표현으로 '你吃饭了吗?^{너 밥 먹었니?}'라는 말이 있다. 이 말은 한국에서도 자주 사용하는 말로 식사 시간이 가까웠을 때나 인사말로 쓰고 있다. 중국어에서도 상대방에게 밥을 먹었는지 묻는 것은 진짜 밥을 먹었는지의 여부를 확인하기 위해서라기보다는 상대방이 요새 어떻게 지내고 있는지 알기 위해서 자신의 관심을 의례적인 표현을 통해서 나타내는 것이다. 이러한 표현도 상대방과 소통하기 위한 목적에서 생겨난 것으로 사람들과 사교적으로 지내기 위해서 자주 사용하는 대화의 하나이다.

외국인이 종종 중국인의 언어 습관을 이해하지 못해서 일어나는 다음과 같은 해프닝도 있다.

李　四: 最近好吗?(최근에 잘 지냈어요?)

德国人: 很好. 你呢?(잘 지냈어요. 당신은요?)

李　四: 我也很好. 功课忙吗?(저도 잘 지내요. 공부하느라 바쁘시죠?)

德国人: 不太忙, 我们打算过两天去黄山旅行.

(별로 바쁘지 않아요. 우리는 며칠 내에 황산에 여행갈 예정이에요.)

李　四: 那太好了, 黄山很美. 好, 我还有点儿事, 先走了. 有空上我家去玩. (그게 대단히 좋군요. 황산은 매우 아름다워요. 좋아요. 저에게 일이 좀 있어서 먼저 갈게요. 시간 있으면 우리 집에 놀러 와요.)

德国人: 什么时间? 你家住哪儿?(언제요? 당신의 집은 어디에 있나요?)

李　四: 啊!(아!)

'有空上我家去玩._{시간 있으면 우리 집에 놀러 와요.}'는 중국인이 상대방에게 집에 놀러 와도 될 정도로 각별한 사이임을 나타내는 의례적인 표현이다. 이처럼 중국 사람들과 나누는 인사말은 서로의 관계를 가늠하게 하는 힌트가 될 수 있다. 그러므로 언어습관이 다른 외국인들이 중국인을 대할 때면 상대방과의 관계를 생각하며 상황에 따라 적절하게 대처하는 방법이 필요하다.

1. 무원칙속의 원칙

우리는 2002년 월드컵 이전만 해도 중국인을 대국적인 풍모를 갖추었고 대륙적 기질을 타고난 만만디慢慢地라는 성격을 가진 대인으로 보고자 했다. 실제로 일본의 아사히신문2001.12.25.이 한국인을 대상으로 실시한 설문조사에서도 '중국이 좋다' 29%, '중국이 싫다' 16%, '일본이 좋다' 12%, '일본이 싫다' 57%로 한국인들은 일본인보다 중국인에게 더 호감을 보였다. 하지만 우리가 월드컵 4강에 들어 동반개최국 일본을 비롯하여 전 세계의 놀라운 축하를 받았을 때, 같은 아시아 국가로서 같이 기뻐해줄 거라 믿었던 중국인들의 싸늘한 반응과 배 아파하는 모습은 우리에게 큰 상처와 배신감을 안겨 주었다.

평소 우리 주변에 있는 대부분의 중국인은 늘 예의바르고 친근하며 인정미가 넘치지만, 때로는 순식간에 믿을 수 없이 자기중심적이고 이기적인 사람으로 돌변하기도 한다. 그러면 우리는 한편 중국인을 뻔뻔하고 이기적이며 상대방에 따라 말과 행동을 바꾸는 믿을 수 없는 사람으로 간주하게 된다. 그렇지만 정말 아이러니 하게도 중국인들이 가장 중시하는 것은 대인관계이다.

중국 사회를 얼핏 보면 비합리적이고 비논리적이며 무질서한 것 같지만, 오래 들여다보면 논리적이고 합리적이고 그 나름의 규칙 속에서 조화를 이루고 있다는 결론을 내리게 된다. 중국인은 모든 면에서 경제적인 면을 추구하는 존재이기에, 대강 수박 겉핥기식으로 보면 매 상황마다 표변하는 믿을 수 없는 면이 있지만, 그들과 관계를 맺고 깊이 알게 되면 그들 나름대로 가지고 있는 원칙과 질서를 발견할 수 있다.

중국인이 많이 하는 말 중에서 대표적인 것으로 '好'를 들 수 있다. 인사말도 '好'로 하고 상대방 의사에 동의를 할 때도 '好'를 연발하곤 하지만 많은 경우는 꼭 '好'인 것만은 아니다. 이는 "무슨 말인지는 알겠다."정도의 겉치레적인 말일뿐 진의는 다음에 나오는 경우가 허다하기 때문이다. 이렇듯 중국인은 자신의 내면을 그대로 표현하기 보다는 우선 겸양이라는 태도를 통해서 좋으면서 싫은 척, 싫으면서 좋은 척을 하므로 그 진의를 정확하게 파악하는 게 중요하다.

비근한 예로 선물을 주고받을 때의 상황을 보자.

老李: 老张, 一点儿小意思, 请收下。
(장 씨, 자그마한 성의예요. 받아주세요.)
老张: 老熟人了, 你这是干嘛, 自己留着。
(잘 아는 처지인데, 뭘 이런 걸. 그냥 놔둬요.)

老李: 一点儿心意嘛, 要是你不嫌东西少, 就收下。

(작은 성의라니까요. 물건이 작다고 싫어하지 않으신다면 받으세요.)

老张: 朋友之间帮个忙, 还要收礼吗? 你的心意我领了。

(친구 사이에 돕는 거지요. 또 무슨 예의를 차리나요? 당신의 마음은 받을게요.)

老李: 你要是不收, 以后我就不敢求你了。

(받지 않으시면 이후에 제가 감히 부탁할 수가 없잖아요.)

老张: (收下)就这一次, 以后可别这样啦! 多不好意思。

(받는다) (이번만이예요. 나중에는 이렇게 하지 말아요! 너무 쑥스럽네요.)

선물 받는 사람은 우선 '你自己留着', '你自己用吧', '你别客气' 등의 말을 하며 거절한다. 선물 하는 사람은 '一点儿心意嘛', '你 是不是嫌东西不好(少了)', '你要是不收就是瞧不起我', '你要是再 不收, 我可不高兴了' 등의 말을 하며 상대방이 선물을 받을 때까 지 재차 받을 것을 권해야만 한다. 그러면 선물을 받는 사람은 '你 的心意我领了', '我心领了' 등의 말을 하며 선물 하는 사람을 위해 어쩔 수 없이 받는다는 형식을 취한다.

초청 받을 때에도 마찬가지로 중국인은 처음에 거절하는 행동 을 취하기 때문에 여러 차례 권해야 하는 상황이 벌어지곤 한다.

女学生: 王老师, 今晚我们在海鲜酒家聚会, 请您一定来!

(왕 선생님. 오늘 저녁 우리들이 해산물 식당에서 모임을 갖는데 꼭 오셔 야 해요!)

朴老师: 哎呀, 对不起, 今晚我没时间, 恐怕不能去。

(아이구, 죄송해요. 오늘 저녁 내가 시간이 없어서 아마 갈 수 없을 겁니다.)

女学生: 您一定要参加! 您不来太扫大家兴了。

(반드시 참가하셔야 해요. 오시지 않으면 다들 기분이 좋지 않을 거예요.)

朴老师: 这次真的不行, 以后再说吧。

(이번에는 정말 안 돼요. 이후에 다시 얘기하죠.)

男学生: 那可不行, 您要是不去, 大家一定会怪我俩的。

(그러면 안 돼요. 가시지 않는다면 모두 반드시 우리를 원망할 겁니다.)

朴老师: 那么我安排安排, 尽量争取去。

(그러면 제가 일정을 조절해 볼게요. 되도록 가도록 하지요.)

男学生: 那不行, 您一定得去, 我们等您!

(안 돼요. 반드시 가셔야 해요. 우리들이 기다리고 있을 거예요.)

朴老师: 让大家等我可不好意思。

(모두가 나를 기다리게 하면 너무 미안하지요.)

女学生: 那么一言为定。五点半我们在酒家门口等您。

(그렇다면 바로 정해요. 5시 반에 저희들이 식당 문 앞에서 기다리고 있을게요.)

이처럼 초청을 받으면 대개 중국인은 예의상 처음에는 거절하는 말을 한다. 때로는 상대방이 정말 일이 있어서 초청에 응할 수 없는 경우도 있겠지만 여러 차례 청하고 난 후 초청에 응하는 경우가 많으므로 초청을 하는 사람은 재차 권하는 것을 잊지 말아야 한다.

중국인은 칭찬을 받을 때 보통 부정적 표현을 사용하여 마치 상대방의 의견과 반대되는 말을 하는 것 같지만 사실상 상대방의 표현에 긍정하는 것이다.

(小金姑娘穿着新裙子来上班)(김(金)씨 아가씨가 새 치마를 입고 출근했다)

小崔: 哇, 小金, 这条裙子好漂亮啊!(아, 김 양! 치마가 너무 예쁘네요.)

小金: 真的吗?我看不太漂亮。(정말요? 제가 보기엔 별로 예쁘지 않은걸요.)

小崔：式样好，又合身，穿在你身上特别好看。

(스타일이 좋고 몸에 잘 맞아요. 당신이 입으니 특히 예뻐요.)

小金：看你说的，我觉得很一般。

(당신이 말하는 투로 보아 나는 그저 그렇다고 느껴져요.)

小崔：一定很贵吧！在哪儿买的？(분명히 비싸겠군요. 어디에서 샀어요?)

小金：是我自己做的。(내가 만든 거예요.)

…………

小明：哟，金妹妹，这条连衣裙式样真时髦啊！

(아, 동생. 원피스 스타일이 정말 유행하는 거군요.)

小金：哪里，已经过时了。(뭘요. 이미 구식이 되었어요.)

小明：是男朋友送的吧！(남자 친구가 선물한 것이겠죠!)

小金：才不是呢！是我自己做的！(아니에요. 내가 만든 거라니까요.)

小明：是吗？手真巧！(정말인가요? 솜씨가 정말 좋군요.)

小金：你过奖了，一点儿也不巧。(과찬이세요. 솜씨가 조금도 좋지 않아요.)

이상의 대화를 보면 일반적으로 칭찬을 들을 때 상대방의 의견에 '不太~', '一点儿也不~' 등과 같은 부정의 어투나 안 좋은 쪽의 의미 또는 폄하하는 단어를 사용하여 자신의 본심과 다르게 표현한다.

이와 반면에 중국인은 상대방의 요구를 받아들일 생각이 없으면서도 겉으로는 긍정적인 표현을 사용하는 경우가 종종 있다.

(在办公室)(사무실에서)

张科长：处长，这是我的辞职报告。(처장님, 이것은 제 사직서입니다.)

曹处长：(看过以后)你的事儿我们还要研究研究。(다 보고 나서)

(당신의 일은 우리들이 생각을 좀 더 해봐야 해요.)

张科长：希望能快一点儿给我答复。

(좀 빨리 저에게 답변을 해줄 수 있었으면 합니다.)

(几天以后，张科长又去找曹处长)

(며칠 이후에 유 주임이 또 조 처장을 찾으러 왔다.)

曹处长：你的报告我已经转上去了，他们还要考虑考虑。

(당신의 사직서는 이미 상부에 전달했소. 그들은 아직 좀 고려를 해야 해요.)

张科长：那么什么时候能给我回音？

(그러면 언제 나에게 회신해 줄 수 있습니까?)

曹处长：我看你在这儿蛮好嘛，大家反应也不错嘛，辞职的事我看以后再说吧！(내가 보기에 당신은 여기에서 아주 좋았고 다른 사람들의 보고도 좋았어요. 사직에 관한 일은 내가 보기에 이후에 다시 말합시다.)

위와 같이 사직서를 처리하기 위해 좀 생각해본다는 '研究研究', '考虑考虑', '再说'와 같은 말은 정말로 고려해 보겠다는 게 아니라 결국 받아들이지 않는다는 거절의 의미임을 알 수 있다.

중국인 집에 손님이 찾아온 시간이 만약 식사시간이라면 중국인은 어김없이 '就在这里吃饭吧', '吃点儿便饭怎么样', '吃了饭再走'와 같은 말을 한다. 그러나 때로는 주인은 정말로 손님에게 식사대접을 할 생각이 없거나 식사준비가 전혀 되어있지 않아도 이런 말을 할 수가 있다. 이때는 손님이 온 시간이 이미 오래 되었으니 이제 돌아가도 좋겠다는 의미를 암시할 수도 있으므로 예기치 않게 이런 제의를 받으면 서로 얼굴 붉히지 않게 요령껏 사양해야 한다. 이미 사양했는데도 재삼재사 권한다면 그때는 제의를 수락해도 된다.

（主人与客人谈话）(주인이 손님과 얘기를 나눈다)

主人：你的设想，计划都很周密，详尽，除了一些枝节问题尚需考虑外，我没有什么别的意见了。

(당신의 구상, 계획이 모두 주도면밀하고 상세하군요. 몇 가지 지엽적인 문제를 고려해야 하는 것 외에 나는 별다른 의견이 없어요.)

客人：你的指点对我很有启发，回头我再细细地推敲一下。(당신의 지적이 나에게 매우 도움이 되었어요. 돌아가서 제가 다시 자세히 다듬을게요.)

主人：(看表)哦，已经十一点半了，怎么样？就在这儿吃便饭吧！

(표를 본다) (아, 이미 11시 반이 되었군요. 어때요? 바로 여기에서 백반이나 먹읍시다.)

客人：哟，时间不早了，我该走了。

(아, 시간이 늦었네요. 저는 가야겠어요.)

主人：别走了，随便吃点儿吧，我也没什么准备。

(가지 마세요. 편하게 좀 먹어요. 나도 별로 준비한 게 없어요.)

客人：不了，不了，我还要去买点儿东西，走了，走了。

(아니, 아니에요. 나는 또 물건을 좀 사러 가야 해요. 갑니다. 갈게요.)

主人：那我就不留你了。(그러면 붙잡지 않을게요.)

이처럼 중국인의 말이나 행동은 바로 보이거나 들리는 대로 믿고 대응하면 관계를 맺음에 있어서 낭패를 볼 수도 있다. "중국인의 속은 도무지 알 수가 없다", "중국인은 믿을 수 없다"라고 치부할 게 아니라, 항상 그 내면에 가지고 있는 속마음이 무엇인지 눈치 있게 살펴봐야 한다.

2. '꽌시(관계)' 그리고 가변성

중국 사회를 명확하게 파악할 수 있는 키워드로 '关系, 꽌시
관계'를 언급할 정도로, 중국인의 사회시스템은 개인과 개인 간의
관계 네트워크를 바탕으로 구성되어 있다고 해도 과언이 아니다.
급변하는 주변상황 속에서 상황을 재빨리 파악하여 자기 자리를
구축할 수 있는 중국인은 끊임없이 자신과 주변과의 관계에 대
해 신경을 쓰고 관계망을 넓힌다. 다른 아시아 국가들과 비교해
서 중국인은 특히 '꽌시'라는 말은 매우 중요하게 생각하여 '관계
학'이란 말이 등장할 정도이다. 관계학이란 사람들 사이의 관계
망을 잘 이용하는 기술을 말하며, 중국에서 생활하는 데에 필수
적인 처세술이자 중국인 인간관계의 근본인 것이다.

중국인은 인연을 맺어 알게 되면서 서로 '꽌시'를 갖는 것을
중시한다. 처음 만난 중국인이 '一回生, 二回熟'라고 하면 이는 앞
으로 관계가 지속될 것임을 감지할 수 있다. 이 말은 처음 만나
면 낯선 사람이지만 두 번 만나면 친한 사람이 된다는 뜻으로 지
금은 처음 만났으니 서로 잘 모르는 사이이지만 두 번째 만남에
서부터는 꽌시가 형성되어 잘 아는 사이이므로 서로 잘 지내자는
의미를 내포하고 있다. 그러므로 중국인은 비즈니스 담판이든 외
교적 담판이든 그 담판 결과에만 관심을 갖는 것이 아니라 담판
자체를 상대방과 관계의 시작으로 여기고 처음부터 신중히 하나
하나 단계를 밟아 관계를 발전시켜 나가는 과정을 중시한다. 또
한 담판 자체에만 관심을 갖는 것이 아니라 상대방의 전체적인

상황까지 포함하여 종합적인 관심을 가지며, 협상 테이블이나 공식적인 서류보다는 만찬과 같은 비공식적 관계와 그 관계의 장기적 신뢰성을 더 중시한다.

중국인의 '꽌시'는 선물이나 호의, 편의 봐주기, 식사대접 등으로 개인적인 친밀함과 상호 보조라는 네트워크를 키우면서 서로 돕는 관계를 만드는 것이다. 관계를 맺은 사람들끼리는 서로를 우대해 줌으로 써 상대적으로 강한 친밀감을 형성하지만, 관계가 없는 사람들에 대해서는 아주 무관심하거나 심지어 적대적인 감정을 가진다. 따라서 은행, 우체국, 공항 등 공공기관에서 직원들의 불친절한 행동은 결코 전통적인 관료주의에서 기인된 것만은 아니다.

일반적으로 사람들은 "중국은 되는 일도 없지만 안 되는 일도 없다"라는 말을 하곤 한다. '꽌시'가 있으면 허가 받기 힘든 일이 쉽게 이루어지기도 하지만, '꽌시'가 없으면 간단한 일이라도 뜻밖에 어려움을 겪을 수 있다. '인치人治'라는 말이 있을 정도로 중국사회에서는 주변 상황의 변화에 따라 상대방과 친한 인간관계를 찾아내어 일을 순조롭게 처리하는 것이 처세술의 한 방법이다.

중국인은 '꽌시'로 맺어진 사이를 '一家人', '自己人'이라고 하며, 친족공동체로 묶어 한 울타리에 있음을 나타낸다. 중국인에게 가족이란 이익을 함께 하는 집단으로 유일하게 공동체의식을 갖게 하는 단체인 것이다. 그러므로 중국인은 가족이라는 믿을 수 있는 공동체를 통해서 모든 일이 이루어지기 때문에 자신이 결코 손해를 보는 일은 없다고 생각한다.

중국인들은 자기가 잘 알고 있는 사람들이 폐를 끼치거나 실수를 해도 상당히 관대하게 받아들이고 용서하는 편이다. 아래의 간단한 회화 예문은 바로 이런 상황을 전형적으로 잘 표현하고 있는 것으로, 우리가 중국인에게서 매우 자주 들을 수 있는 말 중의 하나이기도 하다.

> A: 打扰您了。(당신에게 폐를 끼치는군요.)
> B: 不用客气. 你是我们自己人. 有问题的话, 来找我。
> (예의 차리지 마. 너는 내 사람이잖아. 문제가 있으면 나에게 찾아 와.)

관계가 긴밀한 '自己人', '一家人'에 한 행동과 관계가 소원한 '外人'에 대한 행동은 매우 차이가 있다. 중국인은 자신의 체면과 이익에 도움이 되느냐에 따라 행동이 크게 달라진다. 중국인의 인간관계는 본인을 중심으로 동심원 모양으로 퍼져 있어서 멀리 나갈수록 관계도 멀어지고 감정도 얕아진다. 차별과 서열에 의한 관계로 이루어진 형태가 중국인의 행동규범이다.

이런 관계의 서열화는 '친한 이를 친히 여기는親親' 유가儒家의 차등적인 사랑에 바탕을 둔다. 효孝를 매개로 부모와 자식 간의 사랑을 확충시켜 연장자에 대한 존경심長幼有序으로 발전시키고, 더 나아가 왕에 대한 충성심君臣有義으로 발전시키는 것이다. '친한 이를 더 친하게 하는 것'을 기본으로 하는 중국인의 관계는 상황변화에 따라 선물을 보낸다든가 편의를 제공하는 등의 방식을 통해 관계를 조절한다. 즉 중국인 특유의 '인정人情'을 주고받는 과정을 통해 가깝거나 먼 관계의 변화를 만들어 내는 것이다. 그러므로 중국인과 관계를 형성함에 있어 우리는 중국인 관계망의 차등성과 가변성을 염두에 두어야 하며, 그들의 언어습관에 반영된 행간의 의미를 읽어야 한다.

　어떤 한국인이 어느 날 중국에서 식당에 들렀을 때 직접 겪은 일이다. 식탁이 어지럽혀져 있어서 종업원에게 "擦一下吧。^{좀 닦아 주세요.}"라고 부탁했더니 대뜸 "没关系。^{괜찮은데요.}"라고 대답하곤 치우지 않는 것이었다. 종업원은 자기 입장에서 보았을 때 손님이 그냥 식탁에 앉아서 먹을 만하니 괜찮다고 말한 것이다. 물론 이 종업원의 태도가 중국을 대표하는 것은 아니겠지만, 우리가 일반적으로 생각하는 식당 종업원의 기본적인 태도는 손님을 위해 봉사하는 모습이 당연하기 때문에 이 종업원의 태도에서 전형적인 중국인의 자기중심적인 사고를 읽을 수 있다는 것이다.

　'自己人', '一家人'의 기준에서 '꽌시'를 중시하는 복잡한 중국인의 관계망의 중심은 바로 '나'이다. 모든 인간관계의 조율은 '나'를 중심으로 이루어지고 조정된다. 중국인에게 중심은 나이고 나는 다시 가족으로 확대되며 이 가족은 다시 중국으로 대입된다. 상황에 따라 나와 남을 구분 짓고 나의 연장선상에 있는 가족은 '一家人', '自己人'이고 가족이 아니면 남이 되며 더 넓게는 중국이 '一家人', '自己人'이고 중국인이 아닌 것은 남이 된다. 중국인에게 있어서 상황에 따라 나와 남 즉 '一家人', '自己人'을 구분하는 것에서 관계의 범주를 설정한다.

　그러므로 중국인과의 교류에 있어 우리는 종종 자신을 중심으로 모든 일을 판단하는 자기중심적 사고를 하는 중국인을 만나게 된다. 이런 중국인은 자국의 문화와 역사에 대한 자부심이 넘치며, 자신에 대한 능력을 높이 평가하고 자화자찬에 능하며, 자기주장만 내세우면서 선의의 충고라 할지라도 자존심을 건드리는

일로 간주하면서, 자신의 잘못을 인정하지 않고 미안하다는 말을
절대로 하지 않는다. 일반적으로 이런 중국인의 자기중심성을 '중
화사상'의 표현이라고 해석하기도 한다.

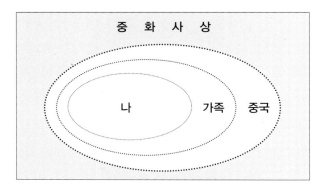

[관계의 중심: 나 → 중화사상]

중국인의 관계 맺기를 살펴보면 '关系'에도 차등이 드러난다. '关系'의 차
등은 손님을 대접하는 음식을 보아도 알 수 있다. 일반적으로 중국인은 손
님의 중요도에 따라서 음식의 재료가 특이하거나 비싼 요리를 대접한다.
예를 들면 뱀 고기요리, 비둘기 고기요리, 가재요리, 자라요리 등은 최상
의 음식이라 할 수 있다.

그런데 주의해야 할 것은 이런 중국인의 자기중심적 사고에
는 결코 자기 스스로 책임진다는 그런 특징은 존재하지 않는다
는 점이다. 자신을 중심으로 사물을 판단한다면 스스로의 권한과
책임의 범위를 확실하게 인식하고 권리와 의무를 명확하게 처리

할 것 같은데 의외로 그렇지가 않다. 자신이 실수를 저질러 놓고 선 "괜찮다不要紧"라고 태연하게 말한다든지, 자기에 맡겨만 주면 "아무 문제없다没问题"고 했으면서 막상 문제가 생기면 "나로서도 어쩔 수 없다我也没办法."고 책임을 회피한다. 그래도 끝까지 책임을 추궁하면 "그럼, 어쩌란 말입니까?那我怎么办?"하고 되레 발뺌을 한 다. 자기중심적인 생각이 강하면서도 스스로의 책임은 회피하는 이런 중국인의 행위들을 우리 같은 외국인들은 도대체 이해할 수 없을 때가 종종 있다.

또한 중국인의 자기중심성은 서양의 개인주의와도 매우 다르 다. 서양인은 절대적인 개인의 존재를 인정하기 때문에 공중도덕 을 지키려고 노력한다. 그러나 중국인은 공중도덕에 둔감하다. 중요한 내용이 담긴 부분이 모두 찢겨지고 없는 도서관의 책, 그 리고 차창 밖으로 마구 버리는 온갖 쓰레기, 심지어 고장 난 가구 등 위험한 물건을 아무렇지도 않게 창밖으로 내던져버리는 행위 는 중국인의 공중도덕에 무신경함을 엿볼 수 있다. 또 중국인은 공과 사의 개념이 약하다는 것이 일반적인 견해이다. 회사의 휴 지가 모두 없어진다든지, 회사의 석유를 자기 차에 마음대로 넣 는 등 공사구분을 못하는 중국인은 비일비재하다. 공공기물은 내 개인 소유가 아니므로 마구 써도 된다고 생각한 것일 수도 있고, 한편으로 우리 회사의 물건이므로 회사의 공공기물에는 나의 몫 도 있다고 이기적으로 생각한 결과이기도 하다.

일반적으로 중국인은 모두 '꽌시'를 생각하여 상대방을 배려 하고 행동한다고 생각되지만 사실상 그 이면에는 또 다른 의도가 숨어 있다.

중국인은 손님을 접대할 때 자기의 생각이나 방식대로 상대방의 일정이나 생활을 배정하는 것으로 관심과 애정을 표현한다. 상대방에게 의견을 묻기도 하지만 이는 형식적인 과정이고 이러한 과정을 통해 자신의 생각이나 방식을 전달하는 것일 따름이다.

(张老师告诉新同学日程安排)(선생님이 신입생에게 일정표를 알려준다)

张　师: 同学们好, 生活习惯吗？(학우들 안녕, 생활은 익숙해졌어요?)

新同学: 还可以。(그럭저럭이요.)

张　师: 今天我们去参观市容, 明天游览黄浦江, 后天熟悉一下学校的环境, 这样安排好不好？

(오늘 우리 도시의 면모를 관람하고 내일은 황포강을 유람합니다. 모레는 학교의 환경을 상세히 알아봅시다. 이렇게 스케줄을 짰는데 어때요?)

同学 1: 可以去参观历史博物馆吗？(역사박물관을 관람할 수 있어요?)

同学 2: 能去动物园吗？(동물원 갈 수 있어요?)

张　师: 这样的话, 时间是否太紧张了？反正大家在这儿要学习一年, 以后去的机会很多。

(이렇게 하면 시간이 너무 빠듯하지 않을까요? 어쨌든 모두 여기에서 일 년 동안 공부해야 하니 이후에 갈 기회가 아주 많아요.)

상대방의 의견을 묻는 말	这样安排好不好？(이렇게 짜는 게 좋아요?) 这样活动行不行？(이렇게 움직이는 게 괜찮나요?) 这样可以吗？(이렇게 하면 되나요?) 时间安排得是否太紧张(松)了？ (시간을 짠 게 너무 빠듯하지(느슨하지) 않을까요?) 活动是否太多(少)了？(활동이 너무 많지(적지) 않을까요?) 你(们)看怎么样？(당신(들)이 보기에 어때요?)

중국인의 상대방에 대한 이러한 자기중심적 배려는 나이·직업·신체조건·월급 등을 거리낌 없이 묻는 것에서도 나타난다. 한국인이라면 첫 만남에서조차도 중국인들이 월급은 얼마나 되는지, 집의 평수는 얼마나 되는지, 집값은 한 평에 얼마나 하는지에 대한 질문을 받고 무척 당황한 경험들을 많이 했을 것이다.

(有一天，有一个美国人去农村看一个中国朋友。)
(어느 날, 어떤 미국인이 농촌에 가서 중국인 친구를 만난다.)
小林的哥哥: 您今年多大了?(금년에 나이가 얼마나 되었지요?)
玛丽:......
小林的爸爸: 姑娘，每个月你挣多少钱？
(아가씨, 매월 수입이 얼마나 되나요?)
玛丽:......

이처럼 나이나 월급 등에 대한 질문은 중국인이 남의 사생활에 대한 과도한 관심이 아니라 상대방에 대한 관심을 표명하는 것이고, 일종의 관계 맺기의 시작으로 처음 만나는 사람과 거리를 좁히는 과정이다. 그러나 외국인의 입장에서 보면 이는 바로 중국인이 타인에 대한 배려도 상대방의 감정이나 상황을 고려하지 않고 단지 자기중심적인 사고에서 비롯하는 대표적 예라 하겠다.

중국인은 손님을 대접할 때 차, 술, 음식을 계속 권하는 것을 예의 차리는 것이라 여긴다. 손님이 그만 마시고 싶어 하는지, 배가 불러 더 이상은 못 먹는지를 고려하지 않고 계속 권하는 방식의 자기중심적 서비스를 한다.

（席间）(모임 자리에서)

老马：（拿酒瓶）小贾, 再来点儿！(술병을 들며) (가 군, 좀 더 마시지!)

小贾：<u>不了, 不了, 已经醉了</u>。(아니, 안 돼요. 이미 취했습니다.)

马妻：（端菜来）老吴, <u>你可要多吃点儿啊</u>！(음식을 가지고 온다)

(오 씨, 더 많이 드셔야 합니다.)

老吴：<u>够了, 够了, 不能再吃了</u>。(충분해요. 됐어요. 더 이상 먹을 수 없어요.)

马妻：是不是嫌菜的味道不好啊？

(음식이 맛이 좋지 않은 게 싫어서 그런가요?)

众人：哪里, 哪里, 味道好极了！(뭘요. 아니에요. 맛은 너무 좋아요.)

배가 불러 더 이상 먹을 수 없음에도 불구하고 중국인은 계속해서 더 먹을 것을 권유한다. 음식을 먹기 시작한 지 한참 되어서 맛에 대해서는 더 이상 언급을 할 필요가 없는데도 불국하고 음식이 입에 잘 맞는지 음식 맛이 없는지를 물으면서 권하는 중국인에게 행여 기분 상하게 하지는 않을까 염려하며 더 이상 먹을 수 없음에도 어쩔 수 없이 젓가락을 움직이게 된다. 이처럼 식탁 앞에서 벌어지는 중국인의 과도한 서비스는 너무 자기중심적이라 느껴진다.

老马：来, 来, 咱们干了这杯！(자, 자. 우리 이 잔을 비웁시다.)

小朴：<u>确实不行了, 我已经喝得够多了</u>。

(정말 안 됩니다. 저는 이미 충분히 마셨어요.)

小赵：你没喝几杯, 干了吧！(당신은 몇 잔 마시지도 않았으니 다 마시세요.)

小朴：<u>不了, 不了</u>。再喝非醉不可。(아니요. 안 돼요. 더 마시면 취하게

될 거예요.)

老马：你的海量我还不清楚？<u>就这一杯了</u>。

(당신의 주량이 센지 내가 아직도 잘 모르겠어? 이 잔만 드세요.)

小朴: <u>真的不行了</u>。(정말 안 돼요.)

老马: <u>你不喝了这一杯，就是不给我面子</u>。

(당신이 이 잔을 마시지 않으면 내 체면을 세워주지 않는 겁니다.)

众人: <u>来来，门前清，门前清，干了</u>！(자, 자, 깨끗이 비우지요. 다 마시자고요.)

"왜 내 체면을 세워주지 않느냐"는 말에 모두 잔을 들어 건 배를 외치는 모습도 중국인의 자기중심적 서비스라고 말하지 않을 수 없다.

음식과 술 등을 사양하는 표현	确实不行了。(정말로 안 돼요.) 确实不能吃(喝)了。(정말 먹을(마실) 수 없어요.) 真的饱了。(정말 배불러요.) 再吃就走不动了。(더 먹으면 움직일 수 없어요.) 再喝非醉不可。(더 마시면 취할 거예요.)
자기중심적 서비스 멘트	(如果)你不吃(喝)，就是不给我面子。 (당신이 드시지 않으면 저에게 체면을 세워주지 않는 겁니다.) (如果)你不吃(喝)，就是看不起我。 (당신이 드시지 않으면 저를 무시하는 겁니다.) (如果)你不吃(喝)，就是不够朋友。 (당신이 드시지 않으면 친구라 할 수 없어요) (如果)你不吃(喝)，就是太不领情了。 (당신이 드시지 않으면 너무 호의를 무시하는 겁니다.)

중국인이 방문을 마치고 돌아가려고 할 때에 자신에게 일이 있어서 그만 가야겠다고 표현하기 보다는 상대방을 배려하여 가려고 한다는 이유를 들어 떠나는 상황이 더욱 많이 드러난다.

（夜晚，在程工家，几个青年工人向他请教技术问题）

(밤에 청궁의 집에서 청년 기술자 몇 명이 그에게 기술 문제를 묻는다)

青工A：（钟敲十下，抬头看钟）哎，我说不早了，程工也累了，谈得差不多了吧？(시계의 종이 10번 울리자 고개를 들어 시계를 본다)

(아, 제가 늦게까지 말했군요. 청궁도 피곤할 겁니다. 거의 다 얘기했지요?)

程工：没关系，还早，还早。每天晚上我看书，翻阅资料，总得磨蹭到十一・二点才上床睡觉。(괜찮아요. 아직 아르지요. 매일 저녁 저는 책을 보고 자료를 조사하느라 늘 11, 12시가 되어서야 잠을 자요.)

青工B：已经占了您很多时间了。

(이미 당신에게 많은 시간을 소비하게 했어요.)

程工：哪里，哪里。(뭘요, 괜찮아요.)

青工C：程工，明天还要上早班，就到这儿吧！

(청궁, 내일도 출근해야 하니 여기까지 합시다.)

程工：那就改天再谈吧！(그러면 다음에 다시 얘기하지요.)

상대방을 배려하며 체면 차리는 말	不好意思，已经占了您很多时间了。 (미안해요. 이미 당신에게 많은 시간을 쓰게 했네요.) 你累了，好好休息吧！(피곤하시지요. 잘 쉬세요.) 你很忙，不打扰您了。(바쁘신데 괴롭히지 않을게요.) 时间不早了，明天你还要上班呢！ (시간이 늦었군요. 내일 당신은 출근도 해야 하잖아요.) 我不再耽误您的时间了。 (제가 더 이상 당신의 시간을 지체시키지 않을게요.)

'꽌시'를 고려하여 상대방을 배려하는 것처럼 포장되어 있지만, 사실은 자신의 체면이나 이득을 고려한 중국인의 자기중심적인 면이 언어습관에도 그대로 드러나 있음을 알 수 있다.

3. 관계의 키워드: 현실이익

중국인은 상대방을 배려한다는 입장에서 하는 행동도 자신을 입장을 고려하고 자신의 이익을 생각한다. 자기중심적인 중국인이 타인과 관계를 구축하고자 하는 바탕에는 개인의 현실적인 이익이 깔려 있다. 설날에 기껏해야 '복 많이 받으세요' 정도였던 덕담이 IMF를 겪으면서 '부자 되세요'로 바뀐 현재의 한국인에겐 아직도 대놓고 돈과 관련된 이야기를 직접적으로 언급하는 것에는 익숙지 않아 첫 만남에서도 경제적 능력에 대한 궁금증을 스스럼없이 묻는 중국인들 때문에 당황스럽다.

우리는 배고픈 건 참아도 사촌이 땅 사서 배 아픈 건 못 참는다고 한다. 개인적인 고난과 무능은 얼마든지 견디지만, 가까운 이와의 비교는 한국인에겐 정말 견딜 수 없는 고통인 것이다. 하지만 중국인에겐 '불의는 참아도 불이익은 못 참는다'는 말이 있다. 또 '害人之心不可有, 防人之心不可无_{남을 해치려는 마음은 가져서는 안 되지만 방비하려는 생각을 안 가져선 안 돼}'라는 말은 인간관계에서 있어 중국인의 행동지침을 한마디로 요약하였다 할 수 있다. 중국인이 사람과의 관계에서 '꽌시'로 얽힌 친한 사이라 하더라도 경계심을 늦추지 않고자 한 것은, 자신의 이익에 손상을 입지 않으려는 심리에서 오는 것이다. 중국인은 현실이익에 대한 관심이 매우 강한만큼 또 현재를 살아가는 것에 관심이 많다. 그러므로 이런 중국인의 사고방식은 많은 경우에 매우 합리적인 결과를 도출하며 놀라운 융통성을 발휘하기도 한다.

'谢谢'의 사용을 보면 중국인에게 자신의 이익은 매우 중요하며 일상에도 파고들어 있음을 알 수 있다.

(在理发厅)(이발소에서)

理发师: 好了, 您看怎么样 ? (됐어요. 보시기에 어때요?)

老　金: 不错。(좋군요.)

理发师: (举起镜子)再看看后面。(거울을 들면서) (또 뒤쪽을 좀 보세요.)

老　金: 很好。谢谢您了！(좋아요. 고마워요.)

—————————

(在电器修理部)(전기제품 수리점에서)

老金: 师傅, 我的电视机坏了, 请帮我看看。

(아저씨, 내 텔레비전이 고장 났어요. 좀 봐주세요.)

师傅: 好, 我给您检查一下。(좋아요. 제가 한 번 조사해 봅시다.)

(过了一会儿)(시간이 좀 지나서)

师傅: 噢, 有根线接触不好。过一会儿来取吧。

(아. 선의 접촉이 좋지 않아요. 좀 있다가 가지러 오시지요.)

(又过了一会儿)(또 시간이 지나서)

师傅: 现在好了, 你试一试。(지금 다 됐어요. 틀어 보세요.)

老金: 不错, 不错。谢谢, 谢谢！(좋아요. 좋군요. 고마워요. 고마워요.)

师傅: 不谢, 不谢。(천만에요. 천만에요.)

손님에 대한 친절봉사를 최선으로 여기는 서비스 중심 사회에서는 손님에게 감사하다는 인사말을 잊지 않고 손님 역시 감사하다는 말로 인사를 하는 것과 달리 이상의 두 가지 예문에서는 이발소와 수리점에서 모두 손님만이 감사하다는 인사를 하고 있다. 중국인의 감사표현은 일반적으로 서비스를 받는 사람이 서비스를 제공하는 사람에게 하는 것을 알 수 있다. 관계를 중시하는 중국인이 이익을 받은 것에 대한 감사표현으로 인간관계를 이어나가는 것으로 보인다. 중국인은 가족 간에는 '谢谢'를 거의 사용하지 않는다. 이 점은 한국인의 습관과 상당히 유사하다고 볼 수 있다. 이는 가족은 이익관계의 범주에 넣지 않고 있음을 보여주는 예라 하겠다. '꽌시'가 좋은 사람끼리는 '一家人', '自己人'으로 엮어 이익관계에 있지 않은 한 가족의 범위에 넣음으로써 서로의 관계를 더욱 돈독하게 만드는 것이다. 그러므로 중국인은 가족과 같은 끈끈한 관계를 맺어야 모든 일에 있어 수월하게 넘어간다.

중국인들이 체면을 중시한다는 사실이 잘 알려져 있는 만큼 일상용어에서도 '面子'라는 말이 늘 등장한다. 중국인과 대화하다 보면 흔히 "他喜欢当面指出别人错误, 不留面子。그는 면전에서 다른 사람의 잘못을 지적하길 좋아해요. 체면을 세워주지 않아요."는 얘기를 듣곤 한다. 자신이 정말로 잘못을 저질렀다 해도 여전히 남들 앞에서 체면이 세워지길 바라는 마음에 자신의 부끄러운 모습을 지적받길 결코 원치 않기 때문이다. 사과나 고마움을 표현해야 하는 상황에서도 오히려 자신의 권리와 이해를 주장함으로써 자신의 체면을 유지하려고 한다.

한국인도 체면을 중시한다는 면은 중국인과 비슷하지만 미묘하게 다른 부분이 있다. A라는 한국인 교수가 교환교수로 온 B라는 중국인 교수로부터 쇼핑과 도서관에서 자료 찾기를 부탁받았지만 바쁘다는 핑계로 거절을 했다. 그 중국인 교수가 그냥 부탁을 한 것이 아니라, "이번에 네가 날 도와주면 다음에 내가 널 도와줄 일이 반드시 있을 것"이라고 흥정을 했기 때문이다. 그 중국인 교수는 자신의 능력을 과시함으로써 자신의 체면을 살리고 상대방을 설득하고자 했을지 모르지만, 한국인 교수는 자신을 이익에 이끌리는 속물로 취급한 것에 대해 모욕감을 느끼고 체면이 손상되었다고 느꼈다. 한국인과 중국인 모두 '체면'을 중시하지만, 그 체면의 내용에는 많은 차이가 발생한다.

그러므로 중국인이 체면을 중시한다고 함에도 불구하고 많은 한국인들은 중국인의 행동이 매우 체통이 없고, 체면을 생각하지 못한다고 느끼는 경우가 종종 있다. 사회적 지위를 생각하지 않고 시장바구니를 들고 야채를 고르는 중국인 교수를 보고, 또 지도교수의 체면을 고려하지 않고 다른 교수에게 가르침을 청하는 중국인 학생을 보면서 중국인이 중시하는 체면과 한국인이 중시하는 체면에 차이가 있음을 알게 된다. 중국인이 중시하는 체면이란 자기 개인 능력평가와 밀접하게 연계되어 있어 자신의 능력이 인정받았을 때 가장 체면이 선다고 느끼고, 반대로 자신의 능력을 남이 알아주지 못한다고 느낄 때 가장 스트레스를 받는다. 공자도 『논어』 첫 장에서 '남이 알아주지 않아도 성내지 않으면 군자가 아니겠느냐!人不知而不慍, 不亦君子乎'라고 했을 정도이다.

이는 한국인이 사회적 지위에 어울리는 처신에 민감한 것과 매우 대조적이다. 88 서울 올림픽과 2002 한일월드컵에서 보여준 한국인의 질서의식은 나라의 국제적 체면을 손상시키지 않으려는 노력의 결과였다. 중국은 국제도시 상하이가 줄곧 '七不'라는 지침으로 시민을 계몽해왔지만 별 실효를 거두지 못했다. 국민들이 개인 현실이익과 무관한 규율은 지키지 않아도 된다고 생각했기 때문이다. 하지만 중국도 베이징 올림픽을 계기로 질서의식이 상당히 개선되고 있다.

　중국인은 거절당할 만한 일에 '面子'를 들어 상대를 설득한다. 이때 '面子'는 서로의 '关系'를 상기시키면서 서로가 잘 아는 사이임을 알리는 말이다. 중국인은 바로 이러한 '관계'를 이용하여 유형이든 무형이든 자신의 이득을 챙긴다는 것이다.

争面子(체면을 다투다), 给面子(칭찬이나 아부하면서 체면을 주다), 丢面子(체면을 잃다), 讲面子/爱面子(체면을 중시하다), 增加面子(사회적 지위나 평가 면에서 체면을 늘리다), 借面子(남의 명예나 지위를 이용하여 체면을 빌리다), 人有脸, 树有皮(사람에게는 얼굴이 있고, 나무에는 껍질이 있다)

　좋지 않은 일이 발생할 경우 중국인은 어떻게 대처를 하는가? 자신과 관련이 된다면 이해득실을 끝까지 따지려 들겠지만, 자신과 관계없는 일이라면 제삼자로서 자신의 현실이익과는 무관하므로 얼른 좋은 게 좋은 것이라는 식으로 마무리 하려 한다.

(小张和小李吵得正凶, 小明为朋友小李拉架)(小张와 小李가 정말 심하게 싸우고 있다. 小明는 친구 小李를 위해서 싸움을 말린다)

小李 :(对小张)不行, 你老在背后说我坏话, 今天不说清楚就别想走！(小张에 대해) 안 돼요. 당신은 늘 뒤에서 나를 욕하는데 오늘 분명히 말하지 않으면 갈 생각하지 말아요.)

小张: (对小李)谁走了？我本来就不想走。(小李에 대해)

(누가 가? 나는 본래 가고 싶지 않아.)

小明: (拉小李)算了, 算了, 少说一句吧！(小李를 끌며)

(됐어요. 됐다니까. 그만 좀 말해요.)

小李: (对小张)少说一句？今天非要他道歉不可。(小张에 대해)

(그만 말하라고? 오늘 그가 나한테 사과하지 않으면 안 돼요.)

小张: (对小李)给你道歉？没门儿！(小李에 대해) 너에게 미안하다고

하라고? 어림없는 소리!)

小明: (又拉小李)好啦，好啦，别跟这种人一般见识，走吧！(또 小李

를 밀면서) (됐어요. 됐어. 이런 사람과 똑같이 행동하지 말아요. 갑시다!)

小李；(对小明)不走！我咽不下这口气。(小明에 대해)

(못 가요! 이런 말투는 넘어갈 수 없어요!)

小明: (再拉小李)君子不跟小人斗，走吧！(다시 小李를 끌면서)

(군자는 소인과 함께 싸우지 않아요. 갑시다.)

小张와 小李는 직접적으로 관련이 있으므로 계속 싸우나 小
明는 관련 없는 제삼자이기에 싸움을 말리기만 한다.

(某单位发年终奖金，小李因此别人拿得少而发牢骚，小金劝小李)

(어떤 기관에서 연말 장려금을 지급하는데 小李는 다른 사람보다 적게 가져

가게 되어 불평을 한다. 小金가 小李에게 권유한다)

小李: 你给评评理，我哪一点比别人差！凭什么我比别人拿得少？

这不是欺负人吗？(사리를 판단해 봐요. 내가 어떤 점에서 다른 사람보다

못한지요? 뭘 근거로 내가 다른 사람보다 적게 가져가야 하나요? 이건 사람

을 업신여기는 게 아닌가요?)

小金: 算了，算了，不必太计较了！(됐어요. 그만 해요. 너무 따질 필

요 없어요.)

小李: 什么领导，明摆着给我小鞋穿。(무슨 리더라고. 분명히 나를 곤

란에 빠뜨리는 거예요.)

小金: 哎，看开点儿吧。(아, 좀 넓게 생각하세요.)

小李: 比我差劲的都比我拿得多, 叫我怎么咽得下这口气! (나보다 못한 것들도 나보다 많이 가져갔는데 나더러 어떻게 이런 말투를 넘기라는 건가요!)

小金: 少拿就少拿吧, 没什么大不了的。快别生气了! (적게 가져가면 적게 가져가는 거지요. 뭐 대수로울 게 있다구요? 화 내지 말아요.)

표면적으로는 상대방을 배려하는 것이라 보이지만 자신과 관련 없는 일에 많은 시간이아 공을 들이지 않으려는 심리에서부터 나오는 행동이다. 또한 번거롭게 일이 커져서 득이 될 것이 없다면 차라리 원만하게 처리하는 것이 훨씬 낫다고 생각하는 중국인의 심리에서 오는 것이라 하겠다.

4. 관계의 지향점: 조화

사람과의 관계에 있어 중국인이 가장 중시하는 것은 '中和'라고 하는 조화이다. 중국인은 예로부터 천문天文을 본떠서 인문人文을 구상하고자 했다. 봉건예교로 지탄받았던 성리학의 윤리 관념도 사실상 인간을 소우주로 인식하여, 우주자연의 규율인 천도天道와 인간사회의 규율인 인도人道를 일치시키고자 한 것이다. 그래서 인간과 우주자연의 조화, 중국과 주변국의 조화, 나와 주변인의 조화를 항상 염두에 두고 있었다.

이처럼 관계의 조화를 추구하는 중국인은 일상 언어생활에서도 관계를 해칠 수 있는 극단적인 표현은 삼가고 있다.

男：几个月没见，你好象有点儿发福了。

(몇 개월 동안 보지 못했군요. 당신은 복을 좀 받은 것 같군요.)

女：快别说了，没看见人家正为这事上火呢吗？

(말하지 말아요. 남은 바로 이 일 때문에 화가 난 게 보이지 않으세요?)

서로 아는 사이의 관계를 절대로 나쁘게 만드는 것을 원치 않는 중국인은 에둘러 표현하기를 상당히 좋아한다. 같은 말이라도 '发胖'이라는 표현보다는 '发福'라고 하면 훨씬 기분을 덜 상하게 할 수 있다. 더구나 요즘처럼 날씬한 것을 미덕으로 삼는 시대에 있어서 이렇게 돌려 말하는 센스는 좋은 '꽌시'의 형성에 대단히 중요하다고 할 수 있다.

중국인은 뭔가 비평하거나 안 좋은 것에 대하여 말을 할 때도 되도록 부드러운 말씨나 돌려 말하기 등으로 표현함으로써 극단적인 의견을 자제하려는 노력이 상당히 엿보이고 있다는 것이다.

(食堂经理征求意见)(식당의 사장이 의견을 구한다)

经　理：最近食堂的饭菜怎么样？请大家多提宝贵意见。(최근 식당의 음식이 어때요? 모두 귀중한 의견을 제기해 주세요.)

小　明：点心的花色品种较多，我很喜欢，就是味道稍微甜了一点儿。

(간식의 종류가 비교적 많아 저는 아주 좋아요. 단지 좀 맛이 달군요.)

小　張：饭稍微有点儿硬，能不能煮得软一点儿？

(밥이 약간 되군요. 좀 부드럽게 찔 수 있어요?)

小　刘：菜的味道不错，但稍微油了一点儿。

(반찬의 맛이 좋지만 약간 느끼해요.)

经　理：这些意见很好，我们一定改进，保证让大家吃得满意。

(이런 의견은 좋군요. 우리가 반드시 개선하여 모두가 만족하도록 합시다.)

(办公室，课代表把作业交给老师)(사무실에서 과대표가 리포트를 선생
님에게 제출한다)

小　李：这次我们考试的成绩不太好吧！

(이번에 우리가 시험 본 성적이 그리 좋지 않아요.)

金老師：有几个比较好，大部分比较差。

(몇 명은 비교적 좋고 대부분은 비교적 좋지 않지요.)

小　李：同学们反映题目太难了。(학우들이 과제가 너무 어렵다고 해요.)

金老師：不完全是。我看有的同学有点儿骄傲，学习较为放松：有的
同学较懒，做作业有些马虎，那当然考不好。(완전히 그런 것 아니에요.
내가 보기에 어떤 학우는 좀 오만해서 공부를 게을리 했고 어떤 학우는 좀 나태
해서 리포트를 대충 썼으니 당연히 성적이 좋지 않지요.)

위의 두 가지 예를 보면 모두 '比较', '较为', '有点儿', '有
些', '稍微', '一点儿' 등의 표현을 사용하여 매우 부드럽게 완화
하여 말하고 있다.

이런 중국인의 행동은 바로 내면적인 사랑인 '인仁'을 강조하
면서, 동시에 외형적 통제수단인 '예禮'를 통해 내면과 외형의 조
화와 균형을 유지하는 유가사상에서 비롯되었다. 공자는 '과유불
급過猶不及'을 주장하면서 '기쁨도 슬픔도 지나치지 않기樂而不淫, 哀而不
傷'를 바랬던 것이다.

중국인들은 '남과 다투려 하지 않고與世無爭', '조화를 중시한다和
爲貴'고 하며, 기본적으로 문제가 발생하는 것을 원하지 않는다.
실재로 문제가 생기면 자기주장을 강하게 내세워 질서를 회복하
거나, 아무 말도 하지 않고 참다가 여의치 않으면 아예 조직을 이
탈해버리는 경우가 많다. 회의를 할 때도 중국인들은 자신의 이

익을 위해 자기주장만 내세우기도 하고, 서로의 체면을 생각해서 아무 주장도 하지 않고 침묵으로 일관하거나, 이것도 저것도 아닌 회색분자 같은 주장을 내놓기도 하다. 이는 주변 인간관계 속에서 최대한 마찰을 피하고 조화를 유지하고자 하는 중국인의 심리가 표현된 것이다.

중국인과 관계의 시작은 식사로부터 시작되는데, 식사 때에 자리를 정하는 것도 관계의 질서를 표현한다. 주인의 자리가 정해지고 나면 주인의 양 옆에 주빈들이 앉고 주인에게서 멀어질수록 말석이 된다. 이때 주빈이 말석에 앉겠다고 하면 주인의 체면이 손상되고 자리의 질서가 깨지면서 어수선한 혼란이 오게 될 것이다.

중국인들은 정해진 규율에 따르기 때문에 북극성을 중심으로 자신의 자리를 지키며 질서정연하게 운행하는 별자리처럼, 인간 사회의 모든 관계도 자연의 순리대로 조화롭게 유지하고자 노력하고, 분열과 혼란으로 질서와 조화가 깨지는 것을 원하지 않는다고 볼 수 있다.

5. 다양한 관계, 다양한 호칭

전통적으로 종법사회였던 중국인은 밖으로는 '중앙의 중국'과 '사방의 오랑캐'와의 관계를 규정짓고, 안으로는 왕실에서 평민에 이르기까지 마치 한 가정의 가족관계를 규정하듯이 엄격한 신분질서를 확립하여 사회를 서열화하고 질서를 유지하고자 했다. 이런 종법제도는 오랫동안 중국인의 일상생활에까지 영향을 미쳤기에 중국인들은 특히 사회적 관계와 서열에 매우 민감하다. 중국인들이 구축하는 관계 네트워크는 자기를 중심으로 동심원 모양으로 퍼져있어서 멀리 나갈수록 관계도 멀어지고 친밀한 감정도 얕아진다. 이에 따라 중국인들은 관계 네트워크 내부에서도 상호 관계의 차이를 인정하고 서열을 정해서 그에 걸맞게 행동하는 것을 원칙으로 삼았다.

서열화의 가장 기본이 되는 기준은 나이가 있다. 나이의 많고 적음에 따라 존대와 하대를 명확하게 사용하는 한국어에 비해 중국어는 존칭표현이 덜 발달했다. 연령을 묻는 표현 방식에서는 전형적인 나이에 따른 서열화 표현을 엿볼 수 있다. 먼저 10세 이하의 아이일 경우에는 "你今年几岁?올해 몇 살이니?", 그리고 나와 동년배인일 경우에는 "你今年多大?올해 나이가 얼마나 되나요?", 나보다 나이가 확실히 연장자이거나 직분이 높을 경우에는 "你今年多大年纪?올해 연세가 얼마나 되십니까?" 또는 "你今年多大岁数?올해 연세가 얼마나 되십니까?", 상대방의 나이가 상당히 고령일 경우에는 "老大爷今年高寿? 할아버지께서는 올해 춘추가 얼마나 되십니까?" 등으로 묻는다. 이처럼 나이에 대한 물음도 상대방의 상황에 따라 적절하게 물어야 한다.

상대방의 이름을 물을 때도 그 관계에 따라 여러 가지 상황들이 존재할 수 있다. 일반적으로 아랫사람이나 동년배라면 "你叫什么名字?이름이 뭐니?"로 묻는다. 이 때는 "我姓金, 名字叫美爱。성은 김씨이고 이름은 미애라고 해.", 또는 "我叫金美爱。김미애라고 해."로 답한다. 윗사람이거나 잘 모르는 사람에게는 "您贵姓?성함이 어떻게 되세요?"라고 묻고 대답은 "弊姓金, 名字叫美爱。성은 김가이고 이름은 미애라고 합니다.", 또는

"免贵姓金, 名字叫美爱。성은 김이고 이름은 미애라고 합니다."로 답한다. 최근
에는 '敝姓'이라는 어휘를 거의 사용하지 않고 바로 '我姓'이라고
대답하기도 하는데, 지나치게 격식을 차린 표현이라 생각하기 때
문이다. 또 잘 사용하지는 않지만 웃어른의 함자를 정중하게 묻고
자 한다면 "请问先生, 尊姓大名?선생의 존함은 어떻게 되십니까?", 여성의 이
름을 묻고자 한다면 "请问小姐, 芳名叫什么?아가씨 성함이 어떻게 되십니까?"
등으로 표현할 수 있다.

중국인의 서열화는 호칭에서도 엿볼 수 있다. 사람들이 대화
를 하기 위해서는 타인을 지칭하는 적절한 호칭이 있어야 하기
마련이다. 그런데 사람들 상호간의 관계를 중시하고 관계의 차이
를 명확히 인식했던 중국인들은 그만큼 관계의 차이를 명확히 구
분해줄 수 있는 호칭들을 다양하게 발달시킬 수밖에 없었다. 이
처럼 우리나라 말에 비해 중국어에서는 나와 타인의 관계를 지
칭하는 용어가 매우 많이 존재하기 때문에 우리말로 번역하고자
할 때 어떤 용어로 대체해야 할 것인지 고심하는 경우가 많을 수
밖에 없다.

종친계 호칭

父, 祖父, 曾祖父, 高祖父, 子孙, 曾孙, 玄孙, 来孙, 晜孙, 仍孙, 云孙

모계 남자 호칭

外祖父(존칭), 外公, 姥爷(속칭), 外孙(자칭), 外伯, 叔祖(존칭),　外伯,
叔公(속칭), 外侄孙(자칭)

모계 여자 호칭

外祖母(존칭), 姥姥, 外婆(속칭), 外孫(자칭), 外叔伯祖母(존칭), 外叔伯婆(속칭), 生侄孫(자칭)

처가 남자 호칭

岳父(존칭), 丈人, 丈老(속칭), 女婿(자칭), 尊內祖父, 外家公, 孫婿

처가 부녀 호칭

岳母(존칭), 丈母娘, 岳母(속칭), 女婿(자칭), 內祖母, 外家婆, 孫婿

근대 이전 중국에서는 사람들이 서로 성명을 직접 부르기 보다는 자^字나 호^號, 또는 관직명 등을 사용하여 호칭하는 경향이 강했다. 그 사람의 이름을 직접 부르는 경우는 매우 드물었다. 그러나 현대에 이르면서 사람들이 이름을 직접 부르는 일이 더 많아졌다. 아마도 현대인의 생활이 점점 복잡해지면서 자나 호에 대한 관념이 모호해지면서 격식을 차리는 것에 관심이 없어졌기 때문인 것으로 생각된다. 그렇지만 현대인도 사회적 지위에 관심이 많기 때문에 회사나 공장 등에서는 이름보다는 여전히 직위를 부르는 것을 더 선호한다. 예를 들어 '宋处长^{송 처장}', '金局长^{김 국장}'과 같이 호칭하는 것을 보면 모두 직위를 우선시하고 있음을 나타내고 있는 것이다

중국어는 1978년 개혁개방을 기준으로 언어에 다양한 변화가 나타나고 있다. 중국은 개혁개방을 선택하면서 경제발전과 현대화를 표방하였다. 그로 인해 외국과의 문물 교류가 활발히 진행되었고 중국어에서도 격식을 차리는 언어보다는 간편한 형식의 언어를 더욱 많이 사용하게 되었다. 예전에 사회주의 국가인 중

국에서는 '同志^{동지}'라는 말을 자주 사용하였다. 이 호칭은 본래 같은 목표를 가진 친구를 가리키는 말이었다가 성인 남자를 가리키는 말이 되었는데 현대에 들어와서 거의 사용되지 않는다. 아마도 사회주의적인 색채가 너무 담겨 있다고 간주되었기 때문일 것이다. 근래에 성인 남자를 가리키는 말은 주로 '師傅^{선생님}'라는 표현을 자주 사용한다. 본래 이 용어는 무술계, 연예계와 같이 주로 육체노동을 하는 사람들에게 사용되었던 말로 가르침을 청할 만한 사람이라는 의미였다. 또한 이 말은 주로 무협영화에서 많이 등장하는 말이었다. 최근에는 이 '師傅'라는 말과 함께 '先生'이라는 표현도 자주 사용되고 있다. '先生'은 본래 교사를 뜻하는 말로 성별의 구분이 없는 말이었는데 최근에는 성인 남자를 가리키거나 또는 여자가 자기 남편을 가리키는 말로 사용되고 있다.

* 현대 중국어에서는 성명을 직접 부르는 방법 이외에도 다음과 같은 방식으로 그 사람을 지칭할 수 있다.

  1. 성+직위: 金教授, 朴研究员
  2. 성+행정직무: 李处长, 宋局长
  3. 성+직업: 金老师, 朴医生
  4. 老+성: 老金, 老张
  5. 小+성: 小李, 小崔
  6. 불특정인: 小朋友, 小弟, 小妹

사람과의 관계에 대한 분류: 同学, 青梅竹马, 合作伙伴, 同事, 姐妹, 朋友, 队友, 客戶, 兄弟, 邻里, 闺中密友, 恋人, 街坊 등등.

중국인은 일반적으로 타인을 호칭할 때 가족 관계를 가리키는 용어를 사용하는 경우가 많으며, 이때에도 그 사람의 연배를 한 세대 더 높여 존경의 예를 표하는 경우가 대부분이다. 이렇게 가족 간에 부르는 호칭을 사용함으로써 상대방과 친밀하고 다정하다는 느낌을 보여주고자 하는 의도에서 나온 것이라고 생각된다.

호칭과 성을 어떻게 사용하느냐에 따라서 친밀한 관계인가 아닌가를 알 수 있다. 직업과 관련된 호칭을 사용할 경우를 살펴보자. 모르는 사람일 경우는 직업을 나타내는 말이나 직함만 부른다. 이미 아는 사람인 경우이거나 모르는 사람이나 이름을 아는 경우이면 직업을 나타내는 말이나 직함 앞에 성을 붙인다. 매우 잘 아는 사람일 경우는 성을 빼고 직함이나 직업을 나타내는 말로 부른다.

(在一个外资企业的办公室)(외자 기업의 사무실에서)

A(李女士) : 请问张先生在吗？(장 선생님 계십니까?)

B(秘　书) : 你是李女士吧！(이 여사시군요.)

A(李女士) : 是的，小姐。(맞아요. 아가씨.)

B(秘　书) : 请进, 总经理正在等您吧！

(들어가세요. 사장님이 마침 기다리고 계십니다.)

(秘书开里面办公室的门让李女士进)

(비서가 안쪽에 있는 사무실의 문을 열어 이 여사에게 들어가도록 한다)

A(李女士) : 张先生, 您好！(장 선생님, 안녕하세요!)

C(张经理) : 喔, 李主任, 请坐, 请坐。(아! 이 주임, 앉으세요.)

(转向秘书) 赵小姐, 给我们送点儿咖啡来。对了, 我去香港的飞机票订好了没有？(비서를 향하여)

(조 양! 우리들에게 커피를 좀 내오게. 맞아. 내가 홍콩에 가는 비행기를 예약했나?)

B(秘　书): 订好了。总经理，这份文件请您签一下。

(예약했습니다. 사장님. 이 문건에 사인해 주세요.)

C(张经理): 你放在这儿, 我先看一下。(여기에 놔두게. 내가 우선 좀 보지.)

B(秘　书): 是。(네.)

위의 예를 보면 '李女士'가 '张先生'이라 부르고 '张先生'은 '李主任'이라고 부르는 것을 보면 A와 C는 이미 잘 알고 있는 사이이며, '秘书'는 '李女士'에 대하여 이름만 알고 있으며, '李女士'는 비서를 '小姐'라 부르는 것을 보아 A와 B는 전혀 모르는 사람임을 알 수 있고, '张经理'는 '赵小姐'라 부르고 '赵小姐'는 '总经理'라 부르는 것을 보아 B와 C는 잘 알고 있는 사이라는 것을 알 수 있다.

중국인은 모르는 사람을 부를 때 종종 가족이나 친족호칭을 사용하곤 한다.

훨씬 손윗사람	老大爷　老大娘　老爷爷　老奶奶　老伯伯　老妈妈　爷爷　奶奶
손윗사람	大爷　大娘　叔叔　阿姨　大伯　大妈　大叔　大婶儿
동년배	大哥　大嫂　大姐
아랫사람	小弟弟　小妹妹

친구의 집을 방문했을 때에 그 친구 부모님을 친척의 호칭으로, 나아가 자기 부모님보다 높여서 더 좋은 지위를 부여하여 부르는 것이 가장 보편적임을 아래 예문이 잘 보여준다.

A: 爸, 妈, 美爱来了. 美爱, 这是我爸, 这是我妈。

(아빠, 엄마, 미애 왔어요. 미애야, 이쪽은 우리 엄마고, 이쪽은 우리 아빠야.)

B: 伯父, 伯母, 你们好。(백부님, 백모님, 안녕하세요?)

물론 이외에도 '老', '小'를 이용한 '老先生', '老太太', '小伙子', '小姑娘', '小朋友', '小同学' 등도 있다.

중국인들의 관계와 관련된 호칭에서 '朋友^{친구}'라는 말은 우리 말의 '친구'보다 더 적용범위가 넓다는 사실에 주목해야 한다. 우리나라 사람들은 나이가 비슷하지 않을 경우에는 '친구야'라고 부른다든지, 또는 서로 친구로 사귀자는 말을 거의 하지 않는 편이다. 그러나 중국인들은 우리와 다르다.

예전에 필자가 배낭여행을 하다가 기차 안에서 어떤 중국인 부부를 만났다. 그 부부는 성격이 화통하고 사교적인 사람들이었다. 우리나라에는 침대차가 흔하지 않은데 중국은 워낙 지역이 넓은 까닭에 기차 여행을 하게 되면 기차 안에서 하루 이상을 보내는 경우가 많다. 그러다 보니 자연히 그 침대칸 안에 있는 사람들끼리는 서로 통성명을 하면서 대화를 나누게 된다. 내 경우도 그들과 대화를 나누다 보니 자연히 사진도 같이 찍고 주소도 나누는 등 즐겁게 보내게 되었다. 그 때 그 부부가 나에게 먼저 '交朋友吧^{친구로 사귀자.}'라는 말을 꺼냈다. 그 분들은 연세가 50대 중반 정도 되어 보여 나와는 몇 십 년이나 차이가 났는데도 '朋友'라는 말을 스스럼없이 사용한 것이다.

고향 사람이나 이웃, 가까운 지인 사이에도 친족호칭을 잘 사용하는데 이때는 일반적으로 호칭 앞에 '성'을 붙여서 부르면서 친족과 구분하기를 좋아한다. 단, 특별히 친한 사이이면 성을 붙이지 않기도 한다. 연인이나 아주 사이가 좋은 잘 아는 사람이면 '桂叔', '铁柱哥', '爱莲姐'과 같이 친족호칭 앞에 이름을 붙여서 부르기도 한다.

(有人敲门, 莉莉开门)(어떤 사람이 문을 두드리자 리리가 문을 연다)

王叔叔: 莉莉, 你爸爸在家吗? (리리, 너희 아버지는 집에 계시니?)

莉　莉: 在。爸爸, 王叔叔来了。(계세요. 아빠, 왕씨 아저씨 오셨어요.)

爸　爸: 快让他屋里坐, 我就来!

(빨리 그분더러 방 안으로 들어와 앉으시라고 해라. 내가 곧 갈게.)

莉　莉: 王叔叔, 您快进来坐。(왕씨 아저씨, 빨리 들어와서 앉으세요.)

爸爸和王叔叔一起出门, 对邻居说。

(아빠는 왕씨 아저씨와 함께 문을 나와 이웃에게 말한다)

爸　爸: 张大妈, 我出去一下, 麻烦您照顾一下莉莉, 行吗?

(장씨 아줌마, 나 좀 나가요. 수고롭겠지만 리리를 돌봐주세요. 괜찮으시겠어요?)

张大妈: 行啊, 把她交给我吧。(좋아요. 나에게 건네주세요.)

위의 예에서 '王叔叔'는 아버지의 친구분이고 '周大妈'는 이웃 아주머니지만 친족 호칭을 성과 함께 사용하고 있다.

五岁的小林参加智力竞赛得了奖, 有个记者去采访他。

(5살 된 샤오린이 지능 테스트에 참가하여 상을 받아 어떤 기자가 인터뷰하러 왔다.)

"小林, 大家都说你比别的孩子聪明, 可我不相信, 除非你能把我从屋里骗到屋外去。"记者对小林说。

("샤오린, 모두 네가 다른 아이보다 총명하다고 하는데 나는 믿지 못하겠다. 네가

나를 집에서 밖으로 나가게 할 수 있다면 모르지만." 기자가 샤오린에게 말했다.)

"哎呀, 那可不行！我妈妈知道了会批评我的。您还是先和我妈妈商量一下儿吧！"小林回答说。

(“아이고, 그건 안 돼요. 우리 엄마가 알게 되면 저를 책망하실 거예요. 당신이 먼저 우리 엄마와 상의를 한 번 하시는 게 낫겠어요." 샤오린이 대답했다.

"你妈妈在哪儿？"记者问。(“너의 엄마는 어디에 있니?" 기자가 물었다.)

"在隔壁房间里。"(“이웃집에 계세요.")

记者向屋外走去, 刚走出屋门, 就听小林在屋里笑了起来。记者回过头来, 只见小林笑着对他说： "叔叔！您已经走出这个屋了！"

(기자가 집 밖으로 걸어가 막 집 문을 나가자 샤오린이 집 안에서 웃기 시작했다. 기자가 고개를 돌리니 샤오린이 웃으며 그에게 말했다. "아저씨, 이미 이 집을 나가셨거든요!")

‘小林’처럼 자기보다 나이가 어린 사람을 지칭할 경우에는 성씨 앞에 ‘小’를 붙여서 친근한 느낌을 주는 호칭을 사용하기도 한다.

일반적으로 만나서 안부를 물을 적에 나이가 화자와 비슷할 경우에는 "你好?안녕하세요?"라는 표현을 쓰는 게 대부분이다. 그렇지만 화자보다 연장자 또는 상급자일 경우에는 "您好?안녕하십니까?"라는 표현을 써줘야 좀 더 상대방을 존중하고 있음을 나타낸다. 중국어는 한국어처럼 존칭어가 발달되어 있지 않은 편이다. 그러나 특정한 상황에서는 이에 걸맞은 존칭이 존재하기 때문에 이를 잘 활용해야 할 필요가 있다.

중국어에서는 화자가 상대방과의 관계를 고려하여 어조를 결정해야 하는 경우가 많은데, 대부분은 상대방을 존중하는 존칭어로 구성하기도 하지만, 그 외에도 자기 자신을 낮추는 겸사를 사용함으로써 상대방을 높여주는 효과를 거두기도 한다. 상대방을 존중하는 한편으로 말하는 자신의 체면도 지키면서 자존심을 유지하고자 하는 관념에서 기인한 것으로 생각된다.

이런 존칭어와 겸사의 사용은 사람들과의 대화를 좀 더 풍부하게 하고 편안하게 하는 효과를 가져 오며 사람들 사이의 관계를 폭넓게 만드는 데에 기여한다고 할 수 있다. 외국어로서 중국어를 배우는 우리들은 상대방과 관계에 따라서 존칭어와 겸사를 잘 구사해야 하기 때문에 중국어 학습에 상당히 어려움을 느끼게 된다. 또한 중국어에는 반말 투의 표현만 존재한다고 절대 오해해서는 안 되겠다.

경칭어

1. 타인—君, 公, 足下

2. 친족어: 노인—老爹, 老大 / 남성의 동년배 친구—大哥, 老哥, 阿哥, 老兄, 老弟 / 젊은 여자—小娘子, 妹, 小妹 / 중년여자—大嫂, 大娘 / 연세가 많은 여자—奶奶, 婆婆, 婆子 / 아이가 연장자에게 하는 호칭—爷爷, 奶奶, 叔叔, 阿姨, 姐姐

3. 애칭: 친한 사이—老兄, 老弟, 老哥儿们 / 부부 사이—大姐, 大哥, 官人(서방님) / 젊은 남자—玉郎, 刘郎, 新郎

자칭어: 비칭어

仆, 鄙, 不才, 小生 / 젊은 여인의 비칭—奴, 妾 / 남성 노인—老夫, 老朽, 老汉 / 여성 노인—老媳妇, 老身 / 남성—小子, 小人, 小生, 某 / 고용인—老才, 小奴, 老奴 / 화상 혹은 도사—贫僧, 贫道 / 지식인—晚生, 小生

대체적으로 서면어는 공식적인 문서나 편지 등에서 찾아볼 수 있는 글이다. 서면어는 우리가 일상적으로 하는 구어체에 비하여 대단히 공손하고 예의를 차리는 어휘로 구성되어 있다. 이러한 용어는 대화체의 말보다 훨씬 간략하고 축약적으로 화자가 말하고자 하는 의도를 설명해준다. 그렇기 때문에 서면어는 중국어의 표의적인 성격을 더 명확히 드러내고 있다고 해도 과언이 아니다.

예를 들면 '为了易写易记，现在单名增多了。_{쉽게 쓰고 쉽게 기억하기 위해 현재 외자 이름이 많아졌다}'라는 표현에서 사실상 '易写易记'는 회화체일 경우에는 '容易写容易记'라는 표현을 사용하는 경우가 많다. 이처럼 서면어에서는 압축적이고 간략함을 선호하는 경향이 있다. 이외에도 '中秋节是中国比较大的传统节日之一。_{중추절은 중국의 비교적 커다란 전통 명절 중의 하나}'라는 표현에서 '～之一'도 매우 서면어적인 표현이다. 또한 회화체에서 '这个地方_{이곳}'이라는 표현은 서면어에서는 '此地_{이곳}'로 짧게 줄어들게 된다. 그리고 물건을 증정할 경우에 '敬存_{받아 간직해 주십시오}', '敬赠_{공손히 선사합니다.}'라는 표현을 자주 쓰는데 대화를 나눌 때에는 거의 사용하지 않는 표현인 것이다.

특히 서신의 말미에 쓰는 방식은 친구나 웃어른이나 상급자 등 관계에 따라 형태가 다르다. 일반적으로 비슷한 또래에게는 이름만 적으면 되지만 웃어른 등에게는 성명과 더불어 '謹上', '敬上' 등의 용어를 부가하여 존경과 격식을 나타내고 있다.

성에 대한 존칭: 贵姓

이름에 대한 존칭: 尊名

연령에 대한 존칭: 贵庚

신체에 대한 존칭: 尊躯

상대방의 가택에 대한 존칭: 尊府

상대방의 단위에 대한 존칭: 贵厂 등

남의 조부모 및 부모 양친에 대한 존칭: 尊祖父, 令祖父, 尊亲

다른 사람 부친에 대한 존칭: 令尊, 尊翁

상대방의 모친에 대한 존칭: 令堂, 尊堂

상대방 및 그 가족을 존칭하는 경어: 贤兄, 令兄 등

상대방을 존중하는 서신용어: 尊函(남성) 芳函(여성)

상대방을 존중하는 저작용어: 大作, 尊著

상대방의 언론, 관점, 의견 등을 존중하는 용어: 尊论, 高论

상대방의 열람을 청하는 경어: 请过目

상대방의 직함을 존중하는 용어: 尊座

연장자를 존중하는 용어: 尊翁

사장을 존중하는 용어: 恩师

남성 후배를 존중하는 용어: 君

선물을 거절하는 표현	你自己留着。(남겨 두세요.) 你自己用吧。(본인이 쓰시지요.) 你别客气。(격식 차리지 마세요.)
선물을 주면서 하는 표현	东西不好, 拿不出手, 表示点心意吧!(물건이 볼품없어서 내보이기가 좀 그렇지만 성의를 좀 나타내는 겁니다.) 没什么好东西送给你!(별로 좋은 물건은 아니지만 선물로 드리지요.) 这是我的一点小意思。(이것은 제 작은 성의예요.)
선물을 받을 것을 재차 권하는 표현	一点儿心意嘛!(작은 성의입니다.) 你是不是嫌东西不好(少了)。 (물건이 좋지 않다고(적다고) 싫어하시지 않으실런지요.) 你要是不收就是瞧不起我。(받지 않으시면 저를 무시하는 겁니다.) 你要是再不收, 我可不高兴了。(또 받지 않으시면 저는 기분 좋지 않을 거예요.)
선물을 받으며 하는 표현	你的心意我领了。(당신의 마음은 제가 받을게요.) 我心领了。(제가 마음으로 받았습니다.)
초청을 거절하는 말	别客气, 下次再说吧!(격식 차리지 마세요. 다음에 다시 말하지요.) 看情况, 我尽量争取来(去)。(상황을 보구요. 내가 되도록 오도록(가도록) 할게요.) 对不起, 我恐怕没时间。(미안합니다. 저는 아마 시간이 안 될 겁니다.) 不能来(去), 真的不行。(갈(올) 수 없군요. 정말 안 돼요.)
초청에 응하길 재차 권하는 말	一定来(去), 我们等您。 (반드시 오(가)세요. 우리가 당신을 기다리고 있어요.) 你无论如何也要来(去)。(당신은 어떻든 간에 오셔야(가셔야) 합니다.) 你不参加太扫大家兴了。 (당신이 참가하지 않으면 모두 너무 흥이 나지 않을 겁니다.) 你不来(去)是不给我面子。 (당신이 오지(가지) 않으면 나에게 체면을 세워주지 않는 겁니다.)
거절을 내포한 긍정 표현	让我们研究研究!(우리들이 생각 좀 해볼게요.) 我们考虑考虑。(우리가 좀 고려해 보지요.) (以后)再说吧!(이후에) (다시 얘기합시다.) 让我想想再说!(제가 생각 좀 해보고 다시 얘기하지요.) 再看看吧!(다시 좀 봅시다.)

제8장

다문화적
중국어

중국은 수 천 년에 걸친 역사를 통해 광활한 영토와 수많은 민족들을 통합했다. 때문에 언어 또한 각기 다른 민족, 각기 다른 지역, 그리고 각기 다른 시대를 반영하게 되었고, 그 결과 지역과 민족에 따라 서로 사용하는 언어가 현격히 달라졌다. 지금은 여러 민족이 통합되어 '중국'이라는 하나의 국가를 이루었듯, 언어도 역시 하나로 통합되어 현재 중국에서는 보통화普通話, 즉 현대 중국 표준어를 공통어로 쓰고 있다. 현대 보통화는 다양한 민족들의 언어문화가 하나로 융합되어 형성된 것이므로, 이를 통해 국가, 민족, 지역 간의 교류가 남긴 흔적을 발견을 할 수 있고, 더 나아가 문화교류 및 사람의 이동이 가져온 언어의 접촉, 변화, 융합을 볼 수 있다.

어떤 언어든 생존하려면 끊임없이 발전하여 변화하는 사회의 수요에 적응해야 한다. 보통화 역시 예외가 될 수 없으니, 보통화 자신이 새롭게 변해야 하기도 하지만 한편으론 외부에서 양분을 흡수하여 발전해야 한다. 보통화가 어휘를 흡수하는 원천은 방언과 소수민족 어휘, 그리고 외래어이다. 그 중 인도 불교 용어에서 온 어휘와 일본 외래어, 그리고 근대 이후 서방에서 온 외래어는 중국어 보통화에 가장 큰 영향을 준 외래어이다.

1. 인도 불교 용어에서 온 중국어

인도 산스크리트어

 며칠 전 중국에 있을 때 옆자리에서 들려오는 한 엄마와 아들의 대화가 흥미로워 귀 기울이고 있었는데, 뜻밖에도 대화 군데군데 마다 사용되는 언어가 바로 인도 불교에서 유래한 단어임을 알게 되었다. 인도 불교문화가 중국사회에 끼친 영향이 지대한 건 알고 있었는데 중국어에 대한 영향 또한 이렇게 크다는 걸 실감했다.

儿子：妈，我现在已经是大学生了，别整天跟我说作业，学习行吗？

아들: 엄마! 이제 대학생이 되었으니, 하루 종일 저한테 숙제해라, 공부해라
　　　하지 마세요. 응?

妈妈：大学生怎么了？大学生就不用写作业考试了？就能找到工作了？如果
　　　你还是这样做一日和尚撞一日钟，等到考试再临时抱佛脚，在这个
　　　僧多粥少的时代，想要毕业后找一个称心如意的单位，想要一个圆
　　　满的未来，绝对是不切实际的妄想，你最好现在自觉一点，别到最后
　　　弄得自己灰头土脸。

엄마: 대학생이 왜? 대학생은 숙제도 시험도 필요 없니? 그러면 취직할 수 있
　　　어? 이렇게 대충하다가 시험 때 닥쳐서야 부처님 찾으면서, 먹고 살기

힘든 시기에 졸업하고 나서 맘에 맞는 직장을 찾고 원만한 미래를 꿈꾸려 한다면 당연히 현실에 맞지 않는 망상이지. 웬만하면 지금 빨리 깨달아서 나중에 낙심하는 일이 없도록 해라.

儿子：妈, 你又来了。难道我的生活中就只有学习?我要趁着年轻, 去大千世界走一走, 开开眼界；要找一个心心相印的爱人, 体验一下堕入爱河的滋味, 要逍遥自在地活一回!

아들: 엄마, 또 시작이네. 설마 내 인생에 공부만 있겠어요? 아직 젊으니까 넓은 세계로 나가서 시야도 넓히고, 맘이 통하는 여자 친구도 찾아 사랑의 기쁨을 느껴보기도 하고, 또 얽매임 없이 자유로운 삶을 한번 살아보고 싶어요.

妈妈：我不反对你开眼界, 堕爱河, 我只是不希望你想入非非, 希望你知道学生的主要任务是学习, 希望你了解生活的真谛。四年大学弹指就过, 希望你好好珍惜。

엄마: 엄마도 네가 견문을 넓히고, 사랑에 빠지는 것을 반대하진 않아. 단지 네가 허튼 생각 안 했으면 좋겠고, 또 학생의 본분이 공부라는 것을 잊지 말고 삶의 중요한 것을 알았으면 해. 대학 4년 눈 깜짝하면 지나가니 시간을 아껴 쓰길 바래.

이 대화에서 인도 불교어원인 단어를 •표시해보면 다음과 같다.

儿子：妈, 我●●已经是大学生了, 别整天跟我说●●, 学习行吗？

妈妈：大学生怎么了？大学生就不用写●●, 考试了？就能找到工作了？如果你还是这样●●●●●●●, 等到考试再临时●●●, 在这个●●●●的时代, 想要毕业后找一个●●●●的●●, 想要一个●●的●●, ●●是不切●●的●●, 你最好●●●●一点, 别到最后弄得自己●●●●。

儿子：妈, 你又来了。难道我的生活中就只有学习？我要趁着年轻, 去

●●●●走一走，●●●●；要 找一个●●●●的爱人，体验一下堕入●●
的滋味，要●●●●地活一回。

妈妈：我不反对你●●●，堕●●，我只是不希望你●●●●，希望你知道学生的
主要任务是学习，希望你了解生活的●●。四年大学●●就过，希
望你好好珍惜。

놀랍게도 이 짧은 대화 속에 인도 불교용어에서 유래한 단어
들이 22개나 들어 있다.

現在(현재), 作业(과제),

做一日和尚撞一日钟(하루 중이 되어 하루 종을 치다→ 대충대충 하다),

抱佛脚(부처님 다리를 껴안다→ 궁하면 부처님 찾는다),

僧多粥少(중은 많고 죽은 적다→ 사람은 많지만 나누어 줄 것은 적다),

称心如意(마음에 꼭 들다), 单位(직장), 圆满(원만), 未来(미래), 绝对(절
대), 实际(실제), 妄想(망상), 自觉(자각), 灰头土脸(재투성이 머리와 흙
투성이 얼굴), 大千世界(광활한 세상), 开眼界(시야를 넓히다), 心心相
印(마음과 마음이 완전히 일치하다), 爱河(사랑의 강→ 깊고 영원한 사랑),

逍遥自在(어느 것에도 얽매이지 않고 살아가다),

想入非非(생각이 현묘한 경지에 들어서다→ 터무니없는 생각을 하다),

真谛(진리), 弹指(손가락을 튕길 동안의 시간→ 아주 짧은 시간).

做一日和尚撞一日钟　　　　　抱佛脚　　　　僧多粥少

여기에는 '現在, 未来, 作业, 単位, 世界'와 같이 매일 쓰는 일상용어, '称心如意', '想入非非'와 같은 성어, 그리고 '做一日和尚撞一日钟', '抱佛脚'과 같은 속담 등이 포함되어 있으니, 불교용어가 이미 중국어 각 방면에 영향을 주었다고 할 수 있을 것이다. 그러므로 중국어를 말할 때 이런 용어를 사용하지 않는다면, 아마도 제대로 말하기 어려울 것이다. '佛'과 '僧' 같은 단어는 당연히 불교용어인 줄 알고 있지만, '現在, 未来, 作业, 単位, 世界, 愛河, 绝对, 实际' 같은 단어는 정말 불교용어라고 생각하기 어렵다. 왜냐하면 이 단어들은 이미 원래 불교적 의미를 잃고 완전히 세속화했기 때문이다.

그 중 '現在, 未来, 过去'는 본래 불교에서 삼세三世를 의미한다. '过去'는 산스크리트어로 'atikra^nta'이고 '인위적 사물의 멸종'을 뜻한다. '現在'는 '인위적 사물의 발생 작용'을 뜻하며, '未来'는 산스크리트어로 'ana^gata'이고, '인위사물의 작용 및 중생의 인과응보가 오려 하거나 아직 오지 않은 것'을 뜻한다. 이와 같이 이 세 단어는 불교의 과거, 현재, 미래의 삼세 인과응보설을 반영하고 있다. 그러나 이 삼자 간에는 시간상의 연계도 있으므로 점차 단순히 시간개념만 나타내는 단어로 발전했고, 그 결과 현재 중국인들은 이 단어들이 불교에서 유래했다는 것을 알지 못한다.

'世界' 역시 불교 용어로, 『능엄경楞嚴經』권4에 "世는 시간의 흐름이고, 界는 방위이다世爲遷流 界爲方位"라는 말이 있는데 고대 인도인의 우주관이 반영되어 있다. 고대 인도인은 사대주四大洲 및 일월제천日月諸天을 한 개의 '世界'로 여기고, '一千世界'를 합하여 '小千世界'로 여기고, '一千小千世界'를 합하여 '中千世界', '一千中千世

界'를 합하여 '大千世界'로 여긴다. 훗날 '世界'라는 단어는 단순히 공간만을 의미하는 단어로 발전했으며, '大千世界'라는 말은 '광대하고 풍요로운 세계'를 형용하는 말, 혹은 '인간세상의 복잡다단한 현상'이란 의미로 전환되었다.

如意杖

'如意'는 산스크리트어 'Aniruddha'의 음역으로, 등 긁개를 말하며 승려들의 생활용품 중 하나이다. 자루 끝이 손가락 모양으로 되어 있고, 손이 닿지 않는 곳을 긁을 수 있어 이름을 '如意'라고 불렀다. 불가에

如意珠

는 또 '如意杖여의봉', '如意珠여의주', '如意轮여의륜' 등 다양한 이름과 용품이 있다. 근래에는 감상용으로 제작하는데 옥으로 된 자루 끝을 영지버섯 모양이나 구름모양으로 만들

如意轮

어 이름을 '吉祥복 되다', 혹은 '吉祥如意복되고 뜻대로 되다'라고 부른다. 훗날 '如意'란 말은 마음의

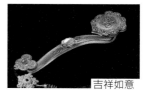
吉祥如意

만족, 원하는 데로 다 이루어짐을 나타내게 되었다. 그러므로 '称心如意', '万事如意모든 일이 다 뜻대로 되다' 이런 말도 출현하게 되었다.

이렇듯 불교가 중국에 전래된 이래 2천 년간 끊임없이 중국인의 생활에 영향을 주었다. 그 중 영향이 가장 직접적으로 드러난 것은 인도용어가 중국어와 유기적으로 결합하여 대량의 새로운 어휘를 만들어 낸 것이다. 특히 '한·위 시대에서 수, 당 시대 사이 많은 인도 불경이 번역되고 전파되면서, 이 때 사용된 불교용어도

중국어 변화와 발전에 광범하고 깊은 영향을 끼쳤다. 단순히 인도 불교용어가 직접 통용어로 들어온 것도 있지만, 중국어와 결합하여 형성된 새로운 어휘가 훨씬 많다. 이렇게 형성된 새로운 어휘들은 철학용어, 문학용어, 민속과 일상용어에 영향을 주면서 중국어 어휘의 표현력과 역동성을 증가시켜 중국어를 더욱 다채롭고 맛깔나게 만들었다.

예를 들면 '魔'자는 산스크리트어 ma^ra의 음역 '魔罗'의 약칭이다. 원래 '磨'자인데, 양梁 무제武帝가 '石'자 부분을 '鬼'자로 바꾸어 '魔'자로 쓴 것이 지금까지 쓰이고 있다. '魔'자는 살해자, 살생하다, 장애 등으로 의역되었으며, '恶魔악마'라고 쓰기도 한다. '심신을 어지럽히고, 수행을 방해하는 모든 사물'은 모두 '魔악마', 혹은 '魔障악마의 장애'이라고 부를 수 있다. 『서유기』 속에서 '魔'에 관한 묘사는 모두 인도불경에서 유래한다. '魔'자가 중국어에 들어온 후 원래 인도 불교용어인 '魔마', '魔鬼마귀', '魔王마왕', '魔障', '恶魔' 같은 어휘가 출현했을 뿐만 아니라, '魔'자를 뿌리어로 삼아 '魔鬼마귀'란 뜻으로 확대하여 사용하고, 또 '神秘신비', '神奇신기'와 같은 신조어를 만들어내었다.

---

* 『현대한어사전』(5판)에 수록 된 '魔'자 결합 어휘(27개)

魔法(마법)	魔方(루빅 큐브)	魔怪(마귀와 요괴)	魔幻(판타지)
魔窟(악마소굴)	魔力(마력)	魔难(시련)	魔术(마술)
魔芋(구약나물)	魔掌(마수)	魔杖(마술지팡이)	魔障(악마의 장애)
魔爪(마수)	魔怔(귀신에 홀리다)	入魔(홀리다)	着魔(귀신에게 홀리다)

邪魔(악마)　　　病魔(병마)　　　色魔(색마)　　　睡魔(수마)

妖魔(요괴)　　　妖魔鬼怪(요괴와 악마) 疯魔(실성하다)　　 风魔(광풍)

混世魔王(세상을 어지럽히고 사람들에게 해를 끼치는 폭군)

群魔乱舞(악의 무리들이 창궐하다. 악당들이 날뛰다)

道高一尺, 魔高一丈(도가 한 자 높아지면, 마도 한 장 높아진다.

→ 어느 정도 성과를 거둔 후에는 더 큰 어려움이 닥친다.)

　　루쉰魯迅은 『중국소설사략』에서 "육조, 특히 당대 이후 문학작품에는 불교에서 유래된 고사성어가 외래 성어 중 90% 이상을 차지한다"라고 말했다. 통계에 의하면 『현대한어사전』에 수록된 불교관련 성어는 431개이다. 예를 들면 여성의 아름다움을 형용하는 '国色天香절세미인', 청정과 순결을 형용하고 또 청렴결백이나 고상한 품격을 형용하는 '一尘不染티끌 하나 묻지 않다', 세속적인 보통 사람을 지칭하거나 돈과 이익만 밝히는 사람을 가리키는 '凡夫俗子속물', 고명한 의견을 듣고 큰 깨달음을 얻음을 비유하거나 청량하고 쾌적한 것을 형용하는 '醍醐灌顶정제된 우유를 정수리에 쏟아 붓다→지혜를 주입하여 불교의 묘리를 깨닫게 하다', 불교에서는 '금생今生과 내세来世에서 영세永世로'를 의미하지만 현재는 대대손손이란 뜻을 가리키는 '生生世世', 서로의 마음을 말로 표현하지 않아도 서로 알고 있음을 가리키지만, 지금은 서로의 사상과 감정이 일치됨을 뜻하는 '心心相印' 등등은 모두 각종 문학작품과 대중들의 일상대화 속에 계속해서 등장하고 있다.

* 소설에 활용된 불교 관련 성어

그 아름다운 매력 속에 지적 품위를 지니지 않은 바가 없으니, 비록 뛰어
난 미인은 아닐지라도 재색을 겸비하여 고상했다.
于那娉娉妩媚之中, 无不带着一团书卷秀气, 虽非<u>国色天香</u>, 却是斌斌儒
雅。(清, 李汝珍『镜花缘』第66回)

티끌 하나 오염되지 않고 뼛속까지 향기로우며, 몸은 바람 마시고 이슬
먹는 막고야(藐姑射) 산 신선처럼 깨끗했다.
<u>一尘不染</u>香到骨, 姑射仙人风露身。(宋, 张耒「腊初小雪后圃梅开」诗之二)

이런 속물 좀 보게, 천지신명에도 통하지 않으니 꿈도 하나 안 꾸어지는구나.
瞧我这<u>凡夫俗子</u>, 不能交通神明, 所以梦都没有一个。
(清,『红楼梦』第109回)

셋째, 하늘에 조천왕을 천거하니 일찍이 천상계에 태어나 대대손손
다시 만날 수 있다.
三则上荐晁天王, 早生天界, <u>世世生生</u>, 再得相见。
(明, 施耐庵『水浒全传』第70回)

이 외에도 '自觉^{자각}', '因果^{인과}', '唯心^{유심}', '世界^{세계}' 등 철학용
어, 구상할 때 형성된 정경^{情景}을 의미하는 '造境' 등 문학이론 용어,
'火葬^{화장}, 火化^{화장하다}, 拜佛^{불상을 향해 절하다}, 诵经^{독경}, 还愿^{소원성취 후 신과의 약}
^{속을 지키다}, 烧头香^{새해 첫 향을 태우다}' 등 민속용어, 새해 인사말인 '祝您万
事如意^{모든 일이 다 뜻대로 되길 바랍니다}'와 같은 것은 모두 불교와 관련 있는
말들이다. 특히 불경 고사나 절에 걸린 대련^{对联}, 시에서 쓰인 고

상한 어휘 및 탈속적인 정취는 중국 문학 언어를 풍부하게 했고, 중국 문학 작품과 이론에 커다란 영향을 주었다. 이 역시 인도 불교문화가 중국에서 뿌리 내리고 싹을 틔워 중국문화에 철저히 녹아 들어갔음을 알려주는 것이다.

---

* 일상생활 속에서 볼 수 있는 불교관련 속담

· 无事不登三宝殿: 일이 없으면 삼보전에 오르지 않는다. → 부탁할 일이 있을 때만 찾아온다.

· 不看僧面看佛面: 스님 체면은 세워 주지 않더라도 부처님 체면은 세워 줘라. → 중요한 사람의 체면은 세워 줘라.

· 放下屠刀, 立地成佛: 칼을 내려놓으면 그 자리에서 성불할 수 있다. → 악한 사람도 회개하면 착한 사람이 될 수 있다.

· 苦海无边, 回头是岸: 고통의 바다(고해)는 끝이 없지만, 고개만 돌리면 거기가 바로 뭍(피안)이다. → 고해는 끝이 없어도, 뉘우치면 구원을 받는다.

· 救人一命, 胜造七级浮屠: 한 사람의 생명을 구하는 것이, 7층 불탑을 쌓는 것보다 낫다.

三生有幸: 전생, 현세, 내세에 걸쳐 한 번 있을 정도로 지극히 운이 좋다.

　시인 부처님詩佛으로 유명한 당唐 대 왕유王維의 시에는 불교인 선종禪宗사상이 그대로 드러나 있다.

왕유王維 「종남산의 별장終南別業」

中岁颇好道，중년에 자못 도를 좋아하다
晚家南山陲。만년에야 종남산 자락에 집을 지었네.
兴来每独往，감흥에 젖을 때면 홀로 찾아가니
胜事空自知。그 즐거운 일은 나만 알고 있다네.
行到水穷处，계곡 끝까지 걸어 가,
坐看云起时。앉아서 구름이 피어나는 것을 바라보고 있네.
偶然值林叟，우연히 숲 속 노인을 만나,
谈笑无还期。담소 나누느라 돌아가길 잊는다네.

이 시에서 시인은 종남산의 고요하고 적막한 풍경과 아름다운 경치를 즐기는 한가롭고 유유자적한 정취를 묘사했다. 그는 불경을 설교하거나 불교용어나 전고를 사용하지 않았지만, 선종의 영향을 받아 선종의 철학적 정취가 가득하다. 선종 수련의 목표는 바로 자기 본성의 청정함, 물아일체, 마음이 한적과 자연의 경지를 얻는 것이다. 왕유의 산수전원시는 바로 이런 적막과 한적의 경지를 묘사한 것이다. 왕유는 종교적 감정을 시에 녹여 예

술적인 창조를 했을 뿐만 아니라 입신의 경지에 도달하여 당대 시단에 새로운 영역을 개척하여 후대에 막대한 영향을 끼쳤다.

시, 소설, 희곡 등 문학작품은 불교 문화의 영향을 받지 않은 게 하나도 없으며, 특히 소설『서유기』는 당대 승려 현장玄奘이 인도로 불경을 구하러 간 역

왕유王維 「종남산의 별장終南別業」

사적 사실을 이야기로 꾸민 것이다. 이런 영향은 현대에도 깊숙이 미치고 있으니 5·4정신을 대표하는 귀모뤄郭沫若의 시 「凤凰涅槃봉황열반」은 바로 불교 용어 '涅槃'이란 단어를 사용하여 환생을 표현했으며, 진용金庸의 무협소설 『天龙八部천룡팔부』도 불교용어를 책 이름으로 사용한 것이다. 그 밖에 내용과 언어에서의 불교문화 영향은 훨씬 방대하지만 여기서 일일이 열거하진 않겠다.

이제 우리가 중국어를 말할 때면 어쩔 수 없이 불교와 관련되거나 불교에서 유래한 어휘를 사용하게 될 것이다. 왜냐 하면 이런 어휘들은 역사 흐름 속에서 이미 종교나 철학적 범주를 벗어나, 본래 불교적 의미를 상실하고 세속화 되어 일상생활 속에서 없으면 안 되는 필수 용어가 되었기 때문이다. 이런 어휘들이 숲을 이루어 중국어의 동산에서 아름다운 장관을 이루었으며, 또한 중국어 발전사상 중요한 지위를 확고히 다졌다.

2. 방언에서 온 중국어

중국 초등학교 교과서에는 학생들이 꼭 암송해야만 하는 당대 시인 하지장賀知章의 시 「고향으로 돌아와 우연히 쓰다回乡偶书」가 실려 있다.

少小离家老大回,	어린 꼬마로 집을 떠났다가 늙어서야 돌아오니
乡音无改鬓毛衰.	고향 말씨는 변함없건만 귀밑머리가 다 빠졌구나.
儿童相见不相识,	아이는 나를 보니 알아보지 못 하고
笑问客从何处来.	웃으면서"손님은 어디서 오셨어요?"묻는구나.

　　이 시는 어려서 고향을 떠나 늙어서야 다시 돌아오니 모든 게 다 변하고 아이들도 알아보지 못하는데 오직 고향말씨만은 여전히 변함이 없다는 내용이다. 그런데 여기서 말하는 고향 말씨 즉 '乡音'이 바로 방언方言을 가리킨다.

　　그럼 현재 중국에는 얼마나 많은 방언이 존재할까? 중국에는 현재 각 소수민족의 언어를 포함하여 약 80여 종의 언어가 존재한다. 이 중 한족의 언어인 '汉语한어'를 사용하는 인구가 가장 많은데, 현대 한어는 다시 대략 7대 방언으로 나뉜다. 북방北方방언은 관화官话라고도 하는데 화북华北, 동북东北, 서북西北, 서남西南 및 강회江淮 지역 등의 방언이 여기에 포함되며, 그 외에 오吴방언, 감赣방언, 객가客家방언, 상湘방언, 민闽방언, 월粤방언 등이 있다. 북방방언은 수천 년 동안 드넓은 북방지역에서 옛 한어가 발전해온 결과 형성된 것이며, 나머지 6대 방언은 역사적인 원인으로 말미암아 서로 다른 시기에 서로 다른 지역의 북방 주민들이 남방으로 이주해오면서 형성된 방언을 가리킨다.

예를 들어 오어吴语는 『사기史记』기록에 따르면 3천 년 전의 선주先周 시대로 기원을 소급해볼 수 있다. 주나라 태왕太王의 아들인 태백太伯과 중옹仲雍이 웨이수渭水 중류지역의 중원 사람들을 거느리고 지금의 장쑤江苏 우시无锡와 수저우苏州 일대로 이주를 해오면서 이 지역에 뿌리를 내리게 된 언어가 바로 최초 형태의 오어이다. 다시 1천 여 년의 시간이 경과하면서 육조에 이르기 이전에 벌써 오어는 이미 당시 중원지역의 언어와는 다른, 두 지역 주민들이 서로 알아들을 수 없는 방언으로 변해버렸다. 삼국三国시기에 이르러 각종 원인으로 말미암아 당시 오 지역의 주민들이 푸젠福建으로 남하를 하는데 그들이 사용했던 오어 역시 접차적으로 복건 지역 언어의 영향을 받아서 오방언과는 다른 민闽방언을 형성하게 된다.

동일한 방언 지역의 언어라도 시대별로, 지역별로 약간씩 서로 다른 영향을 받기 마련이다. 예를 들어 북방 방언에 속하는 화북华北방언 안에서도 베이징北京, 톈진天津, 스자좡石家莊, 지난济南의 방언에는 각기 서로 다른 특징이 있다. 민 방언 역시 남하하던 경로의 차이 등으로 인하여 다시 민북闽北, 민중闽中, 민남闽南 등 서로 다른 방언을 형성하게 된다.

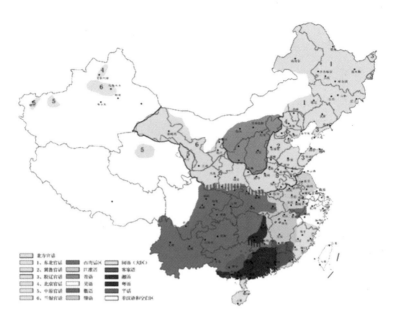

中国汉语方言图

이렇게 많은 서로 다른 방언이 존재하는데 중국인들은 어떻게 의사소통을 할 수 있는가? 결국 공통으로 사용할 수 있는 언어가 하나 필요하였고 그 결과 현대에 이르러 제정된 것이 바로 보통화普通话이니 바로 오늘날 우리가 배우고 있는 중국어를 가리킨다. 보통화는 베이징어를 표준어로 삼았으며 아울러 모범적인 현대 백화문 저술에 사용된 모범적 어법 규칙을 따랐다. 또한 보통화는 북방방언을 기초로 하였는데 70% 이상의 한족들이 북방방언을 사용하고 있기 때문이다. 따라서 서울말이 표준어인 한국어와는 달리 베이징어는 중국의 표준어가 아니라 방언의 일종일 뿐이며, 오직 보통화만이 중국의 표준어라고 할 수 있겠다.

그럼 현재 중국의 표준어인 보통화는 방언과 구체적으로 어떤 관계 속에 있는가? 양자는 상호 경쟁을 통해 발전하고 있는 관계라고 해도 지나치지 않을 것이다. 보통화가 방언에 충격을 주면서 부단하게 세력을 확장시키며 보급되어 가고 있는가 하면, 방언 역시 보통화에 자신의 어휘가 채택되도록 하는 등 계속 영향을 미치고 있기 때문이다.

개혁개방 이후에 보통화 속에 흡수된 방언 어휘는 주로 북방방언, 월방언, 오방언 등이다. 북방방언은 본래 보통화의 기초였던 까닭에 보통화 어휘의 중요한 연원이 될 만큼 보통화에 가장 큰 영향력을 미쳤다고 할 수 있다. 북방방언은 한족의 한어 중에서도 사용지역이 가장 넓고 사용인구가 가장 많은 방언으로서 한족 발전의 역사상 정치, 경제, 문화 등 각 방면에서 중요한 지위를 차지하고 있는 언어이기도 하다. 뿐만 아니라 송宋대 이후의 백화문학작품, 예를 들어 화본話本, 원곡元曲에서 소설 『홍루몽紅樓夢』에 이르는 작품들이 모두 북방방언을 기초로 쓰였으며 이로 인하여 북방방언이 보통화로 진입될 수 있는 많은 기회를 제공하기도 하였다. 통계에 의하면 보통화에 들어온 북방방언으로는 베이징北京관화, 동북东北관화, 서남西南관화에서 온 방언이 가장 많다고 한다.

최근에 이르러 동북방언을 매개로 한 소품小品인 '二人转민간예술이인전'과 『유로근치老根』등의 영화가 널리 전파됨에 따라 동북방언이 대중들로부터 많은 주목을 받으며 빈번하게 사용되었고 그 결과 일군의 동북방언들과 이 방언에서만 쓰이는 특수한 뜻들이 표준어 사전에도 추가로 수록되기 시작했으니 '掰절교하다', '嘚瑟자랑하다, 함부로 돈을 쓰다' 등이 그 예이다.

이들 동북방언들 속에는 본래 해학적이고 유머러스한 특징이 있는데 바로 이 점이 갈수록 스트레스를 많이 받고 있는 현대인들이 스트레스를 풀고 스스로 즐기고자 하는 심리와 부합되면서 더욱 더 많은 환영을 받기에 이르렀다고 볼 수 있다.

월방언 역시 보통화에 채택되어 들어간 어휘가 많다. 홍콩과 마카오가 연이어 중국으로 편입되고 주강珠江 삼각주의 경제가 신속하게 발전한 것과 밀접한 관계가 있다. 이 지역들은 경제가 비교적 일찍부터 발전하여서 그 결과 크게 변화된 생활방식을 반영하는 새로운 어휘들이 월방언 속에 출현하기 시작하였다. 이어서 개혁개방의 바람을 타고 이 지역의 변화된 새로운 생활방식이 중국 전역에 널리 유행을 하기 시작하면서 월방언으로 존재하던 새로운 어휘 역시 점차적으로 보통화 속으로 편입되게 되었다.

* 월방언에서 표준어에 추가된 예

'买(埋)单(계산하다)', '花心(남자의 애정이 한결같지 않은 모양)', '入围(어떤 범위에 진입하다)', '生猛(원기왕성하다, 활력이 넘치다)', '煲电话粥(장시간 전화통화로 잡담을 나누다)', '爆满(만원이 되다)', '炒鱿鱼(해고되다)', '搞掂(일을 잘 처리하다)', '狗仔队(스타 뒤를 좇으며 프라이버시를 캐내는 기자놈들)', '生抽(갈홍색 간장)'

* 광둥^{广东}지역의 특징이 농후한 유행어의 예

'按揭(담보대출)', '布艺(천으로 제품 만들기)', '搞笑(사람을 웃기다)', '廉租(저렴하게 임대하다)', '面膜(팩)', '警匪片(갱 영화, 경찰 영화))', '洁具(위생설비)', '穿帮(들통나다, 간파당하다)', '非礼(성희롱하다, 추행)', '高企(가격이 떨어지지 않다)', '卖点(상품의 매력, 장점)', '另类(색다르다, 특이하다)', '置业(부동산을 사다)', '楼盘(부동산 매물)', '二奶(정부)'

오방언은 상하이를 포함하여 쟝쑤성 창강 이남의 지역과 저장성 대부분의 지역을 포함하기에 강절화江浙语라고도 부른다. 오방언은 사용인구가 아주 많고 역사 역시 유구하다. 게다가 방언구역이 경제가 발달하고 교통이 편리하며 물자교류가 용이한 장강 유역에 위치하고 있다. 특히 상하이, 항저우, 쑤저우 등의 영향력이 계속 상승하고 있다. 이런 여러 가지 이유로 인하여 오방언 역시 보통화에 미치는 영향력이 큰 방언이 되었으며 그 결과 자연스럽게 대량

의 오방언이 보통화 어휘 체계 속으로 편입되게 되었다.

물론 방언이 보통화에 편입되는 데는 원칙이 존재한다. 일반적으로 보통화 안에 동일한 상황을 표현할 수 있는 어휘가 존재하지 않거나 또는 어휘가 있을지라도 어감상으로 약간 차이가 존재하는 경우가 바로 거기에 해당한다고 할 수 있다.

예를 들어 '宰'는 원래 '가축을 도살하다'는 뜻을 지니고 있는데 나중에 베이징어 속에서 의미가 확대되어 고객이나 봉사대상에게 '높은 값을 요구하여 받아내다'는 뜻을 가리키게 되었다. 그리하여 보통화에 편입된 '宰客'는 '고객에게 높은 값을 받아내다'는 뜻을 가리키게 되었다. '海'는 본래 동북방언 속에서 '많다'와 '목표가 없다'는 뜻을 지녀 지역에서 많은 선거유권자들이 입후보자 이름을 거명하고 동시에 직접 투표하는 선거방식을 '海选'이라고 불렀는데 이 뜻이 보통화에 편입되게 되었다. '煲'는 본래 광동방언으로서 '오랜 시간 동안 삶다'는 뜻을 지니고 있었는데, 보통화에 편입된 '煲电话粥'는 '장시간 전화 통화로 잡담을 하다'는 뜻을 가리키게 되었다. 또한 광동방언 중의 'AA制'는 '각자 사용한 몫을 각자가 부담한다'는 뜻을 가리킨다. 이 어휘들은 모두 보통화 속에 존재하지 않는 의미들을 충당하는 데 활용되었다.

그런데 베이징어의 '胡同'과 상해어의 '弄堂'은 모두 골목을 가리키는 방언이지만 그러나 각자 서로 다른 지역의 특징을 반영하고 있기에 보통화의 모범사전인 『현대한어사전現代汉语词典』에 모두 수록되었다.

중국 방언들은 각기 모두 자기만의 고유한 특징을 지닌 어휘들이 존재하여 어조와 풍격 역시 다른 방언들과 서로 다르다. 예를 들어 오방언은 사람들에게 항상 '吴侬软语^{오나라 사람의 부드러운 말}'이라는 말로 묘사되는데, 특히나 쑤저우어는 부드럽고 듣기 좋다. 한편 동북방언은 유머러스하고 소박한 일상생활에서의 맛과 정취가 충만하다.

보통화에서 상용되는 정도부사로는 '很', '太', '真', '非常', '十分' 등이 있는데 각 지방방언에도 또한 생동적이면서 재미있는 정도부사들이 존재한다. 이들은 해당 지역 방언만의 독특한 특색과 맛을 지니고 있어서 보통화의 정도부사들과도 차이가 있기에 한 번 살펴볼 필요가 있다고 하겠다. 예를 들어 동북관화, 베이징관화, 기로冀鲁관화, 진어晋语 속에서 '倍儿'은 형용사 앞에서 부사로서 정도가 깊음을 표시하여 '매우', '대단히' 등의 뜻을 가리킨다. 어느 치약 광고 문구인 "身体倍儿棒, 吃嘛嘛儿香^{몸이 대단히 좋아지고 뭘 먹든지 맛있어진다}"은 대도시 시민들의 정서에 잘 부합되는 그런 맛이 있어서 인구에 크게 회자되었다.

＊ <u>방언에서 정도부사로 쓰이는 어휘의 예</u>

【贼】「부(副)」아주, 대단히 (대부분 불만족스럽거나 정상적이지 못한 상황에 사용) : ～冷(아주 춥다) | ～亮(아주 밝다) | ～明白(잘 이해하다) | ～大(대단히 크다)

【蛮】「부(副)」아주, 매우. : ～好(아주 좋다) | ～大(아주 크다) | ～有意思(매우 재미있다) | 你装的倒～像。(너의 분장은 의외로 매우 닮았다)

【齁】「부(副)」너무(불만족스러움을 표시) : ~咸(너무 짜다) | ~苦(너무 쓰다) | ~酸(너무 시다) | 天气~热。(날씨가 너무 덥다)

【精】「부(副)」일부 형용사 앞에서 '너무', '푹' 등의 뜻을 표시한다. : ~瘦(너무 말랐다) | 雨把衣服淋得~湿。(비가 옷을 푹 젖게 만들었다)

【溜】「부(副)」아주, 대단히(일부 단음절 형용사 앞에서 사용): ~直(아주 곧다) | ~齐(아주 가지런하다) | ~满。(아주 가득하다)

【忒】「부(副)」너무 : 这屋子~小，挤不下。(이 방은 너무 작아서 비집고 들어갈 수가 없다)

　종합하면, 한 국가의 공통 표준어와 방언 간에는 쌍방 간에 대응을 하는 과정에서 서로에게 도움과 영향을 주기 마련이다. 공통 표준어는 일반적으로 조건적이며 선택적으로 방언 속에서 생명력 있는 성분을 흡수하여 자신을 더욱 풍부하고 완전하게 만들며, 동시에 한 나라에 보편적으로 널리 사용되는 과정 중에 방언에도 일부 영향을 미치지 않을 수 없다

3. 소수민족 언어에서 온 중국어

중국은 55개의 소수민족으로 구성되어 있지만, 한족汉族을 제외하고 54개의 민족은 소수민족으로서 총인구의 10%도 되지 않는다. 그럼에도 소수민족은 한족과 오랫동안 접촉하고 융합되었다. 이런 접촉이 피동적이었던지 능동적이었던지 전쟁 때문이었거나 우호 관계 때문이었던지 막론하고 쌍방의 언어에 대하여 영향을 미치지 않을 수 없다. 일반적으로 말하면, 인구가 적거나 경제문화 수준이 비교적 낙후된 쪽은 종종 인구가 많거나 혹은 경제문화 수준이 발달한 쪽으로 동화된다. 따라서 기타민족의 언어가 중국어와 만났을 때, 중국어의 영향을 더욱 많이 받았다. 중국어는 줄곧 우세한 위치를 가지고 있었기 때문에, 적지 않은 소수민족의 통치자들은 어쩔 수 없이 중국어를 습득하여 그들의 통치에 적용할 수밖에 없었고 심지어 어떤 소수민족은 자연히 발전 과정 중에서 점차 모국어를 버리고 중국어를 사용할 수밖에 없었다. 예를 들면 선비족鮮卑族은 북위北魏 정권을 건립한 이후에 능동적으로 한화汉化하여 한족과 융합되었다. 만주족滿洲族은 청淸나라 정권을 건립한 이후에 점차 한화하였는데, 특히 신해혁명辛亥革命 이후, 만주족은 계속 만주어를 방치하여 현재 만주어를 할 줄 아는 사람은 100명도 되지 않는다. 이처럼 각 민족이 오랫동안 뒤섞여 살았기 때문에 중국어는 발전 과정 중에서 적지 않은 소수민족의 언어를 흡수했으며 동시에 발음과 어법에도 어느 정도 영향을 받았다. 중국어 중에는 소수민족의 언어와 관련된 기록이 많이 남아 있다.

　한족이 다른 민족들과 커다란 접촉이 이루어진 것은 양한^{兩漢} 시대로부터 시작한다. 하나는 한족이 흉노족^{匈奴族}과 전쟁을 벌이거나 우호 관계를 맺은 경우로, 매우 오랫동안 지속되었고 지역에 있어서도 광범위했다. 다른 하나는 서한^{西漢} 시기 장건^{張騫}이 서역^{西域}에 사신으로 갔다가 서역의 신비한 면모를 드러내게 된 경우로, 서역과 중원^{中原}의 관계를 더욱 공고히 하는 기초를 쌓았다. 두 번째로 민족 간에 커다란 접촉은 위진남북조^{魏晉南北朝} 시기인데, 한족, 흉노족, 선비족, 돌궐족^{突厥族}, 강족^{羌族} 등이 화북^{華北}과 서북^{西北} 일대에서 서로 전쟁을 벌이게 되면서 대규모로 인구의 유동을 겪게 된다. 동시에 민족 간에 경제와 문화의 교류가 이루어지고 사회 발전이 촉진되었다. 이후 송^宋, 원^元, 명^明, 청^淸 시대에 거란족^{契丹族}, 여진족^{女眞族}, 몽고족^{蒙古族}, 만주족은 모두 중국 대륙을 통치하여 요^遼나라, 금^金나라, 원^元나라, 청^淸나라를 건립했다.

　문^文과 무^武라는 측면에서 달리 접촉하면서 민족들이 빈번히 교류하고 대치하거나 긴장하게도 되었다. 한편 중국어는 자체 발전의 수요로 인해 중국어에 부족한 의미 또는 개념을 부단히 흡수했다. 예를 들면, '琵琶^{비파}', '唢呐^{태평소}', '葡萄^{포도}', '茉莉^{재스민}', '狮子^{사자}', '菠菜^{시금치}' 등이 있다. 이런 어휘는 오랫동안 사용되었고 유행했기 때문에 완전히 중국어 속에 융화되었으며 최초의 어원은 잊혔다. 한편 소수민족이 통치한 시기, 즉 원^元나라와 청^淸나라는 몽고족과 만주족이 정치적으로 우세하여 몽고어와 만주어가 강화되었고 중국어에 대해 비교적 큰 영향을 주었다. 그러나 중국어는 만들어진 지 오래되었고 자체적 복원 시스템이 강한 편이라 명나라 때 몽고어가 중국어에 대해 영향을 주었음에도 불구하고 미미한 흔적만이 남아 있다. 지금까지 중국어에 남아있는 몽고어 어휘는 매우 적다. 청나라 초기에 일찍이 만주어를 널리 시행했지만 강희康熙 말년이 되면서 만주인은 이미 점점 한족처럼 되었다. 그러나 다른 소수민족의 언어와 비교하면, 만주족이 중국을 통치한지 거의 300년에 가깝기 때문에 중국어에 남아있는 만주족 어휘는 비교적 많은 편이다. 특히, 만주족이 흥기한 동북 지역과 오랫동안 거주한 베이징에는 방언 가운데 더욱 많은 만주족 어휘를 지니고 있다.

최초로 중국의 남부에서 생활한 고월족古越族은 한족이 점차 남쪽으로 이동함에 따라서 부단히 동화되었고 서남부에서 먼 지역 혹은 산악 지대의 통족侗族, 묘족苗族, 장족壯族, 태족傣族 등은 약세였기 때문에, 그들이 접촉했을 때 언어는 주로 중국어의 영향을 받았고 이들 소수민족 언어의 중국어에 대한 역할은 단지 그 지역에 옮겨 온 한족의 기초 중국어에만 남아 있다.

현대 중국어에 포함되어 있는 소수민족의 어휘로부터 한족과 소수민족의 교류와 융합을 알 수 있고 소수민족의 중국어에 대한 영향을 알 수 있다. 총괄적으로 말하면, 중국어는 지금까지 발전하면서 소수민족의 어휘를 많이 보유하고 있는데, 대개 일상생활과 관련되어 있다. 지명, 물품명, 칭호, 명절, 이름, 생활용어 등으로, 예를 들면 다음과 같다.

1) 지명

신쟝^{新疆}, 시쟝^{西藏}, 네이멍구^{内蒙古}는 역사적으로 소수민족이 거주한 지역이며, 매우 많은 지명이 모두 당시 소수민족의 언어에서 왔다. 우리에게 비교적 익숙한 도시 '吐魯番^{투르판}'은 위구르어인데, 낮은 지역이라는 의미이다. '拉薩^{라싸}'는 티베트어로, 구어의 '是'라고 번역된다. 단지 부처님의 뜻을 공손히 따라야 한다는 의미를 나타내고 매우 정확함, 의심이나 변화를 용납하지 않음을 나타내기도 한다. '是^시'는 '寺^사', '侍^시'와 통한다. 이 땅은 절을 성으로 세웠으므로 라싸시^{拉薩市}라고 명명한 것이다. 그러므로 어떤 사람이 '拉薩^{라싸}'라 말한 것은 성스러운 성이자 신선이 거주하는 지역을 가리키는 것이다. '呼和浩特^{후허하오터}'는 몽고어로 청색의 성이라는 의미이다.

동북 지역에서 적지 않은 지명은 소수민족의 언어에서 유래했다. 학자들의 고증에 따르면 '哈尓濱^{하얼빈}'의 원시 발음은 가로우

후허하오터^{呼和浩特}　　　　투루판^{吐魯番}

라싸^{拉薩}

웬^{galouwen}이다. 곧 여진어의 '哈尔温^{하얼원}'으로 본래 백조라는 뜻이다. 『금사^{金史}』본기^{本紀} 권이^{卷二}의 기록에 근거하면 여진어의 '阿勒錦^{아러진}'에서 유래했다고도 생각되는데 명예, 영예, 명성이라는 의미이다. '齐齐哈尔^{치치하얼}'은 본래 '奇察哈里^{치차하리}'라고 칭했는데, 다워얼^{达斡}어의 변경 혹은 천연목장이라는 의미이다. '佳木斯^{쟈무쓰}'는 본래 '甲母克寺噶珊^{쟈무커쓰가샨}', '嘉木寺屯^{쟈무쓰툰}'이라고 명명했는데 만주어로 역참 관리촌이라는 뜻이다. 만주어로 된 지명이 가장 많다. 통계에 따르면 지린^{吉林} 지역의 만주어 지명은 5,6백 곳이 넘는다. 예를 들면, '吉林^{지린}'은 만주어로 'girin'이라 읽는데, 물가 또는 강가라는 의미이다. '图们江^{투먼강}'은 만주어로 'tumen ula'라고 읽는데, 만수^{萬水}의 근원이라는 의미이다.

2) 사회조직과 인물칭호에 관련된 부분

우리나라는 국가의 최고 영수를 대통령^{大統領}이라고 하고 중국은 국가주석이라고 하며 다른 민족들도 고유의 칭호가 있다. 흉노는 군왕을 '单于^{샨위}'라고 하고, 왕후는 선우의 본처로서 '阏氏<sup>옌스/烟支^{옌즈}'라고 한다. 돌궐족, 선비족, 거란족의 우두머리 칭호는 '可汗^{커한}'이고, '成吉思汗^{징기스칸}'은 몽고어에서 온 것인데, 황제, 군주라는 의미로 가장 높고 큰 영수를 나타낸다. 만주어에서 전래된 칭호는 비교적 많다. '阿玛^{부친}', '额娘^{북경 만주족의 모친, 왕비}', '格格^{친왕, 군왕, 패륵(贝勒), 패자(贝子) 자녀의 작호로 공주를 의미함}', '嬷嬷^{유모}'는 유모라는 의미로 만주어 'meme eniye'의 간칭이다.

총괄해서 말하자면, 이런 어휘는 현재 중국인의 일상생활 중에서 결코 사용하지 않지만 역사서, 역사소설, 역사 연속극과 역사 영화 속에 항상 나타난다. 물론 지금 농담할 때에도 사용할 수 있으니, 자신을 '格格'라고 할 때이다.

3) 명절

민족마다 고유의 명절이 있다. 티베트의 쉐뚠제^{雪顿节}, 몽고의 나다무^{那达慕} 대회 등은 모두 민족 문화를 여실하게 드러내는 명절이다. 쉐뚠제는 티베트 최대 전통명절 중의 하나이고, 17세기 이전에는 순수한 종교의 명절이었다. 티베트어 중에 '雪^쉐'는 요구르트의 의미이고 '顿^뚠'은 먹다, 연회라는 의미이다. 쉐뚠제는 티베트어의 해석에 따르면 요구르트를 먹는 명절이기 때문에 쑤안나이제^{酸奶节}라고도 한다. 티베트 불교 거루^{格鲁}파의 규범에 따르면 매년 티베트 달력 6월은 금기의 기한으로 티베트 전체의 크고 작은 사원의 승려들은 외출할 수 없고 작은 벌레를 밟아도 안 된다. 티베트 달

쉐뚠제^{雪顿节}

나다무^{那达慕}

력 7월 1일 금기를 해소하는 날이 되면 승려들은 분분히 하산하는
데 이 때 농민과 유목민들은 준비한 요구르트를 꺼내어 바쳐야 한
다. 이것이 바로 쉐뚠제의 유래이다. 후에 쉐뚠제 기간 동안 성대
한 티베트 연극 공연과 대규모의 예불의식이 있기 때문에, 어떤 사
람은 '짱시제藏戲节, 티베트 연극명절', '샤이포제晒佛节'이라고도 칭한다. '那
达慕'는 몽고어의 음역으로 오락, 유희라는 의미로 풍성한 수확의
기쁨을 나타낸다. 나다무 대회는 몽고족의 유구한 역사적 전통 명
절로 매년 음력 6월 4일 시작해서 5일 동안 연다.

萨其马

주로 씨름, 경마, 활쏘기, 격구, 몽고 바둑 등 전통
적 항목이 있고 어떤 지역은 육상 경기, 줄다리가,
농구 등도 있다.

4) 사물에 대한 지칭

糌粑

都塔尔

이런 종류의 단어가 가장 많다. 본래 자기나
라나 민족에게 없는 사물은 자연히 호칭이 없기
때문이다. 가장 직접적인 방법은 바로 사물의 소
속언어에서 차용하는 것이다. '骆驼낙타', '狮子사자',
'苜蓿거여목', '石榴석류', '葡萄포도', '琵琶비파', '箜篌공
후', '苏幕遮악곡명 소막자', '琉璃유리' 등은 모두 서한西
汉 시기 서역으로부터 들어온 단어이다. '裕裢전대', '敖
包몽골인이 돌이나 흙·풀 등을 쌓아 올려 길이나 경계 표시를 한 것', '胡同골
목', '戈壁사막', 정거장의 '站역' 등은 모두 몽고어에
서 유래했다. 현재 사람들에게 여전히 환영을 받는

葫芦丝

冬不拉

간식 '萨其马^{동북 지방의 과자의 일종}'은 만주어의 음역으로, 네모나게 썬 후에 쌓아올린 과자라는 뜻이다. '糌粑^{참파, rtsam-pa}'는 티베트 볶음 쌀보리가루의 음역으로, 티베트족들이 매일 먹어야 하는 주식이다. 중국 소수민족들은 모두 노래와 춤에 능하기 때문에 악기 종류가 대단히 많다. 비파와 공후 외에도 신쟝 위구르족이 애호하는 민간 탄현악기 '都塔尔^{두타얼}'이 있고 주로 태족^{傣族}, 이족^{彝族}, 아창족^{阿昌族}, 덕앙족^{德昂族}에게 전해진 '葫芦丝^{소수민족 악기 후루쓰}', 하싸커족^{哈萨克族}의 민간에 유행한 탄발악기 '冬不拉^{둥부라, dombra}' 등도 있다.

5) 생활용어

몇 천 년 이래 각 민족은 서로 합치고 뒤섞여 살면서 현재 사용하는 중국어에도 적지 않은 소수민족의 언어가 섞여 있다. 그 중에 만주족은 중국을 거의 300년 동안 통치했기 때문에 중국어에 만주어 어휘가 가장 많다. 다음의 예문을 보자.

> '马马虎虎(대강하다)', '磨蹭(느릿느릿하다, 우물쭈물하다)', '邋遢(말끔하지 않다)', '麻利(민첩하다)', '啰嗦(수다스럽다)', '耷拉(늘어뜨리다)', '呵护(가호)', '胳肢窝(겨드랑이)', '挺(아주, 매우 팅)', '央(간청하다)'

동북 지역은 만주인이 흥성한 지역이고, 베이징은 만주인이 관내^{关内}에 거주한 지역이기 때문에, 현재 동북 지역과 베이징 방언에 남아 있는 만주어 어휘는 더욱 많다. 다음의 예문을 보자.

- 这妞儿,盘儿亮啊！(이 소녀는 얼굴이 예쁘구나!)
- 妞儿(소녀), 盘儿亮(얼굴이 예쁘다, 두드린다)
- 这孩子可真格涩, 整天嘟噜着个脸子。一不合适就翻吡。

  (이 애는 정말 특별하구나. 온종일 얼굴을 늘어뜨리네. 마음에 들지 않으
  면 바로 얼굴을 돌리는구나.)
- 格涩(특별하다, 특출나다), 嘟噜(얼굴을 늘어뜨리다), 翻吡(생기, 얼굴을
  돌리다)。
- 你磨叽什么呢？赶快划拉两下就行了。(당신은 뭐라고 말하는 건가요?
  빨리 대충 청소하면 됩니다.)
- 磨叽(말하다 혹은 일처리에 꾸물대다, 시원스럽지 않다), 划拉(청소하다)

　　중국어는 포용성과 생산성이 매우 강한 언어이기 때문에, 중
국어가 소수민족 어휘를 흡수할 때에도 본래 의미만을 사용할 뿐
만 아니라 발전 과정 중에 점차 한화되거나 기타 의미를 파생하
며 혹은 형태소로 만들어서 관련된 단어를 만들어낸다. 예를 들면,
'胡'는 본래 흉노의 자칭이다. 후에 한족은 '胡人^{호인}'을 북방과 서
방의 소수민족을 통칭하게 되었고, 그 지역의 산물에 대해서 '胡'
자를 단어 앞에 쓴다. 예를 들면, '胡萝卜^{당근, 홍당무}', '胡琴^{호금}', '胡
桃^{호두}', '胡蜂^{말벌}', '胡椒^{후추}' 등이다. 흉노는 한나라 초기에 부단
히 중원을 남침해 왔지만, 한나라는 피동적이고 방어적이었다.
흉노족과 한족이 오랫동안 전쟁을 벌였기에 중원 사람들은 커다
란 고통을 받았다. 사람들은 서역의 소수민족에 대해 항상 무서
움과 한을 품고 있으며 경멸감을 지니고 있다. 따라서 중국어에
'胡'자가 들어간 단어는 대부분 난폭하고 이치를 따지지 않는다

는 나쁜 뜻을 가지고 있다. 예를 들면, '胡闹^{소란을 피우다}', '胡来^{함부로} ^{하다}', '胡说八道^{엉터리 말을 하다}', '胡搅蛮缠^{함부로 귀찮게 굴다}', '胡作非为^{제멋대} ^{로 나쁜 짓을 하다}' 등이다.

결론적으로, 소수민족 어휘 중에서 가리키는 개념이 중국어에서 부족한 것이면 중국어에 매우 쉽게 흡수된다. 특히 사람들의 일상생활과 밀접한 어휘라면 중국어의 공백을 메워서 빈번하게 사용된다. 이러한 어휘는 중국어 고유의 언어와 비슷하게 되어 중국어에서 가장 좋은 귀결점을 찾게 된다. 앞에서 제기한 '葡萄', '琵琶', '骆驼', '站', '萨其马', '啰嗦' 등이다. 이러한 어휘는 사람들의 일상생활 속에 살아 있을 뿐만 아니라 예술작품 안에도 존재하고 있다. 예를 들면, 당대^{唐代} 시인 왕한^{王翰}의 「양주사^{凉州词}」에 "달콤한 포도주를 야광잔에 담아, 막 마시려 하니 말 위의 비파 소리 재촉하네^{葡萄美酒夜光杯, 欲饮琵琶马上催}"라는 시구가 있다.

중국어의 수요에 부합하지 않은 어휘들은 정치 등의 원인으로 한동안 유행했지만 시간의 흐름 혹은 시대의 변화에 따라 결국 모두 도태될 것이다. 예를 들면 옆을 뜻하는 '壁^벽'과 '壁厢^{근처}', 물통을 가리키는 '帖落'은 모두 몽고어에서 온 것이다. 이런 단어는 금^金나라와 원^元나라에서 널리 사용된 적이 있으나 명대^{明代} 이후에는 모두 도태되었고 '这壁厢'는 모두 '这边^{이쪽}'으로 대체되었다. 만주어에서 유래한 부친과 모친을 지칭하는 '阿玛', '额娘'도 역사서 혹은 그 시기를 반영하는 작품 속에 남아있지만 실제생활 속에서는 이미 사용하지 않게 되었다.

4. 근현대 외래어에서 온 중국어

한국어에는 외국에서 들어온 많은 외래어가 있다. 고대에는 외래어가 주로 중국에서 들어왔는데 오랜 시간동안 사용되면서 이미 한국어에 완전히 흡수되어 있다. 근·현대에는 대부분 유럽, 미국, 일본이 외래어의 근원지인데 19세기에는 유럽과 미국의 단어들이 대다수 일본을 통해 유입되었고, 기본적으로 '사회社會', '철학哲學', '전화電話'처럼 한자로 구성된 한자어이다. 20세기 중후반에 유입된 유럽과 미국의 단어들은 '컴퓨터', '텔레비전', '인터넷' 등과 같이 대체적으로 음역을 하였다.

중국어에도 외래어가 많이 있다. 가장 처음 외래어가 대량으로 유입된 시기는 불교가 전파되었던 중고시대이다. 불교의 영향으로 이 시기에는 중국어에 불교경전의 많은 단어들이 진입하게 되었는데 그 중 대다수는 사람들이 외래어라고 인식할 수 없을 정도로 중국어의 고유어처럼 정착되었다. 근대에 들어서 또한 차례 대량으로 외래어가 유입되었다. 19세기중반부터 중국은 서양의 과학기술과 문화에 대해 소개하기 시작하였고, 19세기말에는 서양문학과 사회과학 저서를 번역하기 시작하면서 새로운 어휘들이 대량으로 중국어에 쏟아져 들어오게 되었는데 과학기술, 군사, 수학, 물리, 화학, 정치, 역사, 문학, 음악, 철학, 경제, 의학 등 모든 분야에 걸쳐 영향을 미치게 되었다. 세 번째로 외래어가 대량으로 유입된 시기는 현대이다. 20세기 80년대 개혁개방이후 글로벌 시대를 맞이하게 되는데 경제의 세계화가 가

속화되면서 외래어 특히, 영어와 일어가 대량으로 중국어에 영향을 미치게 된다. 정보통신과 진화를 거듭하는 첨단기술을 필요로 하는 컴퓨터 영역이나 광고 또는 청소년들이 사용하는 말 그리고 경제 방면에서 외래어의 유입이 가장 두드러진다. 여기에서는 근대와 현대에 유입된 외래어가 중국어에 미친 영향에 대해 알아보고자 한다.

19세기 중기와 말기에 서양언어가 중국어에 유입된 것은 대부분 번역이라는 간접적인 접촉을 통해 이루어졌다고 하겠다. 이러한 현상은 중고시대에 불교경전을 번역하면서 외래어가 유입된 것과 매우 흡사하게 보인다. 그러나 자세히 들여다보면 이 두 시기의 상황은 서로 다른 점이 있음을 발견하게 된다. 중고시대에 유입된 외래어는 중국인 스스로가 중국어에 원래 있는 단어를 사용하든지, 원래 있는 단어에 의미를 파생하여 사용하든지, 아니면 불교경전에 적합한 단어를 창조하여 번역하는 과정을 통해 형성된 것이다. 그러나 19세기 중·말기는 서양과 중국 사이에 일본이 있었다. 중국학자들이 서양의 개념을 들여오거나 번역을 할 때 한편으로는 일본이 이미 먼저 해놓은 번역의 영향을 받아 당시 일본이 선택한 한자어를 직접 가져다 사용하였다. 예를 들면 'nature', 'literature', 'freedom'을 일본 학자들은 '自然^{자연}', '文学^{문학}', '自由^{자유}'로 번역하여 사용하였는데 이를 그대로 차용한 것을 말한다. 또 한편으로는 중국학자들이 번역한 단어들이 일본의 번역과 경쟁에서 밀려나게 됨으로써 일본이 한자어를 가지고 번역한 말들이 대량으로 전해지게 되었다. 당시 중국학자들이 음역한 '德律风^{telephone}', '德谟克拉西^{democracy}', '赛因斯^{science}' 등과 같은 단어들이 일정 기간 동안 사용되다가 일본이 한자를 사용하여 의역한 '电话^{전화}', '民主^{민주}', '科学^{과학}'과 같은 단어들에 자리를 내주게 되었다. 또 일본의 번역처럼 의역을 한 경우에도 일본의 번역이 더욱 보편적으로 알기 쉽고 명확하다 보니 중국학자들의 번역은 자취를 감추게 되었는데 옌푸^{严复}가 번역한 '天演^{진화}', '善相感^{동정}', '群学^{사회학}'이 일본이 번역한 '进化', '同情', '社会学'과 같은 단어들에 자리를 내어준 것과 같은 예이다.

현대에 중국어가 흡수한 외래어는 크게 두 종류가 있다고 볼 수 있다. 하나는 중국인이 직접 서양 단어들을 번역한 경우인데 여기에는 중국의 서양 선교사가 함께 번역한 단어들도 포함된다. 예를 들면 '沙发^{소파}', '咖啡^{커피}', '逻辑^{논리}', '几何^{기하}', '数学^{수학}', '理论^{이론}', '银行^{은행}', '保险^{보험}', '批评^{비평}' 등이다. 또 하나는 서양 언어를 번역한 일본어로부터 온 것이다. '经济^{경제}', '革命^{혁명}', '阶级^{계급}', '艺术^{예술}', '个人^{개인}', '法律^{법률}', '哲学^{철학}', '主义^{주의}' 등과 같은 어휘들인데 현대중국어에 사용되는 사회과학이나 인문과학 분야의 명사나 전문용어 중 약 70%정도가 일본사람들이 번역한 것을 사용하고 있다고 한다.

그러나 여기에서 우리는 일본인들이 당시 서양의 이론과 개념을 번역할 때 참고가 되었던 서적이 있었다는 점을 주목해야 한다. 명, 청시대의 선교

『几何原本^{기하학원론}』 1573년 판본

『几何原本』

서광계가 번역한 『几何原本』

사들은 중국 사람과 함께 번역 작업을 하였는데 1607년 서광계^{徐光}^启와 마테오 리치^{利玛窦}가 함께 번역한 유클리드^{欧几里得}의『几何原本^{기하}^{학원론}』, 1814년 모리슨^{马礼逊}이 중국에서 출판한『新约^{신약성서}』, 1817년~1823년 출판한 6권으로 된『汉英大词典^{한영대사전}』이 당시의 대표적인 번역서로서 이 서적들은 일본의 지식인들이 번역할 때 중요한 참고 자료가 되었다. 현대 일본학자들도 근대 일본의 번역 작업에 대해 논할 때 마테오 리치^{利玛窦}, 서광계^{徐光启}, 모리슨^{马礼逊}과 같은 선구자들이 제공한 참고자료를 언급하곤 한다. 오늘날 사용하는 명사와 전문용어들은 당시 중국의 선교사와 함께 번역한 중국인이 공동으로 창조해낸 번역 방법으로 만들어 진 것이었다. 이렇게 번역된 말들을 일일이 모두 열거하기는 힘들지만, 일본학자의 고증에 따르면 적어도 앞에 제시되었던 '数学^{수학}', '理论^{이론}', '银行^{은행}', '保险^{보험}' 등은 일본 근대 지식인들이 중국의 번역 방법을 그대로 따라한 단어들이다. 이렇게 번역된 단어들을 사람들

모리슨과 중국인의 영어사전 편찬

은 종종 현대중국어의 일본어에서 온 '외래어'에 포함하는데 이는 정확하게 알지 못하고 있는 것이다.

이와는 달리 아이러니하게도 당시 중국의 번역자들은 이와 같은 번역 자료들을 이용하지 않고 오히려 음역을 할 것을 주장하여 '德谟克拉西', '赛因斯' 외에도 '狄克维多^{dictator}', '士敏土^{cement}', '梵哑铃^{violin}', '密司脱^{mister}' 등과 같이 번역

하였지만 후에 '民主^{민주}', '科学^{과학}', '独裁者^{독재자}', '水泥^{시멘트}', '小提琴^{바이올린}', '先生^{~씨}' 등과 같이 의역을 한 단어들로 대체되었다.

중국에서 태어나 살면서 모국어로 중국어를 사용하는 중국학자들은 오히려 대대적으로 음역을 주장하고 일본에 몸담고 중국에서 수입한 한자를 사용하는 일본학자들이 반대로 기본적으로 한자 어휘들을 사용하여 의역을 했는지 이유가 궁금하지 않을 수 없다. 이것은 당시 중국학자들의 태도와 밀접한 관계가 있음을 유추할 수 있다. 청 말기의 중국은 서구열강에 뒤처져지면서 끊임없이 공격을 당했다. 이때부터 중국의 식자들은 서양을 배워야 한다고 결정했고 1919년 신문화운동 때까지는 계속 지난날을 되짚어보며 반성하는 시기였다. 그들은 중국의 전통적인 관념을 타도하고 새로운 서양의 관념으로 중국을 변화시키고 민중의 사상을 개조하기를 희망하며 언어도 백화문 사용을 제창함과 동시에 음역어를 많이 사용하였다. 다른 한편으로는 한자가 일본으로 유입되기 전에 야마토 민족은 자신들 고유의 언어는 있었으나 문자가 없어 추상적 개념들을 구체적으로 제시하지 못하였다. 따라서 중국어의 '自然^{자연}', '道德^{도덕}', '政治^{정치}', '经济^{경제}', '风流^{풍류}', '文学^{문학}'과 같은 추상적 개념어들은 바로 일본어로 흡수되어 사용되었다. 근대에 들어서자 일본은 서양 언어와 만나게 되면서 자연스럽게 중국어의 추상단어로 서양어의 개념을 번역하게 되었다. 그러나 중국학자들은 자신들의 속국이라 여기던 일본이라는 작은 나라가 중국보다 강대한 국가로 변해가는 모습을 보면서 일본을 배우고자하는 열풍이 일어나 일본학자들이 한자어로 번역한 서양의 개념들을 중국으로 다시 대거 가져오게 되었다.

물론 음역어가 의역어로 회귀하는 현상은 중국인의 언어습관과도 부합한다. 중국인은 한자가 가지고 있는 표의적인 특징으로 말미암아 문자가 의미를 표현한다는 생각에서 벗어나지 못하여 습관적으로 문자에서 의미를 연상하게 된다. 이로 인하여 외래어의 번역은 당시의 상황이 어떠하든지 결국에는 대부분 의역을 하거나 음역과 의역을 모두 사용하는 형식으로 이루어지게 되었다.

이러한 의역 위주의 번역 방식은 현대에 외래어가 대량으로 유입되던 때에도 역시 명확하게 드러난다. 인터넷 분야의 발전이 급속도로 진행되면서 매일같이 새로운 용어가 쏟아져나오다 보니 많은 영어 어휘들을 중국어로는 의미를 그대로 그려내는 방법으로서만 그와 같은 많은 정보를 전달할 수 있었다. 그러다 보니 사람들은 '互联网internet', '在线online', '网络network', '电子邮件e-mail', '网络用户user', '主页homepage', '网页website', '链接link', '软件software', '硬件hardware', '网上销售e-tailing', '网迷cyber-naut', '网上银行internet banking' 등과 같은 이런 단어들을 아예 직접 수입하여 사용하였다. 새로운 어휘가 들어올 때는 대부분 처음에는 음역 또는 음역과 의역을 결합한 형식이 나타났으나 결국에는 의역으로 변하게 된다. 'e-mail'이 음역한 '伊妹儿'로 일정기간 사용되었지만 현재는 공식적으로 '电子邮件'을 사용하며, 'internet'은 음역한 '因特'와 의역한 '网'을 결합하여 '因特网'으로 사용되다가 현재는 대체적으로 '互联网'을 사용한다. 사용빈도가 많아질수록 '网上商店인터넷쇼핑몰', '网上购物인터넷쇼핑', '网上银行인터넷뱅킹'을 '网店', '网购', '网银'으로 줄여서 사용하는 것과 같은 축약어가 나타나기도 한다.

이러한 단어들은 한국어와 일본어에서는 기본적으로 음역의 형식을 띠고 있다.

영어	중국어	한국어	일본어
computer	电脑	컴퓨터	コンピュータ
television	电视	텔레비전	テレビ
internet	互联网	인터넷	インターネット
homepage	主页	홈페이지	ホームページ
internet phone	网络电话	인터넷 전화	インターネット電話
internet banking	网上银行	인터넷 뱅킹	インターネット・バンキング

지난 몇 세기동안 영국과 미국의 정치 경제가 연이어 세계에서 주도적인 역할을 하고 있고 더 나아가 현재는 세계경제가 국제화로 하나가 되어가지만 여전히 미국이 중심의 자리에 놓여 있어서 영어가 세계 공용어로 통용되다보니 각 언어들이 영어의 영향을 받고 있는 것이 사실이다. 게다가 어떠한 형식으로 문화가 교류되든지 각 문화 간의 영향력이 평등하지만은 않은 것이 사실이다. 특히 지금 이 시기는 경제발전의 불균형이 문화의 불균형을 가져와 경제가 강한 국가의 문화가 우위를 차지하게 된다. 중국어와 일어뿐 아니라 한국어 역시 마찬가지로 어쩔 수 없이 문화적인 약세로 인하여 영어의 영향을 받는다. 한자가 표의문자인데 반해 한국어와 일본어는 표음문자이므로 직접 음역을 하는 것이 한자로 의역하는 것보다 더 쉽고 간편하다. 따라서 비록 일본학자들이 '电话^{전화}'와 같은 한자어를 창조했다하더라도 20세기 중·후반 이후에는 '电视^{텔레비전}', '电脑^{컴퓨터}'와 같이 의역한 한자어가 나타나지 않고 직접 음역을 하고 있다. 이 사실 역시 영어의 영향이 이

미 중국어의 영향력을 뛰어넘고 있음을 보여 준다.

교류가 증가하고 인터넷시대가 도래함에 따라 외국인과의 직접적인 교류나 매체를 통한 접촉을 통해 사람들은 외국에서 들어온 문화에 대한 이해도가 점점 높아지고 중국인들도 변화되는 세상, 새로운 생활방식을 더욱 적극적으로 수용하면서 이렇게 새로움, 색다름, 변화를 추구하는 심리가 언어에도 그대로 반영되어 중국어 역시 간편하고 실용적으로 사용하는 것을 추구하게 되어 외래어 특히 영어를 직접 가져다 사용하게 되었다. 그중 'EQ', 'IQ', 'IT', 'ID', 'CT', 'QQ', 'MTV', 'DNA', 'CCTV', 'WTO' 등은 특히 신문이나 TV에 많이 나타나는데 영어를 모르더라도 평소에 늘 사용하는 영어 단어들이다.

그러나 이와는 반대로 외래어가 중국어에 들어온 후 정도상의 차이는 있어도 대부분 다시 재창조되어 외래어가 중국어화 되기도 한다. 외래어의 중국어화는 내용과 형식이라는 두 방면에서 이루어지는데 다음과 같은 방식을 나타낸다.

첫째, 외래어가 중국어에 진입한 후 단어의 의미에 변화가 일어난다.

흡수된 단어가 본래 언어의 단어 중 다른 단어의 영향을 받아 외래어가 가지고 있던 원래 언어의 의미 범위와 완전히 일치하지 못할 수 있다. 이것은 크게 세 가지 형태를 나타내는데 단어의 의미가 확대 혹은 축소되거나 단어의 의미가 전이된다. 영어 중의 'mosaic모자이크'는 원래는 갖가지 색깔의 작은 유리조각이나 돌맹이 등의 재료를 조각조각 모아서 합치거나, 상감해놓은 그림이나 도안, 그림이나 도안을 상감하는 것을 일컫는다. 중국어에 들어오면서 이러한 의미 외에 '텔레비전이나 컴퓨터, 핸드폰 등의 화면에 나타나는 특정 부위를 일부러 가리기 위해 잘 안보이게 처리하는 것'이라는 의미가 첨가되었다. 외래어 '马赛克^{모자이크}'는 이렇듯 의미의 전이가 발생되었는데 오히려 이 새롭게 첨가된 의미가 더욱 보편적으로 사용되기도 한다.

둘째, 외래어가 새로운 형태소로 나타난다.

외래어가 직접 형태소의 신분으로 단어를 구성하거나 혹은 점차 원래 단어의 구성환경을 벗어나 새롭게 단어를 구성하는 역할을 한다. '咖啡^{커피}'는 'coffee'의 음역어인데 '咖啡杯^{커피잔}', '咖啡伴侣^{커피 메이트}' 등과 같은 단어에서는 외래어 형태소이다. '巴士^{버스}'는 'bus'의 음역어인데 사용 중에 간단하게 '巴'라고만 쓰이기도 하여 '巴'를 형태소로 사용한 '大巴^{대형 버스}', '中巴^{중형 버스}', '小巴^{소형 버스}' 등과 같은 새로운 단어가 출현하기도 한다. 그 외에도 외래어 형태소는 중국어에 들어온 후 시간이 지나감에 따라 중국어에 흡수되어지는 정도가 강해지면서 외래어라는 느낌이 약화되고 점차 좀더 자유스럽게 단어를 구성하는 형태소의 역할을 하게 된다. 이렇게 외래어가 단어를 구성하는 형태소로 참여하여 만든 신조어들로는 '吧^{bar}'를 이용한 '网吧^{PC방}', '酒吧^{술집}', '迪吧^{디스코텍}', '氧吧^{산소 카페}', '吧台^{술집의 바}', '吧女^{호스티스}', '泡吧^{술집에서 죽치다}' 등이 있고, 또 '啤^{beer}'를 이용한 '生啤^{생맥주}', '黑啤^{흑맥주}', '干啤^{드라이 맥주}', '扎啤^{저그 생맥주}', '鲜啤^{병 생맥주}' 등과 같은 단어들이 있다.

많은 외래어들은 먼저 어떤 방언으로 들어왔다가 나중에 보통화로 흡수되기도 한다. 'taxi'는 음역하여 '的士^{택시}'라고 하는데 이 음역한 '的士'는 먼저 광동어로 진입한 외래어로 보통화 발음 보다는 광동어의 발음에서 기인한 것이다. 그러나 보통화로 흡수 된 후 강한 파생력을 보이면서 '的士'는 간단하게 '的'로 지칭되기도 하고 '摩的^{오토바이 택시}', '打的^{택시를 타다}', '的哥^{남자 택시기사}', '的姐^{여자 택시기사}' 등과 같은 단어를 생산해내기도 했다.

중국어는 외래어를 번역하면서 음과 뜻의 결합을 중시하여 많은 단어들은 모두 원래 단어의 발음이나 부분의 발음을 유지하는 상황에서 원래 언어와 의미적으로 상응하는 중국어 어휘를 첨가하여 번역된 새 단어가 쉽게 이해되고 기억되도록 한다.

언어는 사회의 변화에 따라 변화되고 또 서로 다른 언어 간에 서로 영향을 주고받으며 새롭게 변화되고 진화한다. 중국어에 많은 외래어가 흡수되었다는 것은 중국사회가 더욱 다원화되고 풍부한 색채를 띠고 있음을 반영하는 것이라 하겠다.

원래의 단어	중국어
Coca Cola	可口可乐
aids	艾滋病
TOFEL	托福
humor	幽默
sauna	桑那浴
E−mart	易买得

5. 중국어 어투에 미친 영어의 영향

주지하다시피 현재 중국의 보통화는 고대의 한어와 서로 다르다. 문언^{文言}문에서 다시 초기 백화^{白話}문으로, 다시 20세기 초의 신문화운동과 백화문운동을 거치면서 초기 백화문을 변화시키고 발전시킨 다음 부단한 규범화 작업을 거쳐서 마침내 오늘에 이른 새로운 백화문이 바로 지금의 보통화이다.

이 시기 신문화 운동과 백화문 운동이 현대 중국의 보통화에 끼친 공로는 절대 무시할 수 없다. 앞 절에서 거론했듯이 백화문 운동 시기는 바로 서학동점^{西學東漸}의 시기여서 중국의 지식인들은 대부분 서양을 통해서 배우고자 하였기에 백화문의 발전은 필연적으로 서구 언어의 영향을 깊이 받을 수밖에 없었다. 과감한 서구화가 바로 당시 백화문 운동의 강한 경향이라고 할 수 있을 것이다.

20세기 초기의 어문학자들은 왕왕 서구화를 현대화, 국제화와 동일하게 간주하여 이미 생명력이 없고 내용이 빈약하다고 여겼던 당시의 백화문을 서구화를 통해 충실하게 개량함으로써 새로운 수요에 부응할 수 있기를 바랐다. 예를 들어 루쉰^{魯迅}은 중국어 법은 어느 정도 서구화시킬 필요가 있다고 하였고, 주광첸^{朱光潛}은 서구화가 곧 백화문을 확충시키고 정밀하게 단련시킬 수 있는 방법이라고 보았다. 푸쓰녠^{傅斯年}은 더욱 직접적으로 서양인의 표시법은 대부분 모두 중국인의 것보다 더욱 생명력이 있기에 백화문의 빈약함을 극복할 수 있기 위해서는 오직 서구화밖에 없으며 이상적인 백화문은 서구화된 백화문이라고 보았다.

당연히 그들의 서구화 주장과 이론은 당시 서구화 사조의 열기 속에서 어느 정도 자기를 비하하고 서양을 숭상함으로써 중국 언어문자 본래의 우수한 점을 간과해버린 측면이 없지 않아 있다. 그렇지만 언어가 시대와 사회의 발전에 보조를 맞추어야 한다는 그들의 요구와 서구화를 통해서 어문을 혁신하고자 견지한 태도는 현대 중국어의 발전에 역시나 큰 공로가 있다고 하겠다.

어떤 측면에서 말하자면 백화문의 발전과 중국어의 서구화는 동시에 진행되었는데, 최소한도 20세기 초기에는 이런 모습을 보였다고 할 수 있다. 5·4운동 이래로 중국어는 형식표지를 중시하는 인도·유럽어印歐语의 영향을 깊이 받아서 점차적으로 변화하기 시작하였으며 외부 형식표지의 사용이 현저히 증가하기 시작하였다. 전통 중국어에서는 뜻을 이해하기만 하면 될 뿐 형식표지를 사용할 필요가 없던 부분에서조차도 인도·유럽어의 영향을 받아 항상 형식표지를 하기에 이른 것이다.

예를 들면 중국어의 원래 습관에 의하면 두 개 혹은 여러 개의 중국어가 병렬구조로 되어 있을 때조차도 거의 대부분 '和', '与', '并', '及' 등의 접속사를 사용하여 병렬된 어휘를 이어주지 않아도 되었으며 그냥 어휘들을 함께 나열하면 그만이었다. 예를 들면 "袭人催他去见贾母, 贾政, 王夫人。몸종인 습인이 가보옥에게 할머니 가모와 아버지 가정 그리고 어머니 왕부인을 뵈러 가도록 재촉하였다." 『홍루몽(红楼梦)』49회 등이 그 예이다.

이런 특징은 5·4운동 이전 몇 백 년의 시간 동안 결코 변화가 없었는데, 5·4운동 이후로는 인도·유럽어의 영향으로 접속사를 덧붙이는 방식이 매우 빠르게 유행을 하게 되었다. 그리하여 얼마 안 되어 접속사를 사용한 연결방식은 아주 보편적인 방식이 되어 지금에 이르고 있다. 예를 들면 우리는 처음 중국어를 배울 때 흔히 아래와 같은 회화문을 배우게 된다.

> A: 你家有几口人？
> (너희 집은 식구가 몇이 있니?)
> B: 我家有四口人。爸爸, 妈妈, 哥哥和我。
> (우리집은 네 식구가 있어요. 아빠, 엄마, 형, 그리고 저예요.)

그밖에도 역접, 조건, 가정 또는 인과 관계 등 주종의 관계를 표시하는 두 개 혹은 여러 개의 분구는 전통적인 중국어 습관에 의하면 접속사를 사용하지 않고 어순과 의미를 통해 분구 간의 주종관계와 논리관계를 표시하는 것이 아주 흔한 일이었다. 예를 들면 "你死了, 别人不知道怎么样, 我先就哭死了。^{당신이 죽는다면 다른 사람은 어떨지 모르겠지만 내가 먼저 울다 죽어버릴 거예요。}"「홍루몽(红楼梦)」31회 등이 그 예이다.

그러나 5·4운동 이래로 영어 등 인도·유럽어의 영향을 받은 데다가 또 한편으로 엄밀한 의미 표현의 필요성 때문에 본래는 접속사를 사용하지 않던 부분에서 사람들은 습관적으로 '但是^{그러나}', '如果^{만약}', '既然^{기왕 ~하였으니}', '即使^{설사 ~할지라도}', '因为^{왜냐하면 ~하기 때문에}', '所以^{그래서}' 등의 접속사를 덧붙이기 시작하였다. 예를 들어보자.

> A: 你明天做什么？(너는 내일 뭘 하니?)
> B: 如果不下雨, 我就去爬山, 要是下雨, 就在家看电视。
>   (만약 비가 내리지 않는 다면 나는 바로 등산하러 갈 것이고,
>   만약 비가 내린다면 그냥 집에서 텔레비전을 볼 거야.)

한편 현대 중국어에는 인도·유럽어의 영향을 받아 원래 사용 범위를 변화시킨 경우도 있다. 예를 들면 중국어의 피동문인 '被 ~에 의해 ~ 해지다'자문은 본래 일반적으로 뜻대로 되지 않는 일, 바라지 않는 일 등에 주로 사용되기에 일반적으로 소극적인 의미의 제약을 받는 상황에서 중성적이거나 적극적인 의미를 지닌 말은 거의 '被'자문으로 사용되지 않았다. 그러나 5·4운동 이래로 영어의 피동문에 대한 모방으로 말미암아 중국어의 피동문에 원래 존재하였던 이러한 제약 조건은 기본적으로 사라졌다. 그리하여 소극적인 의미가 아닌 피동문, 특히나 중성적인 의미를 지닌 피동문이 대량으로 출현하여 소극적인 의미의 피동문과 동등한 지위를 지니기에 이르렀다. 이것이 바로 5·4운동 이래 피동문에 발생한 가장 현저한 변화 가운데 하나이다. 예를 들어 "他被大家推选为会长。 그는 모두에 의해 회장으로 추천 선발되었다.", "我被他的热情和努力所打动。 나는 그의 친절과 노력에 의해 감동 받았다." 등이 그 좋은 예이다.

이밖에도 새로운 백화문은 중국어에는 본래 없었던 문장구조 형식을 받아들여 새로운 표현방식을 보강하기도 하였다. 예를 들면 중국어 속의 정도부사 '最 가장'은 원래 배타적 특징을 지녀 어떤 동일 부류의 사물 중에서 '最'라고 불릴 수 있는 것은 오직 하나밖에 없었으며 여러 가지가 함께 존재할 수가 없었다. 그런데 5·4 이래로 사람들은 영어의 "one of the most ……"라는 격식을 받아들인 결과 "最……之一 가장 ~한 가운데 하나"의 구조 형식을 자주 사용하기에 이른다. 예를 들면 "他是我们班学习最好的学生之一。 그는 우리반에서 성적이 가장 좋은 학생 가운데 하나이다."와 같은 것이 그 좋은 예이다.

그밖에도 "过去是, 现在是, 将来仍然是我们的学习榜样。 과거도 그

렇고 현재도 그러하며 미래도 여전히 우리들의 학습의 본보기이다.", "进行了并正在进行着建设。 건설을 해왔고 아울러 지금도 하고 있다." 등의 격식처럼 본래 중국어에 고유한 것이 아니라 5·4운동 전후에 생겨난 것들이 있는데, 이것들은 새로운 격식임에도 불구하고 중국어 구조 규율 속에서 배척되지 않음으로 인해서 후에 아주 빠르게 사람들에게 사용되기 시작하였다고 할 수 있다.

객관적으로 말해 이런 변화는 현대 중국어를 더욱 정밀하고 정확하며 표현력을 더욱 풍부하게 만들었다. 그런데 총체적으로 보면 이런 구식의 사용과 변화는 고상한 정식 문체인 서면어 등에서 더욱 자주 사용되었다. 이런 새로운 구조나 표현방식들은 주로 서면어들을 번역하는 과정에서 수입되었는데, 서양의 서적과 문화를 소개할 때 많은 새로운 개념과 현상들은 당시 초기 백화문으로는 대응되는 표현방식이 없었기에 대량으로 이런 새로운 성분을 흡수할 수밖에 없었던 것이다. 또 하나는 번역자가 원문의 의미를 최대한 잘 담아내려고 한다면 반드시 가능한 한 원문의 문장 조직을 그대로 써야 한다고 생각하였기 때문에 백화문으로 번역할 때 서양언어의 특수한 표현방법을 그대로 수입하였다고도 볼 수 있다.

실제로 현대중국어는 일상생활회화 속에서 이미 적지 않은 영어의 표현방식을 흡수하였다. 예를 들어 "你好! 안녕하세요!", "认识你很高兴 당신을 알게 되어 기쁩니다.", "晚安 잘 자요!" 등은 바로 영어의 "Hello!", "Nice to meet you!", "Good night!" 등의 말을 번역하는 과정에서 출현하였다고 볼 수 있다.

그밖에 감사를 표시하는 영어의 "Thank you!"는 중국어로는 "谢谢!^{감사합니다.}", "多谢!^{대단히 감사합니다.}" 등으로 번역되는데, 이런 용어는 전통 중국에서는 일반적으로 낯선 사람이나 혹은 관계가 그다지 가깝지 않은 사람에게 자주 사용하였을 뿐 집안사람이나 친구들처럼 친근한 사람일수록 도리어 이런 용어를 사용하지 않았다. 그들 사이에서는 누가 누구에게 얼마나 도움을 주었든지 간에 "谢谢!", "多谢!" 등의 표현을 하지 않았던 것이다. 만약 이런 말을 사용하였다면 도리어 서먹서먹함을 느끼게 만들었다. 그러나 서양 문화 속에서 "Thank you!"에는 결코 친밀함의 정도가 어떤지와 같은 구분이 없기에 예를 들어 아들이 아버지를 위해 무슨 일을 했다면 크고 작음을 떠나 아버지는 아들에게 "Thank you!"라고 말하기 마련이다. 이런 서양의 문화는 갈수록 중국인들에게 받아들여져서 "谢谢!"란 말의 사용빈도는 갈수록 높아지고 있다. 더욱이 개혁개방 이후 젊은이들이 서양문화의 영향을 받으면서 다른 사람이 자신을 칭찬할 때 더 이상 겸손한 태도로 "哪里, 还差的远呢!^{뭘요. 아직도 한참 부족한 걸요.}" 또는 "不行, 不行, 哪里比得上你。^{안돼요. 안돼요. 어떻게 당신과 견줄 수 있겠어요?}" 등등으로 표현하지 않고 흔히 서양인들처럼 "谢谢!"라고 답함으로써 상대방의 칭찬을 기쁘게 받아들였음을 표시하는 한편으로 스스로에 대한 자신감을 드러내기도 한다.

물론 살아있는 언어라면 어떤 것이든지 간에 부단하게 조정과 변화를 거치면서 새로운 자양분을 흡수하기 마련이다. 이 점은 영어 역시 마찬가지다. 예를 들어 최근 들어 영어 속에는 중국어로부터 들여온 새로운 어휘들이 있는데 'feng shui^{风水}', 'Jiao zi^{饺子}', 'yang ko^{秧歌}', 'kung fu^{功夫}', 'mak jong^{麻将}' 등이 그 예들이다. 또한 중국어 번역어로부터 차용되어 중국적 특징을 지닌 영어 어휘 역시 갈수록 신문지상에 많이 등장하고 있다. 예를 들면 'the Three Represents三个代表', 'one country, two systems一国两制', 'eight honors and eight disgraces八荣八耻' 등이 있고, 또한 일상용어로는 'long time no see好久不见' 등이 있다.

우리는 일반적으로 중국어는 포용성이 매우 강한 언어라고 간주하고 있다. 그 대상이 지역 방언이든 아니면 외래어든 간에 중국어는 줄곧 그것들을 선택적으로 흡수함으로써 새로운 어휘를 만들어내고 부단히 변화 발전시켜서 갈수록 더욱 복잡해지는 사회현상에 적극적으로 대응하여 표현하려 하고 있다.

참고문헌

가토 도루 지음, 한명희 옮김, 『패의 중국인 양의 중국인』, 수희재, 2007.

강윤옥 지음, 『중국문화 오디세이』, 차이나하우스, 2006.

나카무라 고이치 지음, 조성진 · 조영렬 옮김, 『꽃의 중국문화사』, 뿌리와 이파리, 2004.

魯寶元 지음, 박영종 · 엄귀덕 옮김, 『중국문화에 담긴 중국어 이야기』, 다락원, 2002.

몽배원 지음, 김용섭 옮김, 『중국철학과 중국인의 사유방식』, 철학과 현실사, 2005.

박영수 지음, 『색채의 상징, 색채의 심리』, 살림, 2003.

소노다 시게토 지음, 박준식 옮김, 『중국인, 이렇게 생각하고 행동한다』, 다락원, 2002.

스에나가 타미오 지음, 박필임 옮김, 『색채심리』, 예경, 2001.

項退結 지음, 홍인표 옮김, 『중국민족성 연구』, 을유문화사, 1985.

이병한 외 22인 지음, 『중국시와 시인 — 당대편』, 사람과 책, 1998.

이종진 외 19인 지음, 『중국시와 시인 — 송대편』, 역락, 2004.

이중톈 지음, 박경숙 옮김, 『이중톈, 중국인을 말하다』, 은행나무, 2008.

중국문화연구회 지음, 『중국문화의 즐거움』, 차이나하우스, 2009.

중국 민정부 · 중국사회출판사 편저, 김하림 옮김, 『중국인도 다시 읽는 중국사람 이야기』, 에디터, 1998.

팡둥메이 지음, 정인재 옮김, 『중국인이 보는 삶의 세계』, 이제이북스, 2004.

프랑수아 줄리앙 지음, 박희영 옮김, 『사물의 성향—중국인의 사유방식』, 한울아카데미, 2009.

하용득 지음, 『한국의 전통색과 색채심리』, 명지출판사, 1986.

常敬宇, 『汉语词汇与文化』, 北京大学出版社, 1995.

陈玉龙 杨通方 夏应元 范毓周, 『汉文化论纲』, 北京大学出版社, 1993.

陈光磊, 『改革开放中汉语词汇的发展』, 上海人民出版社, 2008.

陈 原, 『社会语言学』, 商务印书馆, 2000.

成璞完, 『古文笔法』, 大中国图书公司, 民国45.

程希岚, 『修辞学新论』, 吉林人民, 1984.

崔希亮, 『汉语熟语与中国人文世界』, 北京语言文化大学出版社, 1997.

郭锦桴, 『汉语与中国传统文化』, 中国人民大学出版社, 1993.

郭预衡, 『中国散文史长编（上、下册）』, 山西教育出版社, 2008.

黄 涛, 『语言民俗与中国文化』, 人民出版社, 2002.

康家珑, 『交际语用学』. 厦门大学出版社, 2000.

林保淳, 『经世思想与文学思想』, 文津出版社, 民国 80.

林　尹, 『中国学术思想大纲』, 台湾学生书局, 民国 60.

刘国恩, 『汉字文化漫谈』, 湖北教育出版社, 1997.

刘志诚, 『汉字与华夏文化』, 巴蜀书社, 1995.

刘志基, 『汉字文化综论』, 广西教育出版社, 1999.

鲁宝元, 『汉语与中国文化』, 华语教育出版社, 1993.

罗常培, 『语言与文化』, 北京出版社, 2011.

吕叔湘, 『未晚斋语文漫谈』, 语文出版社, 1992.

马积高, 『清代学术思想的变迁与文学』, 湖南出版社, 1996.

明恩溥着(美), 林欣译, 『中国人的素质』, 京华出版社, 2002.

邵敬敏, 『现代汉语通论』, 上海教育出版社, 2001.

谭家健, 『历代骈文名篇注析』, 明文书局, 民国80.

王晓娜, 『歇后语和汉文化』, 商务印书馆, 2001.

吴仁甫 吴勇毅 刘方 徐子亮, 『生活在中国—中国人常常这样说』, 中国广播电视出版社, 1996.

吴英才 李裕德, 『汉语汉语的歧义』, 宁夏人民出版社, 1993.

谢冰莹 외 3인, 『古文观止』, 三民书局, 民国72.

谢冰莹 외 3인, 『四书读本』, 三民书局, 民国72.

杨德峰, 『汉语与文化交际』, 北京大学出版社, 1999.

游汝杰, 『方言与中国文化』, 上海人民出版社, 1996.

朱德熙, 『现代汉语语法研究』, 商务印书馆, 1980.

朱德熙, 『语法问答』, 商务印书馆, 1985.

赵孜卫, 『谜语七百则』, 旗品文化出版社, 2006.

새롭게 다시 쓰는

중국어 이야기

ⓒ 2016 김명신·박경란·왕하·이금희·최일의

2016년 2월 20일 초판 1쇄 인쇄
2016년 2월 25일 초판 1쇄 발행

지은이 김명신·박경란·왕하·이금희·최일의
펴낸이 이건웅
편 집 권연주·신효정
디자인 이주현·이수진
마케팅 안우리

펴낸곳 차이나하우스
등 록 제303-2006-00026호
주 소 서울시 영등포구 영등포동 8가 56-2
전 화 02-2636-6271
팩 스 0505-300-6271
이메일 china@chinahousebook.com
ISBN 979-11-85882-18-5 93700

값: 20,000원

이 책은 저작권법에 따라 보호받는 저작물이므로 무단전재와 무단복제를 금지하며 이 책의 내용물 전부 또는 일부를 이용하려면 반드시 저작권자와 차이나하우스의 서면동의를 받아야 합니다. 잘못 만들어진 책은 구입한 곳에서 바꿔드립니다.